Vilani Sachitra

Poziom gospodarstwa rolnego Przewaga konkurencyjna

Vilani Sachitra

Poziom gospodarstwa rolnego Przewaga konkurencyjna

Przewaga konkurencyjna na poziomie gospodarstwa rolnego: Dynamiczny widok oparty na zasobach

Wydawnictwo Bezkresy Wiedzy

Imprint

Cover image: www.ingimage.com

Publisher:
Wydawnictwo Bezkresy Wiedzy
is a trademark of
International Book Market Service Ltd., member of OmniScriptum Publishing Group
17 Meldrum Street, Beau Bassin 71504, Mauritius

Printed at: see last page
ISBN: 978-620-0-54299-1

Zugl. / Approved by: Shah Alam, Management and Science University, Malaysia, 2019

Poziom gospodarstwa rolnego
Przewaga konkurencyjna

Dedykacja

Jestem wdzięczny mojej rodzinie, moim przyjaciołom i kolegom za wsparcie i zachętę. Dedykuję tę pracę dla wszystkich.

Podziękowanie

Zakończenie tej rozprawy jest wynikiem wysiłków wielu ludzi. Moje bardzo szczere i serdeczne podziękowania kieruję do prof. dr Eddy'ego Chonga. Nie oszczędzał ani czasu, ani wysiłku, aby pomóc w powstaniu tej pracy. Całą pracę przeczytał, aby przedstawić swoje uwagi w prawdziwym duchu przyjaznej i konstruktywnej krytyki. Taka krytyka jest tak cenna, że czułem się zarówno uprzywilejowany, jak i błogosławiony otrzymując ją. Pokazał mi drogę, którą należy obrać jako naukowiec.

Pragnę również wyrazić moje głębokie podziękowania dla prof. dr Ali Khatibi za jego konsekwentną zachętę i wsparcie w trakcie studiów. Pokazał mi też drogę, którą należy obrać jako naukowiec. Szczególne podziękowania kieruję do doktora Sakeeba Ferdousa, który był niezwykle hojny w zakresie wsparcia i doradztwa naukowego. Z wdzięcznością dziękuję za wsparcie naukowe i zachętę ze strony profesora Jeong Chun Phuoca.

Jest wiele osób, którym jestem winien najgłębsze uznanie. Jestem wdzięczny respondentom tego badania za ich wsparcie i zaangażowanie.

Przewaga konkurencyjna na poziomie gospodarstwa rolnego: Widok dynamiczny oparty na zasobach

Streszczenie

Sektor agrobiznesu od dawna uznawany jest za główne źródło utrzymania dla wielu ludzi w krajach rozwijających się. Udoskonalenia w zakresie technologii i systemów informatycznych, a także zmiany klimatu i gospodarek doprowadziły do powstania coraz bardziej konkurencyjnego środowiska dla sektora rolniczego. Lepsze zrozumienie konkurencyjności tego sektora na poziomie przedsiębiorstw zapewnia zatem niezbędne ramy dla gospodarstw rolnych, aby mogły one konkurować na rynkach krajowych i światowych. Badanie to ma na celu określenie źródeł przewagi konkurencyjnej sektora upraw małoobszarowych w Sri Lance. W szczególności przyjmuje ona dynamiczne podejście oparte na zasobach w celu określenia relacji między zasobami, dynamicznymi możliwościami i przewagą konkurencyjną mniejszych gospodarstw rolnych prowadzących uprawy eksportowe, jednocześnie twierdząc, że relacja między zasobami i przewagą konkurencyjną jest mediowana przez specyficzne możliwości.

Zakres badań obejmuje gospodarstwa zajmujące się komercyjną uprawą niewielkich upraw eksportowych na Sri Lance. Drobne uprawy eksportowe obejmują cynamon, goździki, paprykę, nasiona sezamu, kakao, orzechy nerkowca i kardamon. Wśród nich cynamon, goździki i pieprz są głównymi produktami rolnymi stanowiącymi przyprawy, od których pochodzi 66,2% wpłat do przychodów z wywozu. Właściciele gospodarstw, z których pobrano próby w tym badaniu, zostali wybrani z najwyżej rosnących okręgów wybranych upraw (cynamon, goździk i papryka) przy użyciu techniki proporcjonalnego warstwowego losowania. Do gromadzenia danych wykorzystano kwestionariusz strukturalny administrowany osobiście.

Opierając siĊ na odpowiedziach 456 wáaĞcicieli gospodarstw rolnych, wyniki analizy regresji wielokrotnej wskazują, Īe zasoby takie jak zasoby ludzkie, majątek fizyczny, kapitaá instytucjonalny, dziaáanie zbiorowe i toĪsamoĞü przedsiębiorcza, a takĪe dynamiczne moĪliwoĞci, takie jak nauka organizacyjna, budowanie relacji, zarządzanie jakoĞcią i marketing stanowią istotne Īródáa przewagi konkurencyjnej dla pomniejszych gospodarstw rolnych uprawiających uprawy eksportowe. Reputacja gospodarstwa i zdolność zarządzania procesami w gospodarstwie to jedyne dwa nieistotne źródła. Łącznie, badane zasoby i zdolności dynamiczne wyjaśniają 88,4% zróżnicowania przewagi konkurencyjnej, z czego 81% stanowią zasoby. Zaledwie 7,4% zróżnicowania przewagi konkurencyjnej tłumaczy się możliwościami dynamicznymi. Ponadto, do pomiaru relacji mediacyjnych wykorzystano analizę ścieżki opartą na regresji. Wyniki sugerują, że kapitał instytucjonalny i działania zbiorowe mają znaczący wpływ zarówno na zdolność do zarządzania jakością, jak i na zdolności marketingowe, a zarówno zdolności dynamiczne wykazują znaczące efekty pośredniczące pomiędzy kapitałem instytucjonalnym, działaniami zbiorowymi i przewagą konkurencyjną. W odniesieniu do zdolności marketingowych, zdolność zarządzania jakością korzysta bardziej z kapitału instytucjonalnego i działań zbiorowych, co z kolei zwiększa przewagę konkurencyjną.

Ponadto, wyniki ujawniły, że intencje biznesowe i religijność właścicieli gospodarstw rolnych mają znaczący wpływ moderujący na relacje pomiędzy zasobami, możliwościami i przewagą konkurencyjną małych gospodarstw rolnych prowadzących uprawy eksportowe. Wreszcie, w wyniku statystycznej analizy kontrolnej stwierdzono, Ie doĞwiadczenie uprawowe wáaĞcicieli gospodarstw kontrolowanych w ramach modelu stanowiáo istotny statystycznie udziaá w róĪnicach w przewadze konkurencyjnej pomniejszych gospodarstwach rolnych upraw eksportowych. Ponadto, na podstawie oceny podejścia do wywiadów półstrukturalnych, wybrano 30 właścicieli gospodarstw. Wywiady koncentrowały się na postrzeganiu drobnych właścicieli gospodarstw rolnych prowadzących uprawy eksportowe w odniesieniu do badanych zasobów i możliwości uzupełnienia wyników statystycznych.

Ustalenia te dostarczają użytecznych spostrzeżeń tam, gdzie zrozumienie związku pomiędzy zasobami, dynamicznymi możliwościami i przewagą konkurencyjną pozwala na odpowiednie skonfigurowanie zasobów oraz ich efektywne i skuteczne wykorzystanie w oparciu o dynamiczne możliwości mniejszych gospodarstw zajmujących się wywozem roślin uprawnych w celu osiągnięcia przewagi konkurencyjnej. Przedstawione zostały teoretyczne i praktyczne implikacje, jak również przyszłe kierunki badań.

Spis treści **Strona**

Lista tabel

Lista danych liczbowych

1. WPROWADZENIE

1.1 Wprowadzenie

W niniejszym rozdzialc przedstawiono tło badań związanych z przewagą konkurencyjną i sektorem agrobiznesu. W dalszej części rozdziału podkreślono problematykę, cel badania i pytania badawcze. Po tym następuje znaczenie i ograniczenia badania. Rozdział zakończony jest definicjami kluczowych terminów stosowanych w badaniu. Na koniec rozdziału przedstawione jest podsumowanie.

1.2 Kontekst badania

Konkurencyjność jest jednym z najważniejszych czynników utrzymania długotrwałego dobrobytu narodu (Porter, 1990). Z tego powodu koncepcja konkurencyjności zajęła centralne miejsce w dyskusjach nad strategią biznesową (Arasa i Kioka, 2014; Beaudreau, 2016; Cho i in., 2016; Cuc i Tripa, 2018; Gonçalves i in., 2015; Kaur i Kaur, 2016; Martinez i in., 2014; Salazar, 2017; Sigalas, 2015), które stanowią główny obszar studiów w zakresie zarządzania (Ismail i in., 2012). Ogólnie rzecz biorąc, konkurencyjność jest ściśle związana z obecnością przewagi konkurencyjnej (Depperu i Cerrato, 2005). Jako takie, zarówno konkurencyjność jak i przewaga konkurencyjna stanowią wielowymiarową koncepcję, którą można opisać na poziomie krajowym, przemysłowym i firmowym (Akpinar i in., 2017; Anca, 2012; Arslan i Tatlidil, 2012; Cuc i Tripa, 2018; Hanafi i in., 2017; Kharub i Sharma, 2017; Porter, 1990; Yercan i Isikli, 2006).

Argumentuje się, że przewaga konkurencyjna na poziomie przedsiębiorstwa jest powiązana z międzynarodową, krajową i branżową przewagą konkurencyjną. Wynika to z faktu, że aby osiągnąć międzynarodową, regionalną i/lub krajową przewagę konkurencyjną, dany kraj powinien poprawić swoją konkurencyjność zarówno na poziomie przemysłu, jak i przedsiębiorstwa (Hoefter, 2001), gdzie poszczególne produkty i usługi są reprezentowane na poziomie przedsiębiorstwa. Nie ma kraju konkurencyjnego bez konkurencyjnych firm i dlatego konkurencyjność danego kraju silnie zależy od przewagi konkurencyjnej jego firm (Chikan, 2008). Chociaż konkurencyjność przemysłu analizowana jest jako oddzielny segment, konkurencyjność krajowa jest jedynie zbiorowym wyrazem konkurencyjności jego jednostek gospodarczych (Petrovic i in., 2008), co powoduje, że poszczególne przedsiębiorstwa odgrywają rolę w tworzeniu i zwiększaniu przewagi konkurencyjnej.

Z tego powodu przewaga konkurencyjna na poziomie przedsiębiorstwa była dotychczas przedmiotem największej uwagi naukowców i praktyków (Arslan i Tatlidil, 2012; Ambastha i Momaya, 2004; Elshaer i Augustyn, 2016; Lambourdière i in., 2017; Lin i Tsai, 2016; Porter, 1990). Nie jest to trudne do zrozumienia, ponieważ w tym szybkim tempie konkurencji każde przedsiębiorstwo musi być bardziej konkurencyjne i wrogie. Przewagę konkurencyjną na poziomie przedsiębiorstwa można zdefiniować jako zdolność do oferowania produktów i usług, które spełniają lub przewyższają wartości klienta oferowane obecnie przez jego konkurentów, substytuty i potencjalnych uczestników rynku (Bhuiyan, 2011; Kennedy i in., 1997; Martinez i in., 2014; Porter, 1990; Srivastava i in., 2006). Z definicji wynika, że przewaga konkurencyjna wydaje się być pojęciem względnym, chociaż składa się z trzech unikalnych cech, a mianowicie długiego przetrwania, trudnego do naśladowania i trudnego do zidentyfikowania (Meutia i Ismail, 2012).

Identyfikacja źródeł przewagi konkurencyjnej stała się bardzo ważnym obszarem studiów akademickich (Lambourdière i in., 2017; Vorhies i Morgan, 2005). W tym celu istnieją dwa podstawowe źródła odniesienia, a mianowicie: (1) konceptualne strategie konkurencji autorstwa Michaela Portera; oraz (2) pojawienie się sprawozdania na temat konkurencyjności w organizacjach międzynarodowych, takich jak Unia Europejska, Organizacja Współpracy Gospodarczej i Rozwoju (OECD) oraz Światowe Forum Gospodarcze (Chikan, 2008). Michael Porter przedstawił trzy formy strategii konkurencyjnych, które organizacje mogą posiadać dzięki niskim kosztom, zróżnicowaniu i ukierunkowaniu. W związku z tym kraje są zobowiązane do nadania priorytetu swoim czynnikom konkurencyjnym w celu podniesienia wskaźnika konkurencyjności kraju (Chikan, 2008).

Industrial Organisation Economics (IOE) zajmuje się źródłem przewagi konkurencyjnej pojedynczego przedsiębiorstwa w postaci struktury rynku, zachowań przedsiębiorstw i korzyści społecznych, a także kosztów związanych ze strukturą rynku (Ritala i Ellonen, 2010). Opisuje ona firmę jako zespół działań strategicznych, które prowadzą ją do zdobycia atrakcyjnej pozycji na rynku. W ten sposób firma o atrakcyjnej pozycji rynkowej jest w stanie osiągnąć siłę rynkową i wyprzedzić czynsz monopolowy (Ritala i Ellonen, 2010). W związku z tym IOE wskazuje, że przedsiębiorstwo musi skoncentrować się na swojej pozycji wobec innych uczestników rynku, podkreślając, że przedsiębiorstwo powinno przeanalizować nie tylko swoją własną pozycję, ale także przyjrzeć się działaniom swoich partnerów kooperacyjnych i konkurentów. Dlatego też o intensywności presji konkurencyjnej decydują różne cechy ekonomiczne i techniczne przemysłu (Cernikova, 2002). W zależności od branży [sektora], czynniki wpływające na przewagę konkurencyjną mogą się różnić (Jusup i in., 2013; Nivievskyl i Cramon, 2008; Shabaninejad i in., 2014).

Zgodnie z powyższymi założeniami, przewaga konkurencyjna może służyć pożytecznemu celowi naukowemu, który jest korzystny dla różnych gałęzi przemysłu, a zatem sektor agrobiznesu nie jest tu wyjątkiem. Zgodnie z najnowszymi trendami w światowym sektorze agrobiznesu, który jest bardziej uprzemysłowiony, konkurencyjny, technologiczny i menedżerski (Akudugu, 2016; Guglielmini i in., 2017; Wilk i Fensterseifer, 2012), przewaga konkurencyjna agrobiznesu wzbudziła duże zainteresowanie literaturą naukową (Guo i in., 2016; Mugera, 2012; O'Connor i Kelly, 2017; Ridha i in., 2017; Ritthaisong i in., 2014). Zasługuje on na szczególną uwagę ze względu na znaczący udział sektora w gospodarce ogółem pod względem wykorzystania gruntów, możliwości zatrudnienia i wzrostu gospodarczego.

Ze względu na te tendencje i wkład, konkurencyjność światowego agrobiznesu budzi obawy ekonomistów i decydentów politycznych o potrzebę uzyskania przewagi konkurencyjnej w sektorze agrobiznesu krajów rozwijających się (Dziwornu, 2014; Tálas i Rózsa, 2015). Eksport rolny odgrywa ważną rolę w gospodarce każdego kraju rozwijającego się (Nwachukwu i in., 2014), przyczyniając się znacząco do zwiększenia napływu kapitału, zmniejszenia deficytów bilansu handlowego, stworzenia nadwyżki bilansu płatniczego (BOP), zwiększenia możliwości zatrudnienia i poszerzenia bazy produkcyjnej każdego kraju. Wartość światowego wywozu produktów rolnych podwoiła się w latach 2000-2013 i oczekuje się, że będzie kontynuowana (UNCOMTRADE, 2014).

Podczas gdy sektor ten jest uznawany za źródło znacznego wsparcia dla wielu ludzi w krajach rozwijających się (Rao i Rogers, 2006), coraz częściej staje on w obliczu wyzwań związanych z konkurencyjnością ze względu na innowacje technologiczne i zmiany w światowej gospodarce i klimacie (Mugera, 2012). Najwyraźniej sektor agrobiznesu wymaga osiągnięcia przewagi konkurencyjnej, jeśli ma stawić czoła tym wyzwaniom. Dlatego też nadszedł czas, aby położyć większy nacisk na źródła przewagi konkurencyjnej w tym sektorze.

Obecnie 12,3% produktu krajowego brutto (PKB) Sri Lanki stanowią produkty rolne, na które składają się herbata, guma, orzech kokosowy, ryż i drobne uprawy eksportowe. W stosunku do PKB, 25,4% przychodów brutto z eksportu jest generowane przez rolne uprawy eksportowe. W rzeczywistości 32% całkowitej powierzchni ziemi przeznacza się na rolnictwo, podczas gdy 35,6% zatrudnionej ludności zajmuje się rolnictwem (Bank Centralny, 2017).

Uprawy eksportowe na Sri Lance można podzielić na dwie podgrupy, mianowicie główne uprawy eksportowe i drobne uprawy eksportowe. Główne uprawy eksportowe składają się z herbaty, gumy i kokosa, podczas gdy w 2017 r. stanowiły one 15,1% całego eksportu rolnego. Uprawy eksportowe o mniejszym znaczeniu obejmują cynamon, goździki, paprykę, nasiona sezamu, kakao, orzechy nerkowca i kardamon z udziałem 10,3% w całkowitym eksporcie rolnym w tym samym roku. Ponadto niewielkie uprawy eksportowe stanowią 38,8 % wszystkich produktów rolnych i 5,6 % całego eksportu. Wśród drobnych upraw eksportowych, cynamon, goździki i pieprz są głównymi produktami rolnymi stanowiącymi przyprawy, z których pochodzi 66,3% wpłat na poczet przychodów z wywozu. Znana jako Spice Island, Sri Lanka była historycznie atrakcyjna dla narodów zachodnich ze względu na swoje bogactwo produktów przyprawowych. W rzeczywistości Sri Lanka nadal słynie z szeregu przypraw, w tym cynamonu, pieprzu i goździków (Export Development Board, 2014). Handel przyprawami ukształtował współczesny świat w dwudziestym pierwszym wieku, ponieważ przyprawy są środkami aromatyzującymi do żywności i składnikami leków (Franzak i Pitta, 2005) oraz kosmetyków. Dlatego też drobne uprawy eksportowe, zwłaszcza cynamon, papryka i goździki, mają znaczący udział w krajowej produkcji rolnej, jak również w przychodach z wywozu tego kraju. Warto wspomnieć, że w odniesieniu do głównych upraw eksportowych większość mniejszych gospodarstw rolnych zajmujących się uprawami eksportowymi jest uznawana za małe przedsiębiorstwa rodzinne (Apasingha i in., 2014; Spice Council of Sri Lanka, 2014; Thamiem i in., 2011).

Do czasu uzyskania niepodległości w 1948 r. udział herbaty wraz z kauczukiem i kokosem w łącznych przychodach z wywozu na Sri Lankę wynosił ponad 92%. W ciągu ostatniej dekady w Sri Lance zaszły znaczne zmiany w składzie eksportu produktów rolnych. Jak pokazano w tabeli 1.1, udział eksportu głównych tradycyjnych upraw plantacyjnych (herbata i guma) zmniejszył się. W stosunku do głównych upraw wzrósł udział wywozu nietradycyjnych drobnych upraw eksportowych (cynamon, goździki i papryka). Na przykład w latach 2005-2016 średni udział w całkowitym eksporcie herbaty i kauczuku zmienił się odpowiednio o 9,23 % i 14,14 %. Z drugiej strony, średni udział cynamonu, goździków i pieprzu w eksporcie ogółem zmienił się odpowiednio o 95,84%, 135,28% i 127,16%. Oczywiste jest, że udział głównych upraw przeznaczonych na wywóz w przychodach z wywozu na Sri Lankę maleje, podczas gdy uprawy przeznaczone na wywóz w niewielkim stopniu przyczyniają się w znacznym stopniu do jej rozwoju.

Tabela 1.1: Udział upraw komercyjnych w całkowitym eksporcie Sri Lanki

	Rok											
Rośliny uprawne	**2005**	**2006**	**2007**	**2008**	**2009**	**2010**	**2011**	**2012**	**2013**	**2014**	**2015**	**2016**
Herbata	13.05	12.92	13.27	15.39	16.51	16.46	14.73	14.98	14.38	14.24	14.09	14.03
Guma	7.17	8.01	7.73	8.15	6.78	8.88	9.89	9.49	8.56	8.28	7.91	7.85
Cynamon	0.95	0.98	0.99	1.01	1.04	1.00	1.21	1.39	1.86	1.87	1.93	1.97
Goździk	0.28	0.29	0.22	0.30	0.37	0.45	0.45	0.47	0.47	0.42	0.46	0.51
Pieprz	0.20	0.26	0.42	0.33	0.30	0.52	0.31	0.75	0.75	0.77	0.80	0.84

Źródło: Międzynarodowe Centrum Handlu (2017)

Ponadto, identyfikacja produktów, które są wysoce konkurencyjne na rynku światowym może być oceniana poprzez analizę udziału w rynku tego konkretnego produktu (Thamiem i in., 2011). Z tabeli 1.2, która pokazuje udział lankijskich upraw rolnych w rynku światowym, wynika, że Sri Lanka jest największym eksporterem cynamonu, czwartym co do wielkości eksporterem pieprzu i piątym na świecie eksporterem goździków (Międzynarodowe Centrum Handlu, 2017). Według Export Development Board (2014 r.) do głównych miejsc przeznaczenia eksportu cynamonu cejlońskiego należą Stany Zjednoczone Ameryki, Meksyk, Kolumbia, Hiszpania, Chile, Peru, Boliwia i Gwatemala. Głównymi rynkami dla goździków są Chiny, Hiszpania i kraje Bliskiego Wschodu. Głównymi rynkami eksportowymi lankijskich produktów pieprzowych są Chiny, Myanmar, Kambodża i Kamerun. Tabela 1.2 pokazuje również, że Sri Lanki mają stosunkowo dużą siłę rynkową w zakresie drobnych upraw eksportowych, zwłaszcza cynamonu. W 2025 r. Sri Lanka określiła swój cel eksportowy na 28 mld USD (obecnie jest to 16,39 mld USD) (propozycja budżetu, Sri Lanka, 2017 r.; Bank Centralny, 2017 r.; wizja 2025 r., 2017 r.). Kraj ma zarobić 15 miliardów dolarów na eksporcie herbaty, odzieży, krosien ręcznych i produktów gumowych. Z pozostałych, sektor przypraw przyczyni się do osiągnięcia tego celu w wysokości 1 mld USD do roku 2025. Obecnie wartość eksportu drobnych upraw eksportowych wynosi 358,2 mln USD (Raport Banku Centralnego, 2017).

Tabela 1.2: Udział upraw eksportowych Sri Lanki w rynku światowym

	Rok											
Rośliny uprawne	**2005**	**2006**	**2007**	**2008**	**2009**	**2010**	**2011**	**2012**	**2013**	**2014**	**2015**	**2016**
Herbata	22.15	20.93	22.59	23.37	21.61	21.34	20.91	21.91	20.41	23.1	22.6	21.9
Guma	0.44	0.45	0.42	0.42	0.39	0.44	0.47	0.45	0.42	0.48	0.43	0.39
Cynamon	41.52	39.10	37.43	40.55	35.61	33.49	35.71	41.21	32.84	30.04	30.24	30.36
Goździk	13.76	9.12	5.69	21.87	7.05	22.70	4.61	4.29	4.08	3.27	3.44	3.54
Pieprz	1.10	1.29	1.66	1.24	1.10	1.89	0.96	2.07	2.01	1.67	1.85	1.90

Źródło: Międzynarodowe Centrum Handlu (2017)

Na podstawie badania Dziwornu (2014 r.), w którym wykorzystano analizę porównawczą relacji kosztów do cen sprzedaĪy do pomiaru kosztów przewagi konkurencyjnej, w badaniu przeprowadzono wstępną analizĊ danych dotyczących relacji kosztów do cen sprzedaĪy mniejszych gospodarstw rolnych prowadzących uprawy eksportowe. Przy średnim stosunku kosztów przemysłu do cen sprzedaży (między 25 a 31) w przypadku mniejszych gospodarstw rolnych prowadzących uprawy eksportowe, wstępna analiza wykazała, że stopień przewagi konkurencyjnej mniejszych gospodarstw rolnych prowadzących uprawy eksportowe jest zróżnicowany. Uzasadnia to również potrzebę zwrócenia uwagi na źródła przewagi konkurencyjnej sektora upraw eksportowych o niewielkim znaczeniu w Sri Lance, biorąc pod uwagę niewielki charakter takich gospodarstw. Określenie czynników związanych z przewagą konkurencyjną drobnych gospodarstw rolnych prowadzących uprawy eksportowe umożliwiłoby drobnym rolnikom na Sri Lance zwiększenie korzyści ekonomicznych z ich produktów przyprawowych i uczyniłoby ten model ekonomicznie opłacalnym w celu zwiększenia konkurencyjności wywozu drobnych upraw eksportowych.

The resource-based view (RBV) is the leading theory of competitive advantage at firm level (Alonso and Bressan, 2016; Barney et al., 2001; Barney, 1991; Camisón et al., 2016; Jurksiene and Pundziene, 2016; O'Connor and Kelly, 2017; Panda and Reddy, 2016; Powell, 2001; Salazar, 2017; Sikora et al., 2016; Wang, 2014). Wcześniejsze badania wykazały bezpośredni wpływ zasobów i możliwości na przewagę konkurencyjną na poziomie firmy (Carmeli i Tishier, 2004; Grant, 1991; Ismail i in., 2012; Oliver, 1997; Peornoma i in., 2013). Ponieważ drobni producenci roślin uprawnych przeznaczonych na wywóz mają niewielką lub żadną kontrolę nad swoimi cenami produktów lub nakładów ze względu na konkurencyjny charakter rynku, bardziej praktycznym sposobem osiągnięcia przewagi konkurencyjnej w tym sektorze jest zbadanie posiadanych przez nich zasobów i możliwości w celu obniżenia kosztów produkcji. Dlatego też sektor upraw małoobszarowych stanowi ważny kontekst dla badania, w którym badane jest DWK, ponieważ zasoby i możliwości wydają się mieć decydujące znaczenie dla sukcesu gospodarstw rolnych. Chociaż RBV jest proste i łatwe do zastosowania, to jednak niewiele jest dowodów empirycznych na zastosowanie teorii RBV w sektorze agrobiznesu (Guo i in., 2016; Mugera, 2012; O'Connor i Kelly, 2017).

Uznając teorie RBV i zdolności dynamiczne, w niniejszym opracowaniu podjęto próbę zbadania wpływu zasobów i zdolności na przewagę konkurencyjną małych gospodarstw rolnych prowadzących uprawy eksportowe na Sri Lance. Ma ona również na celu systemowe ujęcie źródeł przewagi konkurencyjnej, zwłaszcza w odniesieniu do kombinacji zasobów i możliwości, które umożliwią uzyskanie przewagi konkurencyjnej przez niewielkie gospodarstwa rolne prowadzące uprawy eksportowe.

1.3 Stwierdzenie problemu

Rosnący popyt na produkty rolne na świecie wymaga, aby jednostki produkcyjne lub gospodarstwa rolne były konkurencyjne w celu uzyskania korzyści ze zwiększonego popytu (Yercan i Isikli, 2006). Taka konkurencja zmusza gospodarstwa rolne do zdobywania większej wartości w oparciu o know-how (Gaytán i Benita, 2014). Stwarza to zatem interesującą propozycję badawczą do zbadania pozycji konkurencyjnej gospodarstw agrobiznesu. Jest to pogląd, że działalność agrobiznesu stanowi okazję do osiągnięcia wyższych i stabilnych dochodów dla rolników i innych zainteresowanych stron.

W kontekście Sri Lanki oczywiste jest, że chociaż udział głównych upraw przeznaczonych na wywóz w przychodach z wywozu tego kraju maleje, to uprawy przeznaczone na wywóz w niewielkim stopniu przyczyniają się do niego w znacznym stopniu. Ponadto oczekuje się, że w 2025 r. Sri Lanka uzyska przychody z eksportu przypraw w wysokości 1 mld USD. Jednakże, według Nandy Kohony, dotychczasowego bezpośredniego przewodniczącego Rady ds. Przypraw na Sri Lance, 40% zamówień eksportowych nie mogło zostać zrealizowanych z powodu braku zarządzania uprawami, ochrony upraw i złych praktyk w zakresie zbiorów, co spowodowało niespełnienie standardowych specyfikacji jakościowych, takich jak zapach, kolor i wilgotność upraw. W związku z tym w sprawozdaniu "National Agriculture Research Policy (2012-2016)" ujawniono, że sektor rolny w Sri Lance jest przeciążony różnymi problemami, a mianowicie: a) niska wydajność; b) niski poziom innowacji technologicznych; c) niewystarczające przepływy kredytowe; d) ograniczony dostęp do rynków (lokalnych i międzynarodowych); e) słaba podaż wysokiej jakości nasion i materiałów nasadzeniowych; oraz f) brak nowoczesnej wiedzy naukowej wśród rolników wiejskich (Ministerstwo Rolnictwa, 2014 r.).
Stąd konieczność poprawy konkurencyjności małych gospodarstw rolnych zajmujących się wywozem roślin uprawnych poprzez zajęcie się tymi kwestiami, które są niezbędne do osiągnięcia przez te gospodarstwa lepszych wyników i osiągnięcia pożądanych celów kraju. Wynika to z faktu, że zawsze, gdy istnieje przewaga konkurencyjna, osiągane są lepsze wyniki, a zawsze, gdy osiągane są lepsze wyniki, istnieje przewaga konkurencyjna (Powell, 2001). Istnieje racjonalny związek pomiędzy RBV, przewagą konkurencyjną i rozwojem przedsiębiorstwa (Panda i Reddy, 2016). Dlatego też nadszedł czas, aby zwrócić większą uwagę na źródła

przewagi konkurencyjnej mniejszych upraw eksportowych cynamonu, goździków i papryki.

Przegląd literatury sugeruje, że dostępnych jest tylko kilka badań na temat firm agrobiznesu (Baleewskikh i Galejew, 2012; Dlamini i in., 2014; Dziwornu, 2014; Gaytán i Benita, 2014; Guo i in., 2016; O'Connor i Kelly, 2017; Ridha i in., 2017; Tregear i Ness, 2006), przy czym proponuje się różne źródła przewagi konkurencyjnej. W kontekście Sri Lanki prowadzone są znaczące badania dotyczące czynników decydujących o przewadze konkurencyjnej głównych upraw eksportowych, takich jak herbata, kokos i guma (Ariyawardana, 2003; Ethugala, 2011; Fonseka, 2009); Herath i De Silva, 2011; Sachitra i Kumarasinghe, 2014; Sambasivam, 1996; Satharasinghe, 1998; i Wanninyake i Dissanayake, 2006), ale nieadekwatne w przypadku drobnych upraw eksportowych cynamonu, goździków i pieprzu (Apasingha i in., 2014; Thamiem i in., 2011).

W porównaniu z dużymi uprawami eksportowymi, gospodarstwa z małymi uprawami eksportowymi nie są pomniejszoną wersją dużych przedsiębiorstw. Spośród dwudziestu pięciu dystryktów Sri Lanki dwanaście zidentyfikowano jako obszary upraw cynamonu, pieprzu i goździków, podczas gdy ponad 70% strony produkcyjnej tej branży stanowią drobni rolnicy, którzy uprawiają mniej niż jeden hektar (Spice Council of Sri Lanka, 2014; Thamiem i in., 2011). Z tego powodu małe gospodarstwa rolne zajmujące się eksportem roślin są w większości uznawane za przedsiębiorstwa rodzinne, ponieważ ich działalność jest zarządzana i nadzorowana przez żywiciela poszczególnych rodzin (Apasingha i in., 2014). Definicja rodzinnego przedsiębiorstwa w literaturze akademickiej opiera się na trzech aspektach: a) własność; b) kontrola rodzinna; oraz c) zarządzanie, przy czym europejska definicja przedsiębiorstwa rodzinnego opiera się na większości praw decyzyjnych, które przysługują osobie fizycznej lub osobom fizycznym, które założyły przedsiębiorstwo (Perez-Cabanero i in., 2012). W kontekście Sri Lanki firma rodzinna jest definiowana jako własność lub kontrola jednego członka rodziny nad drugim i przekazanie przywództwa od jednego członka rodziny do drugiego (Alwis, 2014).

Niewielki charakter rodzinnych małych gospodarstw rolnych prowadzących uprawy eksportowe nie był w stanie znacząco kontrolować swoich kosztów produkcji (Rada ds. Przypraw, 2014). Jest to powszechne, ponieważ produkty rolne mają niewielką lub żadną kontrolę nad cenami produktów ze względu na konkurencyjny charakter rynku. Dlatego też kontrola kosztów produkcji odgrywa znaczącą rolę w celu przetrwania na rynku (Mugera, 2012). Zdolność firmy do kontrolowania swoich kosztów produkcji jest kluczowym obszarem promowania przewagi konkurencyjnej produktu firmy (Dziwornu, 2014). Wiąże się z tym konieczność zidentyfikowania czynników decydujących o przewadze konkurencyjnej małych rodzinnych firm [gospodarstw]. Jak zauważył Perez-Cabanero et al. (2012), istnieje znaczący brak opublikowanych analiz badawczych dotyczących źródeł przewagi konkurencyjnej w obszarze rodzinnego małego i średniego biznesu, co stwarza pole do prowadzenia dalszych badań. Wprawdzie analiza empiryczna przewagi konkurencyjnej drobnego eksportu produktów rolnych reprezentujących przyprawy została uznana w literaturze, jednak dowody nie są jeszcze znaczące (Apasingha i in., 2014; Thamiem i in., 2011). W celu wypełnienia tej luki badawczej, niniejsze opracowanie ma na celu zidentyfikowanie źródeł przewagi konkurencyjnej małych gospodarstw rolnych prowadzących uprawy eksportowe na Sri Lance.

Ponadto Guo et al. (2016), Mugera (2012) oraz O'Connor i Kelly (2017) stwierdzają, że niewiele jest dowodów empirycznych na zastosowanie teorii RBV w sektorze agrobiznesu. Te niewielkie uprawy eksportowe przynoszą gospodarce Sri Lanki średnio ponad 300 mln USD dochodów z eksportu. Przy tak dużym wkładzie, zaskakujące jest to, że nie ma wyraźnych dowodów pomiędzy zasobami, możliwościami i przewagą konkurencyjną małych gospodarstw rolnych prowadzących uprawy eksportowe w Sri Lance. Aby zająć się wyżej wymienionymi kwestiami dotyczącymi zarządzania uprawami, ochrony upraw, praktyk zbioru plonów, innowacji technologicznych, przepływów kredytowych, dostępności rynków, dostaw wysokiej jakości nasion i materiałów nasadzeniowych oraz wiedzy naukowej, należy w porę skoncentrować się na zasobach i możliwościach charakterystycznych dla małych gospodarstw rolnych prowadzących uprawy eksportowe w Sri Lance.

Mimo że RBV jest wiodącą teorią na temat przewagi konkurencyjnej na poziomie przedsiębiorstwa, zostało ono skrytykowane ze względu na brak możliwości wyjaśnienia, w jaki sposób zasoby są wykorzystywane w celu uzyskania przewagi konkurencyjnej. W związku z tym Hinterhuber (2013 r.) proponuje, aby w celu uzyskania przewagi konkurencyjnej zasoby i możliwości dzieliły się cechami cennymi, rzadkimi, niepowtarzalnymi, zorganizowanymi w celu rozmieszczenia zasobów, wystarczająco dużymi, aby pokryć koszty stałe przedsiębiorstwa i odpowiedzieć na niezaspokojone potrzeby klientów w oparciu o ramy VRIOLU. Innymi słowy, firmy mogą stworzyć przewagę konkurencyjną nie poprzez dobór odpowiednich zasobów niż ich konkurenci, ale poprzez zintegrowanie ich z odpowiednimi możliwościami (Makadok, 2001). Argument ten staje się cenny w sytuacjach, gdy zasoby są szeroko dostępne i nie są rzadkie. W tym przypadku należy zbadać badania na poziomie koncepcyjnym dotyczące znaczących zasobów i możliwości (Newbert, 2008).

Uznając krytykę RBV, Kortelainen i Karkkainen (2011), Lu i in. (2010), Makadok (2001), Newbert (2008) i Ray i in. (2004) podkreślają, że połączenie zasobów i zdolności może umożliwić przedsiębiorstwu uzyskanie większej przewagi konkurencyjnej. W szczególności Kortelainen i Karkkainen (2011) proponują dynamiczne podejście RBV, które koncentruje się na dynamicznych możliwościach przedsiębiorstw, łącząc zasoby z przewagą konkurencyjną. Teoria możliwości dynamicznych jest rozszerzeniem RBV, które może być wykorzystane w sytuacjach dynamicznych i pokazuje, jak przewaga firm utrzymuje się w czasie (Kalali i Heidari, 2016; Sharma i Martin, 2018). Lu et al. (2010), który badał rolę mediatora zdolności w relacji między zasobami a wynikami międzynarodowymi w oparciu o próbę chińskich firm przedsiębiorczych, zdefiniował zdolności jako zdolności firm do absorpcji, integracji i przekształcenia zasobów wewnętrznych i zewnętrznych w przewagę konkurencyjną w celu osiągnięcia lepszych wyników. W związku z tym wydajność jest uzyskiwana poprzez przewagę konkurencyjną, a zatem zdolności pełnią rolę zmiennych pośredniczących między zasobami i przewagą konkurencyjną. Jednakże w ramach dynamicznego podejścia do RBV nie można było dokładnie określić, jakie są zasoby, które wiążą się z dynamicznymi możliwościami przedsiębiorstw. Należy koniecznie zająć się kwestią powiązania między zasobami, możliwościami i przewagą konkurencyjną. W szczególności należy zbadać, czy gospodarstwa rolne uzyskują większą przewagę konkurencyjną, gdy możliwości są zintegrowane z odpowiednimi zasobami. W związku z tym istnieje wyraźna szansa zbadania na poziomie koncepcyjnym interaktywnej roli potencjału pomiędzy zasobami i przewagą konkurencyjną małych gospodarstw rolnych prowadzących uprawy eksportowe w Sri Lance.

Oprócz interakcji pomiędzy zasobami i możliwościami, literatura sugeruje kilka zmiennych moderujących, które wpływają na determinanty przewagi konkurencyjnej firmy. W związku z tym literatura dostarcza dowodów na to, że motywowane intencje biznesowe wynikają z przekonań właścicieli lub menedżerów (Apasingha i in., 2014; Gray, 2000; Maki i Pukkinen, 2000), płci właściciela (Danes i in, 2007; Inmyxai i Takahashi, 2012; Swinney i in., 2006) oraz doświadczenie właściciela lub menedżerów (Carmeli i Tishler, 2004; Lu i in., 2010; Morris i Snell, 2011; Newbert, 2008) wykazują istotne powiązania z przewagą konkurencyjną firm. Interesujące jest kontekstualizowanie tych moderatorów na temat związków między zasobami, możliwościami i przewagą konkurencyjną małych gospodarstw rolnych prowadzących uprawy eksportowe na Sri Lance.

1.4 Zakres badania

Obecnie niewielkie uprawy eksportowe obejmują 14 z 25 okręgów Sri Lanki (Departament Spisu Powszechnego i Statystyki, 2014). Spośród siedmiu mniejszych upraw eksportowych, cynamon, goździki i pieprz są głównymi produktami rolnymi stanowiącymi przyprawy, z których pochodzi 66,2% wpłat na poczet przychodów z wywozu. Sri Lanka jest największym producentem i eksporterem cynamonu cejlońskiego na świecie, zarówno w jego pierwotnej, jak i w formie wartości dodanej, takiej jak kawałki cięte, proszek, olej, tabletki i forma kruszona (Export Development Board, 2014). Bank Centralny Sri Lanki (2015 r.) poinformował, że Sri Lanka eksportuje średnio 17 560 ton cynamonów metrycznych rocznie. Sri Lanka jest piątym co do wielkości eksporterem goździków na świecie, a jednocześnie odnotowuje średnią roczną wielkość eksportu na poziomie 5521 ton metrycznych. Kraj produkuje również 2% światowego zapotrzebowania na pieprz, przy średniej rocznej wielkości eksportu wynoszącej 18 660 ton metrycznych. W związku z tym spośród siedmiu mniejszych upraw wywozowych wybrano cynamon, goździki i pieprz, ponieważ są one głównymi produktami rolnymi stanowiącymi przyprawy, a ich większy udział w całkowitym wywozie rolnym, jak również w całkowitym niewielkim wywozie rolnym do gospodarki Sri Lanki, został odnotowany.

W związku z tym badanie koncentruje się na jednostkach agrobiznesu i/lub gospodarstwach rolnych posiadających doświadczenie w komercyjnej uprawie cynamonu, papryki i goździków jako zakresie badań. Termin "agrobiznes" przyjęty przez Ibeh (2003) obejmuje gospodarstwa rolne działające w sektorze rolnym, w tym towary masowe i świeże produkty o wysokiej wartości. Poza tym w badaniu uwzględniono trzy zamiast jednej uprawy w celu zwiększenia obserwowanych różnic, a także wzmocnienia uogólnienia wyników.

1.5 Cele badania

Uznając teorie RBV i zdolności dynamiczne, ogólnym celem badania jest określenie źródeł przewagi konkurencyjnej małych gospodarstw rolnych prowadzących uprawy eksportowe na Sri Lance. W oparciu o cel ogólny sformułowano następujące cele szczegółowe:

1) Ocena przewagi konkurencyjnej małych gospodarstw rolnych prowadzących uprawy eksportowe w Sri Lance;
2) Określenie znaczących zasobów, które prowadzą do przewagi konkurencyjnej małych gospodarstw rolnych prowadzących uprawy eksportowe na Sri Lance;
3) Określenie znaczących możliwości, które prowadzą do przewagi konkurencyjnej małych gospodarstw rolnych prowadzących uprawy eksportowe na Sri Lance;
4) zbadanie, czy potencjał odgrywa rolę pośredniczącą między zasobami a przewagą konkurencyjną małych gospodarstw rolnych prowadzących uprawy eksportowe na Sri Lance; oraz
5) Określenie czynników moderujących, które wpływają na relacje między zasobami, możliwościami i przewagą konkurencyjną małych gospodarstw rolnych prowadzących uprawy eksportowe na Sri Lance.

1.6 Pytania badawcze

Aby osiągnąć cele ogólne i szczegółowe, w badaniu podjęto próbę odpowiedzi na następujące pytania badawcze:

1) Jakie są źródła przewagi konkurencyjnej małych gospodarstw rolnych prowadzących uprawy eksportowe w Sri Lance?

2) Jaki jest zakres przewagi konkurencyjnej małych gospodarstw rolnych prowadzących uprawy eksportowe w Sri Lance?
3) Jakie są znaczące zasoby, które prowadzą do przewagi konkurencyjnej małych gospodarstw rolnych prowadzących uprawy eksportowe na Sri Lance?
4) Jakie są znaczące możliwości, które prowadzą do przewagi konkurencyjnej małych gospodarstw rolnych prowadzących uprawy eksportowe na Sri Lance?
5) Czy potencjał pośredniczy w relacji pomiędzy zasobami a przewagą konkurencyjną małych gospodarstw rolnych prowadzących uprawy eksportowe na Sri Lance?
6) Jakie są czynniki moderujące, które wpływają na relacje między zasobami, możliwościami i przewagą konkurencyjną małych gospodarstw rolnych prowadzących uprawy eksportowe na Sri Lance?

1.7 Znaczenie badania

Aby gospodarstwa rolne mogły przetrwać w nierównym otoczeniu ekonomicznym, konieczne jest, aby były wystarczająco konkurencyjne. Aby dowiedzieć się, dlaczego dane gospodarstwo rolne lub jego branża jest konkurencyjna i jak utrzymać swoją pozycję konkurencyjną, należy przeanalizować czynniki wpływające na jego przewagę konkurencyjną.

Niniejsze opracowanie stanowi trzykrotny wkład w literaturę dotyczącą przewagi konkurencyjnej. Po pierwsze, badanie określa wpływ RBV na przewagę konkurencyjną sektora agrobiznesu. W związku z tym stanowi ona empiryczną analizę skutków kołowej strategii leśnej, koncentrując się na zasobach i możliwościach charakterystycznych dla sektora rolnego. Po drugie, studium bada interakcję między zasobami a zdolnościami produkcyjnymi w celu zrozumienia, w jaki sposób można uzyskać przewagę konkurencyjną. Biorąc pod uwagę znaczący wkład drobnych upraw eksportowych w dochody Sri Lanki z wywozu, zaskakujące jest, że w ostatnich badaniach nie znaleziono wyraźnych dowodów wskazujących na pozycję konkurencyjną drobnych upraw eksportowych na Sri Lance. W sensie globalnym nie ma wystarczającego wsparcia empirycznego, aby zweryfikować niedawną analizę konkurencyjności przypraw, zwłaszcza w takich krajach jak Indonezja, Chiny, Indie, Wietnam i Madagaskar. Ponadto w Sri Lance nie ma jasnych dowodów empirycznych dotyczących wpływu zasobów i możliwości na przewagę konkurencyjną małych upraw eksportowych. Badanie to rozszerza zakres tej pracy, wykazując, że interakcja pomiędzy zasobami a zdolnościami produkcyjnymi jest istotna dla sektora agrobiznesu. Dlatego też podkreślono w nim koncepcyjny rozwój interakcji pomiędzy zasobami a zdolnościami produkcyjnymi w celu zwiększenia przewagi konkurencyjnej. Ważne i wiarygodne konstrukcje użyte przy projektowaniu tego badania mogą być wykorzystane przez innych badaczy do określenia przewagi konkurencyjnej na poziomie przedsiębiorstwa.

Wreszcie, badanie dostarcza dowodów na to, że intencje biznesowe i religijność właściciela gospodarstwa stanowią krytyczne wsparcie dla przewagi konkurencyjnej małych gospodarstw rolnych prowadzących uprawy eksportowe w postaci zarządzania zasobami i możliwościami. Ten punkt widzenia jest również poparty badaniem Apasingha et al. (2014), które ujawniło, że powód zaangażowania się w działalność gospodarczą okrężnie wpływa na sukces farm produkujących olej lotny (olej cynamonowy) na Sri Lance. Jednak w dotychczasowej literaturze nie zbadano jeszcze w wystarczającym stopniu kontekstu intencji biznesowych w dążeniu do uzyskania przewagi konkurencyjnej. Dlatego też konieczne jest dalsze badanie psychiki właścicieli gospodarstw rolnych pod kątem ich intencji biznesowych. Taki efekt psychologiczny może pomóc właścicielom gospodarstw rolnych odzyskać poczucie zarządzania swoimi zasobami i możliwościami.

Badanie to zawiera również kilka implikacji dotyczących zarządzania. Po pierwsze, źródła przewagi konkurencyjnej zidentyfikowane w niniejszym opracowaniu będą pomocne w zwiększeniu przewagi konkurencyjnej drobnych upraw eksportowych na Sri Lance. Opracowanie modelu mającego na celu określenie źródeł związanych z przewagą konkurencyjną drobnych upraw eksportowych umożliwi drobnym producentom rolnym zwiększenie korzyści ekonomicznych z tych upraw i uczyni ten model ekonomicznie opłacalnym.

Następnie określenie i uszeregowanie pod względem ważności źródeł przewagi konkurencyjnej poszczególnych gospodarstw rolnych może pomóc decydentom politycznym w wyborze odpowiednich poziomów polityki w celu ich rozwiązania. Ustalenia te dostarczą decydentom politycznym wytycznych i punktów odniesienia dla opracowania skutecznych środków politycznych i strategii biznesowych dla sektora małych upraw eksportowych. Wreszcie, badanie to będzie również pomocne dla decydentów w braniu ich pod uwagę przy podejmowaniu decyzji i planowaniu strategicznym na poziomie gospodarstwa.

1.8 Ograniczenia badań

Istnieje kilka ograniczeń, które należy uznać za korzystne dla przyszłych badań, mimo że badanie to stworzyło solidne podstawy dla podejścia RBV i sektora agrobiznesu.

Niniejsze badanie dostarcza empirycznych dowodów na istnienie źródeł przewagi konkurencyjnej drobnych upraw eksportowych na Sri Lance, koncentrując się na trzech głównych uprawach cynamonu, goździków i pieprzu przeznaczonych na wywóz w związku z ich znaczącym wkładem w dochody Sri Lanki z wywozu produktów rolnych. W związku z tym, populacja docelowa składa się wyłącznie z odmian handlowych cynamonu, goździków i papryki. W związku z tym możliwość uogólnienia zgłaszanych wyników na inne mniejsze uprawy jest ograniczona. W związku z tym, aby uogólnić wyniki, konieczne są dalsze badania w celu przetestowania proponowanych ram badawczych również w odniesieniu do innych niewielkich upraw eksportowych.

Badanie to nie ma na celu przedstawienia wyłącznej listy wszystkich możliwych zasobów i możliwości, które gospodarstwa muszą posiadać, aby uzyskać przewagę konkurencyjną. Koncentruje się on raczej na konkretnych zasobach i możliwościach, które zostały określone we wcześniejszych badaniach i w opiniach ekspertów, co jest zgodne z jego celami. Kluczowe czynniki zaproponowane w tym badaniu powinny służyć jako podstawa do określenia zestawu konstrukcji. Mogą jednak istnieć inne ważne ukryte konstrukcje, takie jak oczekiwania klientów, internacjonalizacja firm i krajowa strategia konkurencyjności, które są związane z przewagą konkurencyjną, na którą przyszłe badania powinny zwracać uwagę.

Mimo, Ĩe badanie to ma na celu skonstruowanie modelu koncepcyjnego odnoszącego zasoby gospodarstwa do przewagi konkurencyjnej, w którym pośredniczą jego moĨliwoĞci, nie stara siĊ ono zapewniü wszystkich moĨliwych poĞrednich efektów, jakie gospodarstwa mogą posiadaü dla uzyskania przewagi konkurencyjnej. Dotyczy to jedynie dwóch istotnych zasobów (kapitał instytucjonalny i działania zbiorowe) i zdolności (zarządzanie jakością i marketing), które zostały określone na podstawie literatury agrobiznesowej i opinii ekspertów.

Ponadto, w miarę jak źródła przewagi konkurencyjnej zmieniają się w czasie, w tym zasoby i możliwości, konieczne staje się przeprowadzenie badań longitudinalnych w celu uchwycenia szczegółów. Wykorzystanie danych dotyczących zmian w czasie byłoby bardziej użyteczne w porównaniu z migawką danych w celu zbadania źródeł przewagi konkurencyjnej. Jak wskazują Wong i Wong (2011), opóźniona relacja między zmiennymi w czasie może pomóc w dostrzeżeniu skutków przyczynowych w modelu. Badania długookresowe mogą badać, w jaki sposób dynamiczne zmiany w konfiguracji zasobów i możliwości mogą wpływać na przewagę konkurencyjną w miarę jak przedsiębiorstwo rozwija się wyłącznie i w odpowiedzi na zmiany środowiskowe.

Wreszcie, model przedstawiający powiązanie przewagi konkurencyjnej w odniesieniu do zasobów powinien być również stosowany do gospodarstw rolnych w krajach wschodzących, które eksportują głównie cynamon, goździki i pieprz, takich jak Indonezja, Wietnam, Madagaskar, Tanzania i Indie.

1.9 Definicja pojęć

W poniższych podrozdziałach zdefiniowano kluczowe pojęcia badania w odniesieniu do definicji podstawowej i definicji operacyjnej.

1.9.1 Przewaga konkurencyjna

Na poziomie przedsiębiorstwa przewagę konkurencyjną definiuje się jako zdolność do oferowania produktów i usług, które spełniają lub przewyższają wartości klienta oferowane obecnie przez jego konkurentów, substytuty i potencjalnych uczestników rynku (Bhuiyan, 2011; Kennedy i in., 1997; Martinez i in., 2014; Porter, 1990; Srivastava i in., 2006). Podobnie badanie to definiuje przewagę konkurencyjną jako konkretne strategie wykorzystania dostępnych zasobów i innych precyzyjnych działań w celu oddzielenia drobnych gospodarstw rolnych prowadzących uprawy eksportowe od konkurencji, a także utrzymania ich aktywności i wzrostu.

1.9.2 Zasoby

Zasoby odnoszą się do zasobów dostępnych aktywów, które są własnością firmy, są przez nią kontrolowane i wykorzystywane (Amit i Schoemaker, 1993; Makadok, 2001; Morgan i in., 2004; Oliver, 1997) do opracowywania i wdrażania jej strategii. Ogólnie rzecz biorąc, zasoby można podzielić na kilka kategorii, które są fizyczne, finansowe, ludzkie i organizacyjne (Barney, 1991; Cater and Cater, 2009; Grant, 1991; Habbershon i Williams, 1999), chociaż niekoniecznie mogą być one ogólne dla wszystkich rodzajów firm.

Opracowanie to skupia się na ogólnej kategorii zasobów, a mianowicie rzeczowych aktywów trwałych i wartości niematerialnych i prawnych jako krytycznych zasobów przewagi konkurencyjnej małych gospodarstw rolnych prowadzących uprawy eksportowe. W tych założeniach niniejsze opracowanie proponuje siedem zasobów: (1) aktywa ludzkie; (2) aktywa rzeczowe; (3) aktywa finansowe; (4) kapitał instytucjonalny; (5) działania zbiorowe; (6) tożsamość przedsiębiorcy właścicieli gospodarstw rolnych; oraz (7) reputacja. Zostały one wyjaśnione w kolejnych podsekcjach.

1.9.2. a) Aktywa ludzkie

Zasoby ludzkie odnoszą się do wiedzy, umiejętności i doświadczenia poszczególnych osób (Becker, 1967, Morris i Snell, 2011). Kiedy ludzie mają wiedzę i doświadczenie, są w stanie dzielić się wiedzą z innymi w firmie (Morris i Snell, 2011). Zasoby ludzkie obejmują umiejętności, inteligencję, relacje i zaufanie pracowników w gospodarstwie (Genc, 2013; Ismail i in., 2012).

1.9.2(b) Aktywa fizyczne

Aktywa rzeczowe obejmują zakłady i urządzenia, położenie geograficzne, dostęp do surowców i technologii wykorzystywanych w przedsiębiorstwie (Barney, 1991). W szczególności małe gospodarstwa rolne prowadzące uprawy eksportowe zdają sobie sprawę, że posiadanie odpowiednich surowców, w szczególności nawozów, sprzętu rolniczego i do zbiorów, korzystnego położenia geograficznego i systemu nawadniania to niezbędne warunki wstępne (Talbot, 2013).

1.9.2(c) Aktywa finansowe

Aktywa finansowe obejmują zadłużenie, kapitał własny oraz zyski zatrzymane (Barney, 1995). Niewielkie gospodarstwa rolne prowadzące uprawy eksportowe muszą dysponować odpowiednimi środkami finansowymi na działalność oraz na zakup wyposażenia kapitałowego (Agada, 2014; Tregear i Ness, 2006).

1.9.2 lit. d) Kapitał instytucjonalny

Kapitał instytucjonalny jest kluczowym zasobem, który firma pozyskuje ze swojego otoczenia instytucjonalnego, takiego jak programy rządowe (Lu et al., 2010). Podejście instytucjonalne, dzięki któremu rząd jest jednym z kluczowych elementów, odgrywa znaczącą rolę w poprawie rozwoju powstających gospodarstw rolnych (Ismail i in., 2010). W badaniu podkreślono wsparcie rządowe jako kluczową cechę kapitału instytucjonalnego.

1.9.2(e) Działanie zbiorowe

Działania zbiorowe odnoszą się do rozwoju sieci i sojuszy między sobą (Lamprinopoulou i in., 2006). Reprezentuje ona działania członków grupy mające na celu dzielenie się wiedzą o rynku, wspólną sprzedaż i rozwój możliwości biznesowych (Gyau i in., 2014). W szczególności, zasoby działań zbiorowych obejmują mechanizmy wymiany między przedsiębiorstwami w zakresie informacji, nakładów i surowców, by wymienić tylko niektóre (Lu i in., 2010).

1.9.2(f) Tożsamość przedsiębiorcza

Badanie przeprowadzone przez Vesala et al. (2007) wskazuje na znaczenie potencjału przedsiębiorczości w sektorze rolnym i określa wymiary, które należy uwzględnić przy definiowaniu rolników jako przedsiębiorców w odniesieniu do podejmowania ryzyka, orientacji na wzrost i innowacyjności. Podobnie, badanie dotyczy tożsamości przedsiębiorczej właścicieli gospodarstw rolnych jako gotowości do zniesienia stanu niepewności spowodowanego niepowodzeniem, rozszerzania działalności gospodarczej oraz gotowości do poszukiwania, rozwijania i wypróbowywania nowych produktów, rynków lub metod.

1.9.2.g) Reputacja gospodarstwa rolnego

Reputacja firmy jest wartością niematerialną, reprezentującą wiedzę i emocje posiadane przez osoby fizyczne (Ritthaisong i in., 2014). Badanie odnosi się do reputacji drobnych gospodarstw rolnych prowadzących uprawy eksportowe jako wartości niematerialnej reprezentującej opinię zainteresowanych stron na temat produktów, usług i procesów stosowanych w gospodarstwach (Carmeli i Tishler, 2004).

1.9.3 Możliwości

Zdolności można zdefiniować jako zdolność przedsiębiorstwa do wykonywania swoich zadań, które są bezpośrednio lub pośrednio związane z procesem input-output (Grant, 1996); zdolności do koordynowania i rozmieszczania zasobów w celu wykonania zadań (Oliver, 1997); procesy, w których dostępne zasoby są rozwijane, łączone i przekształcane w wartościowe towary lub usługi (Morgan et al., 2004); jak również zbiór procedur, które wraz z napływem czynników produkcji dają kierownictwu przedsiębiorstwa zestaw opcji decyzyjnych umożliwiających uzyskanie znaczących wyników (Winter, 2000).

Badanie to skupia się na dynamicznych możliwościach, które można zdefiniować jako procesy zmieniające produkt, proces produkcji lub klientów (Kortelainen i Karkkainen, 2011; Zima, 2003). Zgodnie z modelem możliwości Granta (1996) i po konsultacji z ekspertami akademickimi i branżowymi, badanie obejmowało pięć możliwości, a mianowicie a) organizacyjne uczenie się; b) budowanie relacji; c) zarządzanie jakością; d) zarządzanie procesami w gospodarstwie rolnym; oraz e) zdolności marketingowe. Możliwości te zostały wyjaśnione w kolejnych podrozdziałach.

1.9.3. a) Organizacyjne zdolności do uczenia się

Podejście do organizacyjnego uczenia się podkreśla, że organizacyjne uczenie się jest niezbędne do uzyskania przewagi konkurencyjnej (Vorhies i Morgan, 2005), ponieważ gromadzi nową wiedzę od osób, które są w stanie i chcą zastosować tę wiedzę w podejmowaniu decyzji (Sirmon i in., 2007). Dlatego też w niniejszym opracowaniu zdolność do organizacyjnego uczenia się określa się jako zdolność do rozwijania wiedzy ułatwiającej zmiany w zachowaniach pracowników w celu umożliwienia funkcjonowania procesu produkcyjnego (Lages et al., 2009).

1.9.3(b) Zdolność do budowania relacji

Zdolność do budowania relacji opiera się na zdolności do dzielenia się informacjami, komunikacji i rozwijania długoterminowych relacji z interesariuszami, takimi jak inne firmy, klienci, konkurenci, rząd i inne autoryzowane podmioty (Lages et al., 2009). W związku z tym, niniejsze opracowanie odnosi się do zdolności budowania relacji jako zdolności do budowania efektywnej struktury sieciowej innych gospodarstw rolnych, ich pracowników, klientów, rządu i innych instytucji wspierających rolnictwo.

1.9.3(c) Zdolność do zarządzania jakością

Zdolność zarządzania jakością opiera się na zdolności do projektowania, rozwoju i produkcji produktów w celu spełnienia wymagań klientów (Lages et al., 2009), co może prowadzić do zwiększenia przewagi konkurencyjnej firm (Lakhal, 2009). Ze względu na względne znaczenie przypraw produkowanych przez drobne uprawy eksportowe dla przemysłu spożywczego, medycznego i kosmetycznego, zdolność zarządzania jakością została uznana za ważną zdolność. Uważa się, że zdolność do utrzymania jakości zbiorów stała się najważniejszym czynnikiem w handlu przyprawami (Franzak i Pitta, 2005; Rada ds. Przypraw Sri Lanki, 2014).

1.9.3 lit. d) Zdolność do zarządzania procesami w gospodarstwie rolnym

Zdolności związane z zarządzaniem obejmują zdolność do integracji systemów logistycznych, kontroli kosztów, zarządzania zasobami ludzkimi i finansowymi, jak również prognozowania dochodów (DeSarbo i in., 2007). Grant (1996) wymienia zdolności w zakresie procesów, produkcji i zarządzania materiałami jako zdolności przedsiębiorstwa związane z działalnością. W przypadku mniejszych gospodarstw rolnych prowadzących uprawy eksportowe zdolność zarządzania procesem produkcji odzwierciedla połączenie zestawu zadań wykonywanych przez gospodarstwo w celu wzbogacenia produkcji poprzez efektywne wykorzystanie jego technologii i przepływu materiałów (Nath i in., 2010).

1.9.3(e) Zdolność do wprowadzania do obrotu

Zdolności marketingowe obejmują umiejętności w zakresie segmentacji, targetowania, wyceny i reklamy. Składa się ona z wiedzy o klientach i konkurencji, integracji rynków i efektywności cenowej (DeSarbo i in., 2007). W przypadku małych gospodarstw rolnych prowadzących uprawy eksportowe, w badaniu podkreślono, że zdolności marketingowe to integrujący się proces wykrywania działań rynkowych, monitorowania taktyki głównych konkurentów i opracowywania strategii cenowych.

1.9.4 Intencja gospodarcza właściciela gospodarstwa rolnego

Zamiar biznesowy jest sposobem wyrażania tego, czego właściciel lub menedżer chce i będzie chciał w biznesie (Gray, 2000). W związku z tym, zmotywowane intencje biznesowe oparte na przekonaniu właścicieli lub menedżerów mogą przynieść pożądane rezultaty. Jest to ważny czynnik w tym badaniu, ponieważ Apasingha i in. (2014) stwierdzili, że powód zaangażowania się w działalność gospodarczą okrężnie wpływa na sukces farm produkujących olej lotny (olej cynamonowy) na Sri Lance.

1.9.5 Religia właściciela gospodarstwa rolnego

Religia jest zobowiązaniem do przestrzegania fundamentów [własnej] religii poprzez praktyki i przekonania teoretyczne poprzez wypełnianie praw [religijnych] (Al-Goaib, 2003). Religia oznacza zatem posiadanie wiary i szacunku dla Boga lub bóstwa, a także uczestniczenie w nabożeństwach i innych działaniach społecznych w ramach własnej wspólnoty religijnej (Adeyemo i Adeleye, 2008). Religia jest potężnym wyrazem kultury i jest ściśle związana z naturą (Falvey, 2005). Ponieważ działalność rolnicza jest związana z naturą, agrobiznes i religia wydają się być ze sobą powiązane. Ponieważ Sri Lanka jest dziedziczona z wieloreligijnym zapleczem kulturowym, ważne jest, aby określić, czy religijność właścicieli gospodarstw rolnych wpływa na ich konkurencyjność.

1.10 Struktura badania

W tym rozdziale przedstawiono przegląd zamierzeń badawczych i przedstawiono pięć celów badawczych. W rozdziale 2 przedstawiono przegląd literatury przedmiotu badań. Dokonano w nim przeglądu podejść teoretycznych i modeli koncepcyjnych związanych z przewagą konkurencyjną. Omówiono rozwój, trendy i ograniczenia wcześniejszych modeli badawczych, w których zidentyfikowano źródła przewagi konkurencyjnej w celu określenia konkurencyjności małych gospodarstw. Metodologia zastosowana przy przeprowadzaniu tego badania została przedstawiona w rozdziale 3. W rozdziale 4 przedstawiono wyniki badania. Dyskusje na temat uzyskanych wyników, podsumowanie i implikacje zarządcze badania przedstawione są w rozdziale 5, po czym następują sugestie dotyczące przyszłych badań.

1.11 Rozdział Streszczenie

W niniejszym rozdziale omówiono tło badania związane z przewagą konkurencyjną w ogóle oraz przewagą konkurencyjną w sektorze agrobiznesu, a w szczególności w sektorze upraw małoobszarowych na eksport. W oparciu o luki teoretyczne i empiryczne w badaniu określono jego problematykę, cele badania, pytania badawcze i znaczenie badania. Przedstawiono również ograniczenia badania dotyczące modelu koncepcyjnego i zakresu badania. Wreszcie, wykazano definicje pojęciowe kluczowych pojęć w odniesieniu do ich definicji podstawowej i definicji operacyjnej.

2. PRZEGLĄD LITERATURY

2.1 Wprowadzenie

W niniejszym rozdziale przedstawiono podejścia teoretyczne i modele koncepcyjne związane z obszarem badań. Zaczyna się od definicji terminu "przewaga konkurencyjna" i jego głównych składników. W dalszej części rozdziału omówiony zostanie przegląd teoretyczny i empiryczny źródeł przewagi konkurencyjnej. Uznając ogólne modele opracowane teoretycznie i empirycznie, omówiono i skontekstualizowano źródła przewagi konkurencyjnej w odniesieniu do gospodarstw rolnych w ogóle, a w szczególności w odniesieniu do małych gospodarstw prowadzących uprawy eksportowe. W rezultacie opracowano ramy badawcze i szereg hipotez, które mają ukierunkować badania.

2.2 Definicje przewagi konkurencyjnej

Przewaga konkurencyjna to termin, który może być związany z poszczególnymi produktami lub usługami, firmą, sektorem, przemysłem i krajem (Anca, 2012; Lin i Tsai, 2016; Shafaei, 2009; Yercan i Isikli, 2006). W tym szybkim tempie konkurencji w obecnym środowisku biznesowym, naukowcy i praktycy zwracali największą uwagę na przewagę konkurencyjną na poziomie firm (Arslan i Tatlidil, 2012; Ambastha i Momaya, 2004; Lambourdière i in., 2017; Porter, 1990). W związku z tym pojęcie konkurencyjności znalazło się w centrum dyskusji nad strategią biznesową (Martinez i in., 2014).

Termin "konkurencyjność" stanowi środek porównawczy między przedsiębiorstwami z danej branży, który jest ściśle związany z obecnością przewagi konkurencyjnej (Depperu i Cerrato, 2005). Podobnie jak przewaga konkurencyjna, konkurencyjność jest pojęciem względnym i zależy od środowiska działania firmy (Porter, 1990). Z drugiej strony przewaga komparatywna odnosi się do przewagi kosztowej specyficznej dla danej lokalizacji (regionu lub kraju) poprzez specyficzne powiązanie z łańcuchem wartości (Beaudreau, 2016).

Przewaga konkurencyjna lub konkurencyjność przedsiębiorstwa jest wynikiem różnicy między wartością, jaką przedsiębiorstwo jest w stanie stworzyć dla swoich nabywców, a kosztem wytworzenia tej wartości (Kennedy i in., 1997, s. 386). Idąc dalej, Kennedy et al. (1997) definiują przewagę konkurencyjną jako zdolność przedsiębiorstwa do oferowania produktów, które spełniają lub przewyższają wartości klienta oferowane obecnie przez jego konkurentów, substytuty i możliwe podmioty wchodzące na rynek. Oznacza to, że firma jest w stanie poprawić jakość swoich produktów, obniżyć koszty produktów, zwiększyć swój udział w rynku lub zysk (Grupe and Rose, 2010), a także zdolność do tworzenia produktów lub procesów i optymalizacji całego łańcucha wartości, a tym samym obniżyć całkowite koszty (Beaudreau, 2016).

Z tych definicji wynika, że przewaga konkurencyjna jest uważana za część fundamentu wysokiego poziomu wydajności (Ismail i in., 2010). Należy jednak zauważyć, że przewaga konkurencyjna i wyniki są koncepcyjnie różne (Newbert, 2008; Powell, 2001). Przewaga konkurencyjna odnosi się do wartości ekonomicznej powstałej w wyniku wykorzystania kombinacji zasobów i zdolności produkcyjnych przedsiębiorstwa, podczas gdy wynik odnosi się do wartości ekonomicznej, którą przedsiębiorstwo stworzyło w wyniku swoich wysiłków w zakresie komercjalizacji (Newbert, 2008). Taka propozycja przewagi konkurencyjnej może wskazać lepszą drogę do osiągnięcia lepszych wyników firmy (Powell, 2001). Innymi słowy, zawsze gdy występuje przewaga konkurencyjna, osiągane są lepsze wyniki, a zawsze gdy osiągane są lepsze wyniki, występuje przewaga konkurencyjna (Powell, 2001).

Rozszerzając definicje, Esen i Uyar (2012) wyjaśniają, że przewaga konkurencyjna jest sytuacją zdefiniowaną i mierzoną wobec konkurenta (Kennedy i in., 1997). Odnosi się do zdolności przedsiębiorstwa do stworzenia pozycji obronnej (Lie et al., 2006) lub wyższej niż jego konkurenci (Bhuiyan, 2011; Depperu i Cerrato, 2005; Kaur i Kaur, 2016; Porter, 1990). Przedsiębiorstwo może uzyskać przewagę konkurencyjną, gdy wdraża strategię tworzenia wartości, która nie jest wdrażana przez innych potencjalnych konkurentów (Barney, 1991).

Z podanych definicji wynika, że przewaga konkurencyjna jest pojęciem względnym. Z tego właśnie powodu Anca (2012) sugeruje, że jej definicja ma jeszcze szansę zostać rozwinięta. Ogólnie rzecz biorąc, przewaga konkurencyjna przedsiębiorstwa obejmuje jego zdolność do utrzymania lub zwiększenia udziału w rynku (Petrovic i in., 2008), zyski (Arasa i Kioko, 2014) i mierzone w stosunku do jednego lub więcej konkurentów (Esen i Uyar, 2012; Kennedy i in., 1997). Służy on jako użyteczny cel naukowy, korzystny dla różnych gałęzi przemysłu (Vorhies i Morgan, 2005), w tym dla sektora agrobiznesu. W związku z tym, w celu głębszego zrozumienia przewagi konkurencyjnej, zrozumienie teorii źródeł przewagi konkurencyjnej jest bardzo ważne.

2.3 Teoretyczny przegląd źródeł przewagi konkurencyjnej

Identyfikacja źródeł przewagi konkurencyjnej jest szeroko stosowana we współczesnej literaturze ekonomicznej w celu uzyskania atrakcyjnej pozycji rynkowej dla kraju, branży i/lub firmy. W kolejnych podrozdziałach omówiono teorie źródeł przewagi konkurencyjnej.

2.3.1 Model Pięciu Sił Portera

Porter (1980) proponuje model pięciu sił, który określa ogólną konkurencyjność i rentowność branży. W modelu konkurencyjność branży zależy od strategicznych wyborów firm. W związku z tym model opisuje atrybuty przemysłu i warunki środowiskowe, które sprzyjają wysokim poziomom wyników firm, z głównym naciskiem na szanse i zagrożenia w środowisku konkurencyjnym (Barney, 1991). Dlatego też model pięciu sił Portera jest najbardziej znaną teorią w kategorii poglądów rynkowych (Wang, 2014).

Według Portera (1980), konkurencja w branży jest określona przez pięć parametrów strukturalnych: (1) zagrożenie wejściem na rynek nowych konkurentów; (2) intensywność rywalizacji rynkowej; (3) presja ze strony produktów substytucyjnych; (4) siła przetargowa nabywców; oraz (5) siła przetargowa dostawców. W celu stworzenia przewagi konkurencyjnej Porter (1980 r.) proponuje, aby przedsiębiorstwa realizowały strategię niższych kosztów lub zróżnicowania produktów. Innymi słowy, firma może pozycjonować się pod względem dwóch podstawowych atutów, a mianowicie przewagi kosztowej i unikalnych produktów. Jeśli firma stosuje strategię przywództwa kosztowego lub strategię różnicowania w wąskim segmencie rynku, to zajmuje się strategią koncentracji (Szerb i Ulbert, 2009).

Jednak głównym założeniem przyjętym w modelu Portera był klasyczny rynek doskonały, jak również statyczna struktura rynku, która raczej nie występuje na obecnych dynamicznych rynkach (Wang, 2014). Argument ten znalazł również poparcie u Nonaka i Takeuchiego (1995), którzy stwierdzają, że model podejmowania decyzji strategicznych przez Portera stał się przestarzały z powodu wielu zmian w środowisku konkurencyjnym. Ponadto podkreślają one, że firmy muszą polegać na wykorzystaniu własnych zdolności produkcyjnych ze względu na zmiany w potrzebach konsumentów i przejrzystości rynku, a także wzrost ewentualnych konkurentów. Ponadto, chociaż model pięciu sił porządkowych firmy Porter dostarcza wskazówek do analizy obecnej sytuacji w branży z firmami osiągającymi wysokie wyniki, wyniki firmy są zdeterminowane głównie przez czynniki specyficzne dla firmy, a nie przez czynniki specyficzne dla branży (Rumelt, 1991; Wang, 2014). Dlatego też czynniki specyficzne dla danej firmy, takie jak zasoby i możliwości, stały się ważniejszymi czynnikami zwiększającymi przewagę konkurencyjną.

W 1990 r. model diamentowy Portera określa determinanty przewagi konkurencyjnej narodu w ogóle (Öz, 2002), na które składają się infrastruktura i wykwalifikowana siła robocza (warunki czynnikowe), lokalny popyt na towary i usługi w danej branży (warunki popytu), istnienie lub brak branży podażowej (branża powiązana i wspierająca) oraz struktura zarządzania, a także konkurencja między sobą (kontekst dla stabilnej strategii i rywalizacji). Innymi słowy, zasoby ludzkie, wiedza, zasoby naturalne, infrastruktura i kapitał zostały zidentyfikowane jako czynniki wpływające na przewagę konkurencyjną.

Niemniej jednak, Wilk i Fensterseifer (2012) podkreślają kilka ograniczeń modelu diamentowego Portera. W szczególności model nie zajmuje się tym, w jaki sposób planowane są działania, które tworzą kapitał żelazny, który czynnik tworzy trwałe źródła korzyści, jak przeciwdziałać naśladownictwu, a także jak promować koordynację instytucji wspierających. Lall (2001) krytykuje ponadto ten model, ponieważ nie ma on znaczenia dla innowacji, nowych produktów i tendencji do tworzenia procesów. Esen i Uyar (2012) postrzegają model diamentowy bardziej jako opis niż jako ułatwienie w tworzeniu alternatywnych strategii. W idealnym przypadku model powinien przekładać czynniki z poziomu makro na czynniki z poziomu mikro, które mają bezpośredni wpływ na strategie firmy. W związku z tym model Portera powinien rozumieć pojęcie strategicznej konceptualizacji, takiej jak organizacyjne uczenie się, pogląd relacyjny i pogląd oparty na rynku (Baleewskikh i Galeey, 2012; Svarova i Vrchota, 2014), co daje pogląd oparty na zasobach.

Należy zbadać nowe źródła przewagi konkurencyjnej i określić czynniki determinujące poziom mikro- i makro (Sachitra i Chong, 2016 r.). Od lat osiemdziesiątych XX wieku uwaga naukowców zajmujących się zarządzaniem strategicznym przesunęła się z perspektywy rynkowej na wewnętrzną strukturę firm, która obejmuje jej zasoby i możliwości. Takie podejście do strategii znane jest jako pogląd oparty na zasobach (Furrer i in., 2008), co zostało wyjaśnione w następnym podrozdziale.

2.3.2 Widok oparty na zasobach

The resource-based view (RBV) consists of a rich body of related theoretical tools to analyse sources of the competitive advantage at firm level (Alonso and Bressan, 2016; Barney et al., 2001; Barney, 1991; Camisón et al., 2016; Powell, 2001; Sikora et al., 2016; Wang, 2014). RBV jest teoretycznym stwierdzeniem wskazującym, że to właśnie niejednorodność zasobów prowadzi przedsiębiorstwo do uzyskania przewagi konkurencyjnej (Wong i Wong, 2011). Początki RBV sięgają Penrose'a (1959 r.), który sugeruje, że zasoby posiadane, wykorzystywane i wykorzystywane przez przedsiębiorstwo są ważniejsze od struktury branżowej. Ma to związek z faktem, że przedsiębiorstwo jest zbiorem aktywów lub zasobów, które są na wpół trwale związane z przedsiębiorstwem (Wernerfelt, 1984). Nie dziwi więc, że RBV powstało w celu wyjaśnienia różnic w przewadze konkurencyjnej przedsiębiorstw od ponad dwóch dekad (Mugera, 2012; Camisón i in., 2016; Sikora i in., 2016).

RBV przedstawia ugruntowany model teoretyczny w celu zbadania związku między zasobami a przewagą konkurencyjną przedsiębiorstw (Habbershon i Williams, 1999; Hinterhuber, 2013). RBV interesuje się środowiskiem wewnętrznym przedsiębiorstwa jako źródłem przewagi konkurencyjnej i podkreśla, że zasoby przedsiębiorstwa muszą zostać zidentyfikowane i rozwinięte, aby móc konkurować w środowisku (Alonso i in., 2016; Wang, 2014; Wei i in., 2016). Należy przy tym koniecznie zidentyfikować zasoby cenne, rzadkie i niepowtarzalne, opisując teorię czynszu, która wyjaśnia niedoskonałości rynku zasobów (Kortelainen i Karkkainen, 2011). Dlatego też źródłem przewagi konkurencyjnej są zasoby VRIN, w przypadku których zasoby są określone jako wartościowe, rzadkie, niemobilne i niezastąpione (Barney, 1991).

Chociaż RBV stanowi wpływowe ramy teoretyczne służące wyjaśnieniu źródeł przewagi konkurencyjnej przedsiębiorstwa, to zostało ono skrytykowane ze względu na brak możliwości wyjaśnienia, w jaki sposób wykorzystywane są zasoby w celu uzyskania przewagi konkurencyjnej. Ten argument staje się aktualny w sytuacjach, gdy zasoby są szeroko dostępne i nie są rzadkie. Dlatego też konieczne jest zrozumienie, w jaki sposób zasoby przyczyniają się do generowania przyszłej przewagi konkurencyjnej.

W celu przezwyciężenia tego ograniczenia teoria zdolności dynamicznych została zintegrowana z RBV (Grant, 1996; Morgan i in., 2009). Hinterhuber (2013) podkreśla, że ważne jest, aby określić zdolności, które są cenne w celu rozwiązania problemu przyszłego ukierunkowania przewagi konkurencyjnej. W związku z tym Hinterhuber (2013 r.) proponuje, aby w celu uzyskania przewagi konkurencyjnej zasoby i możliwości dzieliły się cechami cennymi, rzadkimi, niepowtarzalnymi, zorganizowanymi w celu rozmieszczenia zasobów, wystarczająco dużymi, aby pokryć stały koszt przedsiębiorstwa i zaspokoić niezaspokojone potrzeby klientów. Nazywa się to ramami VRIOLU. Ramy VRIOLU przyczyniają się do zrozumienia, jakie zasoby i możliwości są cenne i umożliwiają przewidywanie ex ante przewagi konkurencyjnej. Pogląd Hinterhubera potwierdzają również Kortelainen i Karkkainen (2011), Lu i in. (2010), Makadok (2001), Newbert (2008) oraz Ray i in. (2004), którzy podkreślają, że połączenie zasobów i zdolności umożliwia przedsiębiorstwu uzyskanie większej przewagi konkurencyjnej. W związku z tym Kortelainen i Karkkainen (2011) proponują dynamiczne podejście RBV, które koncentruje się na dynamicznych możliwościach przedsiębiorstw, łącząc zasoby z przewagą konkurencyjną. Teoria dynamicznego RBV jest rozszerzeniem RBV, które może być wykorzystywane w sytuacjach dynamicznych i pokazuje, w jaki sposób utrzymuje się przewaga przedsiębiorstw w czasie (Kalali i Heidari, 2016).

Dlatego też RBV może charakteryzować się dwoma podstawowymi wartościami maksymalnymi: (1) dopłaty do zasobów są niejednorodnie rozłożone; oraz (2) zdolności, które pozwalają przedsiębiorstwu na utrzymanie przewagi konkurencyjnej (Martin-de-Castro i in., 2006). W związku z tym przedsiębiorstwo musi posiadać unikalne zasoby i eksploatować te zasoby poprzez swoje możliwości. Bhuiyan (2011 r.) oraz Martinez et al. (2014 r.) wskazują ponadto, że zasoby i możliwości przedsiębiorstwa muszą być ograniczone w stosunku do branży, ale istotne dla działalności przedsiębiorstwa w celu uzyskania przewagi konkurencyjnej. Dlatego też firmy powinny być niejednorodne pod względem zasobów i możliwości.

W niektórych badaniach zasoby i możliwości są zwykle określane jako synonimy (Lu i in., 2010). Może to być powód, dla którego Barney (1991) zdefiniował zasoby jako połączenie firmowych aktywów, zdolności, procesu i wiedzy. Jednak Grant (1991) wyraźnie odróżnia zasoby od możliwości. Grant (1991) stanowi, że zasoby stanowią listę aktywów materialnych i niematerialnych, takich jak aktywa rzeczowe, finansowe, informacyjne, technologiczne, ludzkie i marki, podczas gdy zdolności oznaczają zdolność przedsiębiorstwa do wchłaniania, integrowania i przekształcania zasobów wewnętrznych i zewnętrznych w przewagę konkurencyjną. Główne różnice pomiędzy zasobami i możliwościami polegają na tym, że zasoby są niezależne, proste i statyczne, podczas gdy możliwości są zbiorowe, złożone i dynamiczne. Podobnie Omerzel i Guley (2011 r.) stwierdzają, że zasoby i możliwości stanowią wyróżniające się rodzaje kompetencji w ramach RBV.

Uznając argument Granta (1991), Amit i Schoemarket (1993) podkreślają, że zdolności charakterystyczne dla przedsiębiorstwa można określić jako dobra pośrednie, które przekształcają zasoby w produktywność. Dlatego też nie wystarczy określić, jakie zasoby generują przewagę konkurencyjną, lecz także w jaki sposób firma łączy i przekształca te zasoby za pomocą specyficznych dla danej firmy możliwości. W związku z tym samo badanie związku między zasobami a przewagą konkurencyjną może prowadzić do mylących wniosków w odniesieniu do RBV. Makadok (2001) wyraźnie wspomina, że mechanizm budowania zdolności wpływa na zysk gospodarczy dopiero po nabyciu zasobów. Podkreśla on, że firmy mogą tworzyć przewagę konkurencyjną nie poprzez dobór odpowiednich zasobów niż ich konkurenci, ale poprzez zintegrowanie ich z odpowiednimi możliwościami. Poglądy te podkreśla również Newbert (2007, 2008), gdzie połączenie cennych i rzadkich zasobów pomoże w osiągnięciu przewagi konkurencyjnej. Innymi słowy, zdolności przedsiębiorstwa mogą działać jako związek przyczynowy między zasobami a przewagą konkurencyjną (Newbert, 2007).

W połączeniu z tym argumentem Lu et al. (2010) podkreślają mediatorską rolę zdolności pomiędzy zasobami i przewagą konkurencyjną. Podkreślają oni, że zdolności nie mogą być bezpośrednim źródłem przewagi konkurencyjnej, ponieważ bez zasobów same zdolności nie są wystarczające. W związku z tym pojawia się pytanie, czy należy uznać zdolność za źródło przewagi konkurencyjnej, czy też wymaga ona integracji z zasobami w celu uzyskania przewagi konkurencyjnej.

Ponadto Oliver (1997) nalega na połączenie RBV z teorią instytucjonalną. Teoria instytucjonalna skupia się na roli wpływu społecznego i presji na społeczną zgodność w kształtowaniu działań firm. Na poziomie firmy, kontekst instytucjonalny odnosi się do kultury firmy, wspólnych przekonań, systemów i polityki. Nie ma jednak z góry określonych racjonalnych ram wyboru, które wyjaśniałyby zinstytucjonalizowaną działalność, ponieważ wiele działań przedsiębiorstw jest wykonywanych lub przyznawanych zgodnie z odziedziczoną kulturą lub strukturą władzy przedsiębiorstwa. Dlatego też w ramach podejścia RBV należy uwzględnić kontekst społeczny w przedsiębiorstwach, taki jak tradycja przedsiębiorstwa, relacje biznesowe, wsparcie instytucjonalne i presja regulacyjna.

Z danej perspektywy wydaje się, że RBV jest połączony z unikalnymi zasobami i eksploatuje je dzięki możliwościom, co jest korzystne dla różnych gałęzi przemysłu, w tym dla agrobiznesu. Badanie to rozszerza zakres tej pracy, wykazując, że interakcja pomiędzy zasobami a zdolnościami produkcyjnymi jest istotna dla sektora agrobiznesu. Podobnie jak wszystkie inne branże, sektor rolny musi reagować na dynamiczne środowisko poprzez identyfikację jego specyficznych źródeł, aby zachować lub poprawić swoją przewagę konkurencyjną.

2.4 Empiryczny przegląd źródeł przewagi konkurencyjnej (empirical Review of Sources of Competitive Advantage)

Istnieją duże ilości produkcji naukowej związanej ze źródłami przewagi konkurencyjnej firmy (Powell, 2001). W poniższych podrozdziałach omówiono ogólnie źródła przewagi konkurencyjnej. Jednocześnie przedstawiono i omówiono dowody empiryczne dotyczące źródeł przewagi konkurencyjnej sektora agrobiznesu oraz pomiarów przewagi konkurencyjnej w sektorze agrobiznesu.

Ogólnie rzecz biorąc, istnieją dwa źródła przewagi konkurencyjnej dla każdej firmy, mianowicie zewnętrzne i wewnętrzne. Zewnętrzna przewaga konkurencyjna obejmuje elastyczność, jakość personelu, jakość pracy i know-how (Svarova i Vrchota, 214). Odpowiednio, Lynch (2000) stwierdza, że zróżnicowanie, niskie koszty, rynek niszowy, technologia, jakość, integracja pionowa, usługi, synergia i kultura, a także style przywództwa wspierają osiągnięcie przewagi konkurencyjnej na poziomie firmy.

Charakterystyka firmy i zarządu przyspiesza wzrost i rentowność firm w celu osiągnięcia trwałej przewagi konkurencyjnej (Chugan i Singh, 2014). Charakterystyka firmy obejmuje wielkość firmy, innowacyjność technologiczną, międzynarodowe kompetencje, a także dostęp do infrastruktury i zasobów innych firm. Voulgaris et al. (2013) badają czynniki wpływające na konkurencyjność przedsiębiorstw produkcyjnych w Grecji i stwierdzają, że wielkość, wiek i dźwignia finansowa przedsiębiorstwa mają wpływ na przewagę konkurencyjną. W szczególności, Langemeiet i Yeager (2014) potwierdzają związek pomiędzy cechami zarządzania a przewagą konkurencyjną. Charakterystyka zarządzania obejmuje doświadczenie, zaangażowanie, stosunek do eksportu, społeczną odpowiedzialność biznesu i postrzegane bariery. W związku z tym Zaridis i Mousiolis (2014 r.) stwierdzili, że cechy przedsiębiorców, cechy przedsiębiorstw, strategie zarządzania i środowisko zewnętrzne mają znaczący wpływ na konkurencyjność MŚP w Grecji. Ponadto Douglas et al. (2010) potwierdzają, że strategia zróżnicowania może zostać wykorzystana w celu uzyskania przewagi konkurencyjnej.

Kraja i Osmani (2013) podkreślają, że aktywa materialne (czynniki finansowe, fizyczne, technologiczne i organizacyjne) i niematerialne (człowiek, innowacyjność i kreatywność oraz reputacja) decydują o przewadze konkurencyjnej firmy. Podobnie Ismail et al. (2012) stwierdził, że zasoby materialne (ludzkie, fizyczne, organizacyjne i finansowe) oraz niematerialne (reputacja, prawne, społeczne i kulturowe) znacząco wpływają na przewagę konkurencyjną przedsiębiorstw produkcyjnych w Malezji. Ponadto w badaniu odkryto możliwości informacyjne, możliwości rozwoju produktów i budowania relacji jako znaczące możliwości firm. Ismail et al. (2014) uznał również kapitał ludzki, zdolność do nawiązywania kontaktów, zaufanie, zaangażowanie i satysfakcję za źródła przewagi konkurencyjnej małych i średnich eksporterów w Malezji. Według Desarbo et al. (2007) przedsiębiorstwa produkcyjne są zobowiązane do zwiększenia swoich zdolności do łączenia rynków, zdolności technologicznych, zdolności marketingowych, zdolności w zakresie technologii informatycznych oraz zdolności zarządzania w celu uzyskania przewagi konkurencyjnej. Według Lages et al. (2009) istnieją trzy zestawy zdolności, które mają decydujące znaczenie dla uzyskania przewagi konkurencyjnej przez przedsiębiorstwa produkcyjne zorientowane na eksport, a mianowicie zdolność do organizacyjnego uczenia się w zakresie innowacji, zdolność do nawiązywania relacji i zdolność do zapewniania jakości.

Kadocsa (2006) identyfikuje wewnętrzne i zewnętrzne czynniki wpływające na konkurencyjność małych i średnich firm na Węgrzech. Czynniki wewnętrzne obejmują marketing, innowacje, wydajność, rozwój oparty na wiedzy, podaż kapitału, zarządzanie, strukturę i zgodność, natomiast czynniki zewnętrzne obejmują zatrudnienie, możliwości podaży kapitału, relacje biznesowe, sojusze i sieci.

Z literatury jasno wynika, że w poprzednich badaniach badano różne źródła przewagi konkurencyjnej w różnych sektorach (załącznik 1). Poszczególne czynniki w różnych sektorach wskazują na odchylenie źródeł przewagi konkurencyjnej w odniesieniu do danego sektora, jak również na kontekst. Dlatego też niezbędne jest rozważenie empirycznych dowodów na istnienie źródeł przewagi konkurencyjnej w sektorze agrobiznesu. Poniższy rozdział przedstawia dowody empiryczne związane z przewagą konkurencyjną gospodarstw agrobiznesu.

2.5 Empiryczne dowody na istnienie źródeł przewagi konkurencyjnej w sektorze agrobiznesu

Zainteresowanie naukowe agrobiznesem wzrosło w ostatnich latach, ponieważ sektor ten staje się bardziej uprzemysłowiony, konkurencyjny, a także technologicznie i menedżersko intensywny (Akudugu, 2016; Guglielmini i in., 2017; Wilk i Fensterseifer, 2012). Znaczenie tego sektora jest oczywiste tam, gdzie nie tylko stanowi on większy udział w całej gospodarce pod względem wykorzystania gruntów, możliwości zatrudnienia i wzrostu gospodarczego; co ważniejsze, przyczynia się on również do rozwoju gospodarczego każdego kraju rozwijającego się (Gaytán i Benita, 2014; Nwachukwu i in., 2014). Ponadto rosnący popyt na światowym rynku produktów rolnych wymaga, aby sektor ten był bardziej konkurencyjny w celu zaspokojenia zwiększonego popytu (Yercan i Isikli, 2007). Wyjaśniają one, dlaczego konkurencyjność tego sektora stała się od tego czasu interesującym kierunkiem studiów akademickich (Mugera, 2012), szczególnie wśród krajów rozwijających się (Dziwornu, 2014).

Termin "agrobiznes" oznacza gospodarstwa rolne działające w sektorze rolnym, w tym towary masowe i produkty świeże o wysokiej wartości (Ibeh, 2003). W produktach rolnych, poszczególne jednostki towaru mają dokładnie te same cechy. Konkurencyjność jako taka wynika głównie z ceny produktów. Natomiast wartość dodana staje się popularnym podejściem do produktów rolnych, które przekształca rolnictwo zorientowane na towar w rolnictwo zorientowane na produkt. Innymi słowy, wartość dodana oznacza przeniesienie surowców do produktu, który tworzy inny pakiet korzyści dla klienta (Kennedy i in., 1997). W związku z tym wzrosáa konkurencyjnoĞü wartoĞciowa produktów rolnych, szczególnie w zakresie kontroli kosztów produkcji (Dziwornu, 2014).
Literatura sugeruje, że istnieją znaczne dowody empiryczne związane z przewagą konkurencyjną sektora agrobiznesu (Agada, 2014; Baleewskikh i Galejew, 2012; Dlamini i in, 2014; Dziwornu, 2014; Gaytán i Benita, 2014; Guo i in., 2016; Kata i Zajac, 2007; Kumar i Rai, 2007; O'Connor i Kelly, 2017; Rao i Rogers, 2006; Talbot, 2013; Tregear i Ness, 2006).

Na przykład Dlamini i in. (2014) określają ograniczenia i czynniki sprzyjające sektorowi agrobiznesu w Suazi. Wyniki badania sugerują, że niedostępność pracy zawodowej, koszty nakładów i niekompetentny personel sektora publicznego to trzy główne ograniczenia hamujące konkurencyjność. Z drugiej strony, czynniki zwiększające konkurencyjność obejmują produkcję wysokiej jakości produktów po przystępnych cenach, wodę do celów przemysłowych oraz koszty niewykwalifikowanej pracy. Przyjmując ramy teoretyczne opracowane przez Portera (1990), Dziwornu (2014) zbadał czynniki wpływające na przewagę konkurencyjną drobnego komercyjnego agrobiznesu i stwierdził, że koszty, doświadczenie i wykorzystanie mocy produkcyjnych są głównymi czynnikami, które znacząco wpływają na przewagę konkurencyjną agrobiznesu.

Baleewskikh i Galejew (2012) określają istotne czynniki związane z konkurencyjnością produktów rolnych, przyjmując wykres czynników przyczynowo-skutkowych. Diagram czynników produkcji pokazuje, że konkurencyjność produktu lub usługi zależy od kilku czynników powiązanych ze sobą relacjami przyczynowo-skutkowymi. Stosując metodę preferencji wśród kadry kierowniczej średniego i wyższego szczebla gospodarstw rolnych i przetwórczych, wiodących nauczycieli i naukowców z tego obszaru oraz urzędników z Ministerstwa Rolnictwa Regionu Permu, w badaniu stwierdzono, że z konkurencyjnością produktów rolnych wiążą się ludzie, ceny, czynniki pozacenowe, wewnętrzne, jakościowe i zewnętrzne.

Gaytán i Benita (2014 r.) próbują określić pozycję konkurencyjną wywozu suchego chili w Meksyku za pomocą wskaźnika ujawnionej przewagi eksportowej (RXA) i stałej analizy udziału w rynku. Badanie wykazało, że niska przewaga konkurencyjna wynika z niskich stóp inwestycji i niewystarczającego wsparcia ze strony rządu. W celu przezwyciężenia problemu niskiej konkurencyjności, w badaniu zalecono stosowanie instrumentów polityki w zakresie rozwoju umiejętności zarządzania, kompetencji organizacyjnych i procesów innowacji technologicznych.
Ritthaisong i in. (2014 r.) zbadali wpływ zasobów, a mianowicie reputacji organizacyjnej, praktyk zarządzania zasobami ludzkimi (HRM), sieci i integracji pionowej w produkcji, na przewagę konkurencyjną przedsiębiorstw zajmujących się mieleniem ryżu i zajmujących się wywozem w Tajlandii. Wyniki wskazują, że reputacja organizacji, niektóre praktyki z zakresu zarządzania zasobami ludzkimi (niepewność zatrudnienia i różnice w statusie) oraz sieci powiązań są w istotny sposób związane z wynikami finansowymi firmy. W opracowaniu tym wspomina się w szczególności, że w celu zwiększenia przewagi konkurencyjnej firmy można zastosować zestaw zasobów finansowych. W związku z tym wynik badania wzmacnia RBV jako narzędzie do analizy źródeł przewagi konkurencyjnej na poziomie przedsiębiorstwa.

Ostatnio Guo et al. (2016) zbadali pozycję konkurencyjną przemysłu mleczarskiego w Chinach w odniesieniu do różnych wielkości przedsiębiorstw i lokalizacji regionu i miasta. Wyniki pokazują, że większe firmy uzyskały znaczną siłę konkurencyjną, a firmy zlokalizowane na obszarze wschodnim mają tendencję do uzyskiwania mniejszej siły konkurencyjnej niż firmy zlokalizowane na obszarze środkowym i zachodnim. O'Connor i Kelly (2017) przeprowadzili wzdłużne studia przypadków w celu analizy wpływu procesów zarządzania wiedzą na konkurencyjność MŚP w sektorze rolno-spożywczym w Irlandii Północnej. Wyniki wskazują, że wyraźna i ukryta wiedza może zwiększyć konkurencyjność, gdy MŚP mają dostęp do ułatwionego programu, który analizuje, pakuje i wyjaśnia duże dane analityczne dotyczące konsumentów zebrane przez dużą firmę filarową w sieci spożywczej.

Chociaż we wcześniejszych powiązanych badaniach badano różne czynniki, które decydowały o przewadze konkurencyjnej na poziomie gospodarstwa (załącznik 2), czynniki te zostały zbadane niezależnie i brak jest ujednolicającej teorii dotyczącej źródeł przewagi konkurencyjnej. Z badań tych można wywnioskować, że skutki globalizacji znajdują odzwierciedlenie w zmianach całego systemu agrobiznesu (Becvarova, 2008), które prowadzą do zmian w charakterystyce przewagi konkurencyjnej całego sektora agrobiznesu i gospodarstw rolnych. Ponieważ przewaga konkurencyjna jest nadal pojęciem względnym, badanie źródeł przewagi konkurencyjnej gospodarstw rolnych nadal stwarza duże możliwości dla przyszłych badań. Jest to związane z faktem, że sektor agrobiznesu obejmuje głównie małe i średnie gospodarstwa rolne.

Uznając teoretyczne podstawy RBV i dynamiczne możliwości, niniejsze studium koncentruje się na zasobach i możliwościach, które mogłyby prowadzić niewielkie gospodarstwa rolne zajmujące się wywozem roślin uprawnych w kierunku osiągnięcia przewagi konkurencyjnej. Poniższe podrozdziały przedstawiają systemowe spojrzenie na źródła przewagi konkurencyjnej, zwłaszcza w odniesieniu do kombinacji zasobów i możliwości, które umożliwiają gospodarstwom uzyskanie przewagi konkurencyjnej.

2.6 Zasoby

Zasoby odnoszą się do zasobów dostępnych aktywów, które są własnością, kontrolowane i wykorzystywane przez przedsiębiorstwo (Amit i Schoemaker, 1993; Makadok, 2001; Morgan i in., 2004; Oliver, 1997; Wernerfelt, 1984) w celu opracowania i wdrożenia jego strategii. Generalnie, zasoby można podzielić na kilka kategorii, które są fizyczne, finansowe, ludzkie i organizacyjne (Barney, 1991; Cater and Cater, 2009; Grant, 1991; Habbershon i Williams, 1999).

Uznając tę definicję, Grant (1991), Makadok (2001) i Teng and Cummings (2002) określają zasoby jako zasoby dostępnych czynników materialnych i niematerialnych, które są własnością lub są kontrolowane przez przedsiębiorstwo. Rzeczowe aktywa trwałe obejmują grunty, budynki, sprzęt i personel, natomiast wartości niematerialne i prawne obejmują zaufanie klientów, reputację, własność intelektualną, bazy danych i sieci (Clulow i in., 2003). Villalonga (2004) odnosi wartości niematerialne i prawne do wszystkich wyżej wymienionych, z wyłączeniem aktywów, które są wyraźnie materialne, takie jak aktywa ludzkie, fizyczne i finansowe. Dla Itami (1987) wartości niematerialne i prawne obejmują technologię, informacje, nazwę marki, reputację i kulturę korporacyjną, które są bezcenne dla przewagi konkurencyjnej przedsiębiorstw. Te niewidoczne aktywa są prawdziwymi źródłami przewagi konkurencyjnej, które można zachować w czasie (Ray i in., 2004; Villalonga, 2004; Won i Chelladarai, 2016), ponieważ te złożone społecznie zasoby, takie jak reputacja, zaufanie, przyjaźń, praca zespołowa i kultura, są bardzo trudne do naśladowania i dlatego mogą być źródłem przewagi konkurencyjnej firmy (Barney, 1995). Ponadto aktywa niematerialne i prawne są ważne dla osiągnięcia przewagi konkurencyjnej nad materialnymi, ponieważ aktywa materialne nie są w stanie spełnić podstawowych założeń RBV (wartość, rzadkość, niepowtarzalność i brak możliwości zastąpienia) (Ruzzier, 2007: Wu, 2006).

Wcześniejsze badania związane z sektorem agrobiznesu zidentyfikowały różne zasoby, które stanowią źródło przewagi konkurencyjnej. Na przykład Baleewskikh i Galejew (2012) stwierdzili, że ludzie, cena, czynniki pozacenowe, wewnętrzne, jakościowe i zewnętrzne są związane z konkurencyjnością produktów rolnych w obwodzie permskim. Dlamini i in. (2014 r.) sugerują, że praca zawodowa, koszty nakładów, wsparcie sektora publicznego i jakość produktów mają wpływ na konkurencyjność sektora agrobiznesu w Suazi. Dziwornu (2014) podkreślają, że koszty, doświadczenie i wykorzystanie mocy produkcyjnych są głównymi czynnikami, które znacząco wpływają na przewagę konkurencyjną agrobiznesu w Ghanie. Umiejętności pracowników, dostępność kapitału i położenie geograficzne zostały również uznane za główne zasoby gospodarstw przetwórstwa spożywczego w Finlandii (Forsman, 2000).

Ponadto Lamprinopoulou i in. (2006) oraz Rao i Rogers (2006) stwierdzili, że siłą napędową sektora rolnego jest kapitał naturalny, kapitał ludzki, kapitał finansowy, kapitał fizyczny, kapitał społeczny, technologia, reputacja i działania zbiorowe. Ponadto ramy oceny zrównoważonego rozwoju rolnictwa (Rao i Rogers, 2006) wymieniają kapitał naturalny, ludzki, finansowy, fizyczny i społeczny jako zasoby sektora rolnictwa. Uznając ramy zrównoważonej oceny, Talbot (2013) wskazuje, że kluczowe zasoby gospodarstw agrobiznesu obejmują zasoby fizyczne, ludzkie, kapitałowe, technologiczne i reputację. W szczególności za kluczowe zasoby uznano lokalizację, wielkość gruntów rolnych, etos rodzinnych gospodarstw rolnych oraz reputację gospodarstwa. Jie et al. (2013) podkreślają, że strategiczne partnerstwo dostawców, relacje z klientami, wymiana informacji, zaufanie i zaangażowanie to znaczące zasoby wpływające na konkurencyjność australijskich gospodarstw przetwórstwa bydła. Helfand i Levine (2004) stwierdzili, że wielkość gospodarstw rolnych, prawo własności gruntów, technologia i dostęp do instytucji są głównymi zasobami gospodarstw rolnych w środkowo-zachodniej Brazylii. Kaya i Zajac (2007) odkryli, że wsparcie rządowe, infrastruktura techniczna i społeczna, a także informacja i szkolenia są głównymi czynnikami, które znacząco wpływają na przewagę konkurencyjną gospodarstw agrobiznesu w Polsce.

Z powyższego wynika, że w literaturze dotyczącej sektora agrobiznesu zidentyfikowano znaczną liczbę zasobów, takich jak siła robocza, wsparcie sektora publicznego, kapitał finansowy, kapitał rzeczowy, kapitał społeczny, technologia, reputacja, działania zbiorowe, położenie geograficzne i wielkość gospodarstw rolnych, które można uznać za źródła przewagi konkurencyjnej. W celu skonstruowania ram koncepcyjnych badania konieczne jest skupienie się na konkretnych zasobach, które są istotne przede wszystkim dla małych gospodarstw rolnych prowadzących uprawy eksportowe na Sri Lance. W oparciu o wywiady ekspertów przeprowadzone z trzema pracownikami naukowymi i dwoma ekspertami branżowymi w celu lepszego zrozumienia charakteru i rodzajów zasobów mających zastosowanie do małych gospodarstw rolnych prowadzących uprawy eksportowe, określono siedem zasobów. Ponieważ małe gospodarstwa rolne zajmujące się wywozem roślin uprawnych mają niewielki zasięg (Sachitra i Chong, 2015 r.), wśród tych zasobów, które wpływają na przewagę konkurencyjną małych przedsiębiorstw, znajdują się zasoby fizyczne, technologiczne, organizacyjne, ludzkie, innowacyjne, kreatywne i cieszące się dobrą opinią (Kraja i Osmani, 2013 r.). Ponadto Ismail et al. (2010) podkreślają, że kapitał instytucjonalny może odegrać istotną rolę w poprawie konkurencyjności również małych przedsiębiorstw.

W kolejnych podrozdziałach omówiono każdy z siedmiu zasobów, kładąc nacisk na jego istotną rolę dla gospodarstw agrobiznesu. Następnie omawiane są zależności między zmiennymi a przewagą konkurencyjną.

2.6.1 Aktywa ludzkie

Zasoby ludzkie określane są jako doświadczenie, inteligencja i szkolenie pracowników (Barney, 1995; Morris i Snell, 2011). Kiedy ludzie posiadają wiedzę i doświadczenie, są w stanie podzielić się swoją wiedzą z innymi w firmie. Zasoby ludzkie obejmują również umiejętności, inteligencję, relacje i zaufanie pracowników i/lub wśród nich (Genc, 2013, Ismail et al., 2012). Aktywa te odgrywają ważną rolę w prowadzeniu i zarządzaniu procesami agrobiznesu (Talbot, 2013). Jednak zasoby ludzkie w gospodarstwach agrobiznesu różnią się od innych sektorów, ponieważ większość pracy stanowią członkowie rodzin i współpracujący sąsiedzi. Dotyczy to również małych gospodarstw rolnych prowadzących uprawy eksportowe, w których ponad 70 % produkcji sektora stanowią drobni producenci rodzinni. Posiadanie pracowników, którzy są doświadczeni i oddani swojej pracy oraz tych, którzy wymagają mniejszego nadzoru to cenne zasoby ludzkie dla właścicieli gospodarstw rolnych ze względu na konieczność generowania wysokiej jakości plonów (Talbot, 2013). Ponadto kwalifikacje pracowników są niezwykle ważne ze względu na presję na zwiększenie wydajności w wyniku zwiększonego popytu.

2.6.2 Aktywa fizyczne

Aktywa rzeczowe obejmują zakłady i urządzenia, położenie geograficzne, dostęp do surowców i technologii wykorzystywanych w przedsiębiorstwie (Barney, 1991). W szczególności gospodarstwa rolne są świadome, że posiadanie odpowiednich surowców, w szczególności nawozów, sprzętu rolniczego i do zbiorów, korzystnego położenia geograficznego i systemów nawadniania to niezbędne warunki wstępne (Talbot, 2013) do uzyskania przewagi konkurencyjnej.

2.6.3 Aktywa finansowe

Aktywa finansowe obejmują zadłużenie, kapitał własny oraz zyski zatrzymane (Barney, 1995). Środki te znajdują się w strukturze finansowania przedsiębiorstwa, która umożliwia mu dokonywanie inwestycji w innych obszarach (Camisón i in., 2016). Gospodarstwa rolne prowadzące działalność rolniczą muszą posiadać odpowiednie środki finansowe na działalność rolniczą i zakup wyposażenia kapitałowego (Agada, 2014; Tregear i Ness, 2006). W rzeczywistości ograniczenia finansowe zostały udokumentowane jako główna bariera dla małych przedsiębiorstw (Simpson i in., 2004; Zaridis i Mousiolis, 2014). Kwestia ta budzi coraz większy niepokój, zwłaszcza gdy właściciele gospodarstw rolnych są zmuszeni do zwiększenia swoich plonów, aby osiągnąć wysoki cel eksportowy określony przez rząd Sri Lanki. Może to również prowadzić do niemożności pozyskania wysokiej jakości surowców, sprzętu, ponownej obsady roślin itd. Podkreśla to potrzebę posiadania przez małe gospodarstwa rolne prowadzące uprawy eksportowe odpowiednich aktywów finansowych w celu zapewnienia ich konkurencyjności.

2.6.4 Kapitał instytucjonalny

Charakter gospodarstw agrobiznesu małej skali wymaga od nich poszukiwania zasobów w środowisku instytucjonalnym (Kata i Zajac, 2007). Kapitał instytucjonalny jest kluczowym zasobem, który firma pozyskuje ze swojego otoczenia instytucjonalnego, takiego jak programy rządowe (Lu et al., 2010). W związku z tym rząd może rozważyć interwencje polityczne, takie jak podatki i dotacje, a także wyrównać postrzeganą przewagę konkurencyjną pomiędzy starszymi i nowymi przedsiębiorstwami. Dlatego też podejście instytucjonalne, dzięki któremu rząd jest jednym z kluczowych elementów, odgrywa ważną rolę w poprawie rozwoju firm wschodzących (Ismail i in., 2010). Oczekuje się wsparcia rządowego w postaci niższych podatków, ulg podatkowych, większych działań informacyjnych i promocyjnych, jak również zapewnienia większej liczby odpowiednich programów szkoleniowych wspierających rozwój rolnictwa (Kata i Zajac, 2007). Dlatego też wystarczające wsparcie rządowe jest w stanie wygenerować i zwiększyć konkurencyjność drobnych gospodarstw rolnych zajmujących się wywozem roślin uprawnych (Kumar i Rai, 2007). W przeciwieństwie do dużych upraw, małe gospodarstwa rolne, które są założone jako małe przedsiębiorstwa rodzinne, muszą poszukiwać zasobów dostarczanych przez rząd jako kluczowy aspekt kapitału instytucjonalnego małych gospodarstw rolnych uprawiających uprawy eksportowe.

2.6.5 Działanie zbiorowe

W dynamicznym środowisku biznesowym nie jest racjonalne założenie, że zasoby są własnością jednej firmy (Wang, 2014). Międzypaństwowe mechanizmy wymiany informacji, nakładów, surowców itp. stanowią zasoby działań zbiorowych (Lu i in., 2010). Działanie zbiorowe oznacza rozwijanie sieci i sojuszy między sobą (Lamprinopoulou i in., 2006) i jest określane jako działania członków grupy w celu dzielenia się wiedzą o rynku, wspólnej sprzedaży i rozwoju możliwości biznesowych (Gyau i in., 2014). Sojusze zostały uznane za jedną z najbardziej efektywnych form konkurencji w dynamicznym otoczeniu rynkowym (Golonka, 2009). Działania zbiorowe firm były badane w różnych środowiskach (Gyau i in., 2014; Johannisson i Rezpasillas, 2002; Meutia i Ismail, 2012; Ritter i Gemunder, 2003; Tregear i Ness, 2006). W szczególności Lamprinopoulou i in. (2006) podkreślają, że 80 % włoskich gospodarstw rolnych angażuje się w działania zbiorowe w zakresie przetwórstwa i wprowadzania do obrotu. Małe przedsiębiorstwa mogą uzyskać trzy główne korzyści z zaangażowania się w działania zbiorowe, takie jak dostęp do zasobów, korzyści skali i zakresu, a także zmniejszenie kosztów transakcji i koordynacji (Lamprinopoulou i in., 2006; Tregear i Ness, 2006). W związku z tym stwierdzono, że sieć biznesowa pozytywnie i znacząco wpływa na przewagę konkurencyjną MŚP (Meutia i Ismail, 2012).

Lamprinopoulou i in. (2006) podkreślają, że do podejmowania działań zbiorowych zachęca głównie brak firm mających monopolistyczną władzę, co jest widoczne wśród drobnych gospodarstw prowadzących uprawy eksportowe. Ponadto, pojawiają

się działania zbiorowe, gdzie lokalna ludność zna się wzajemnie, pracuje razem i ma powiązania rodzinne lub wspólne życie społeczne (Baker, 1995). W związku z tym Tregear i Ness (2006) podkreślają, że orientacja rynkowa, duch współpracy i rola inicjatora są jednymi z najbardziej wpływających czynników na sukces działań zbiorowych. Warunki te są bardzo widoczne na Sri Lance, ponieważ kultura Sri Lanki kładzie nacisk na dzielenie się i troskę. Dlatego też działania zbiorowe są kolejnym istotnym zasobem dla drobnych gospodarstw rolnych prowadzących uprawy eksportowe, które są w większości uznawane za przedsiębiorstwa rodzinne.
Mimo to, w przeciwieństwie do zasobów takich jak zasoby ludzkie, fizyczne, finansowe i kapitał instytucjonalny, w najnowszej literaturze agrobiznesu nie ma wyraźnych dowodów dotyczących działań zbiorowych (Asenso-Okyere i Davis, 2009; Tregear i Ness, 2006) i przewagi konkurencyjnej (Sachitra i Chong, 2016). W związku z kulturą dzielenia się i opieki odziedziczoną po Sri Lance, działania zbiorowe mogą mieć zastosowanie do niewielkich gospodarstw rolnych prowadzących uprawy eksportowe jako wartość niematerialna w celu osiągnięcia przewagi konkurencyjnej.

2.6.6 Tożsamość przedsiębiorcza

Przedsiębiorca jest osobą fizyczną, która prowadzi działalność gospodarczą z zamiarem jej rozszerzenia (Gray, 2002, s. 61). Tożsamość przedsiębiorcza, a w szczególności rola przedsiębiorców, została uwzględniona w badaniu dotyczącym rolnictwa (Vesala i in., 2007). Carter (1998) podkreśla, że rolnicy, którzy są właścicielami portfela, są skłonni identyfikować się jako przedsiębiorcy. Według Vesala et al. (2007), rolnik jest osobą, która zajmuje się w niepełnym lub pełnym wymiarze godzin szeregiem czynności, takich jak uprawa gleby, uprawa roślin i hodowla zwierząt gospodarskich jako główne źródło dochodu. Vesala et al. (2007) badają przedsiębiorczą rolę rolników w Finlandii i podkreślają znaczenie potencjału przedsiębiorczości w sektorze rolnym. W dalszej części badania określono trzy wymiary, które można uwzględnić przy definiowaniu rolników jako przedsiębiorców, a mianowicie podejmowanie ryzyka, orientację na wzrost i innowacyjność.

Podejmowanie ryzyka to gotowość do ponoszenia odpowiedzialności za stan niepewności spowodowany awariami. Istnieją trzy rodzaje ryzyka, takie jak ryzyko biznesowe, ryzyko finansowe i ryzyko osobiste (Liu i Fang, 2016). Przedsiębiorcy nie akceptują jednak wszystkich rodzajów ryzyka, a raczej decydują się na przyjęcie związanego z nimi ryzyka związanego z ich konkretnym celem (celami). Zorientowanie na wzrost odnosi się do celu, jakim jest rozszerzenie działalności gospodarczej i rozwój firmy. Innowacyjność to chęć poszukiwania, rozwijania i wypróbowywania nowych produktów, rynków lub metod. Dlatego też przedsiębiorcy poszukują zmian i innowacji w zakresie tworzenia nowych i unikalnych procesów, przekształcania surowców w zasoby lub wykorzystywania bardziej produktywnych sposobów łączenia istniejących zasobów (Liu i Fang, 2016).

Uznając trzy wymiary, Rosairo i Potts (2016) badają przedsiębiorcze postawy rolników uprawiających warzywa w Sri Lance. Badanie potwierdziło, że większość rolników zajmujących się uprawą warzyw jest przedsiębiorcza, gdzie takie postawy są determinowane w większym stopniu przez doświadczenie rolnicze niż przez inne czynniki społeczno-ekonomiczne, takie jak wiek, płeć, powierzchnia użytków rolnych, rodzaj gospodarowania (w niepełnym lub pełnym wymiarze godzin) i własność gruntów rolnych. Ridha et al. (2017) analizują cechy i czynniki wpływające na przedsiębiorczość w sektorze rolnym w Indonezji. Badanie wykazało, że czynniki zewnętrzne, takie jak presja społeczna ze strony partnerów, przyjaciół, rodziny i konsultantów, mogą zwiększyć intencje przedsiębiorcy. W związku z tym głównym wyzwaniem dla sektora rolnego jest umożliwienie rolnikom wzmocnienia ich roli w zakresie przedsiębiorczości. Jest to cenny atut dla gospodarstw rolnych w celu zwiększenia ich przewagi konkurencyjnej.

2.6.7 Reputacja gospodarstwa

Reputacja organizacji może być określana jako wartość niematerialna reprezentująca opinię zainteresowanych stron na temat produktów, usług i procesów organizacji (Carmeli i Tishler, 2004). Reputacja firmy jest wartością niematerialną, reprezentującą wiedzę i emocje posiadane przez osoby fizyczne (Ritthaisong i in., 2014). Reputacja jako taka jest nieoceniona dla przewagi konkurencyjnej firm (Itami, 1987). Podobnie, Ritthaisong i in. (2014) oraz Talbot (2013) również uznają reputację firmy za kluczowy zasób. Dotyczy to zwłaszcza przedsiębiorstw rodzinnych (Perez-Cabanero i in., 2012), gdzie reputacja jako unikalna cecha przedsiębiorstw rodzinnych

jest uważana za kluczowy czynnik decydujący o konkurencyjności firm (Habbershon i Williams, 1999). Wynika to z faktu, że reputacja firm jest bardzo trudna do naśladowania, a tym samym stanowi prawdziwe źródło przewagi konkurencyjnej, którą można zachować w nadgodzinach.
Reputacja związana jest z wpływem zaufania (Talbot, 2013). Kiedy sprzedawca ma pozytywną opinię o swoich produktach, klienci kupują więcej, dają korzyści wynikające z wątpliwości, pracownicy cenią sobie reputację firmy i razem zostają z nią dłużej. To wyjaśnia, dlaczego jest to wyjątkowa cecha rodzinnych firm. Dlatego też w niniejszym badaniu uznaje się reputację gospodarstw rolnych w odniesieniu do produktów, klientów i pracowników za wartość niematerialną mniejszych gospodarstw rolnych prowadzących uprawy eksportowe, która mogłaby zwiększyć ich konkurencyjność.

Ponadto, opierając się na argumencie, że istnieje możliwość uzyskania przewagi konkurencyjnej, jeśli gospodarstwa rolne są niejednorodne pod względem kontroli i rozmieszczenia swoich jednorodnych zasobów, naukowcy rozszerzyli RBV o zrozumienie możliwości dynamicznych (Eisenhardt i Martin, 2000), gdzie przedsiębiorstwa mogą kontrolować i rozmieszczać te same zasoby w różny sposób, w zależności od ich zdolności do uzyskania przewagi konkurencyjnej (Lu i in., 2010). Powoduje to, że gospodarstwa rolne muszą określić i zbadać swoje specyficzne możliwości. W następnej części omówiono możliwości charakterystyczne dla gospodarstw agrobiznesu.

2.7 Możliwości

Zdolności można zdefiniować jako zdolność przedsiębiorstwa do wykonywania swoich zadań, które są bezpośrednio lub pośrednio związane z jego procesem wejścia-wyjścia (Grant, 1996; Makadok, 2001), zdolności do koordynowania i rozmieszczania zasobów w celu wykonania zadań (Oliver, 1997), procesów, w których dostępne zasoby są rozwijane, łączone i przekształcane w wartościowe towary lub usługi (Eisenhardt i Martin, 2000; Morgan i in, 2004 r.), jak również zbiór procedur, które wraz z wdrożeniem napływu środków produkcji dają kierownictwu firmy zestaw opcji decyzyjnych dotyczących wytwarzania znaczących wyników (Barney (2001; Winter, 2000). Ogólnie rzecz biorąc, zdolności są zakorzenione w zasobach i procesach firm, które są trudne do zaobserwowania i naśladowania (Makadok, 2001), jako takie stają się źródłem przewagi konkurencyjnej (DeSarbo i in., 2007; Poernomo i in., 2013).

Newbert (2007) wskazuje, że zasoby muszą być wykorzystywane w celu uzyskania przewagi konkurencyjnej, a zatem przedsiębiorstwa muszą się zorganizować, aby wykorzystać cenne, rzadkie i niepowtarzalne zasoby. W związku z tym struktura VRIN została zmieniona na strukturę VRIO. W tym celu należy określić zdolności dynamiczne (Grant, 1996). Według Zimy (2003), istnieje różnica pomiędzy zdolnością dynamiczną a zwykłą zdolnością. Jeżeli przedsiębiorstwo, które stale zarabia, produkując i sprzedając ten sam produkt na tę samą skalę tym samym klientom, zdolności wykorzystywane w tym przedsiębiorstwie określane są jako zdolności na poziomie zerowym lub zwykłe. Natomiast zdolności, które mogłyby zmienić produkt, proces produkcyjny lub klientów, określane są jako zdolności dynamiczne (Zima, 2003).

Zdolności dynamiczne definiuje się jako zdolność firmy do integracji, budowania i rekonfiguracji kompetencji wewnętrznych i zewnętrznych w celu sprostania szybko zmieniającym się warunkom otoczenia (Teece i in., 1997). Grant (1996) definiuje zdolność dynamiczną jako zdolność przedsiębiorstwa do wielokrotnego wykonywania zadań produkcyjnych, która odnosi się bezpośrednio lub pośrednio do zdolności przedsiębiorstwa do tworzenia wartości poprzez przekształcanie nakładów w wyniki. Dla Kortelainen i Karkkainen (2011), zdolność dynamiczna jest procesem, który zmienia konfigurację zasobów firmy. We wszystkich definicjach głównym tematem jest to, że zdolności dynamiczne odgrywają istotną rolę w uzyskiwaniu przewagi konkurencyjnej nad zwykłymi zdolnościami.

Teoria zdolności dynamicznych stwierdza, że heterogeniczność występuje pomiędzy firmami w odniesieniu do zdolności (DeSarbo i in., 2007). Dynamiczne spojrzenie na możliwości daje więc jasny obraz koncepcyjny dla zrozumienia źródeł przewagi konkurencyjnej (Jurksiene i Pundziene, 2016; Lin i Tsai, 2016; Ziggers i Henseler, 2009). Niemniej jednak, w tym dynamicznym środowisku trudno jest zbudować i wykorzystać dynamiczne możliwości w celu osiągnięcia przewagi konkurencyjnej (Lin i Tsai, 2016). W związku z tym należy określić, jakich dynamicznych możliwości potrzebuje firma, aby sprostać wymaganiom konkurencyjnego środowiska.

Literatura poświęcona dynamicznym możliwościom zaproponowała szereg konceptualizacji różnych możliwości (Agada, 2014; Grant, 1996; Ismail i in., 2012; Lages i in., 2009; Lu i in., 2010; Talbot, 2013). Wszystkie konceptualizacje opierają się na ramach koncepcyjnych opracowanych przez Grant (1996). W związku z tym ramy te składają się z czterech kategorii zdolności, a mianowicie: międzyfunkcjonalnych, szerokofunkcjonalnych, związanych z działalnością i wyspecjalizowanych, jak pokazano na rysunku 2.1. Możliwości te określają sposób kontroli i wdrażania zasobów. W przeciwieństwie do zasobów, możliwości mogą nie być uogólnione dla wszystkich firm.

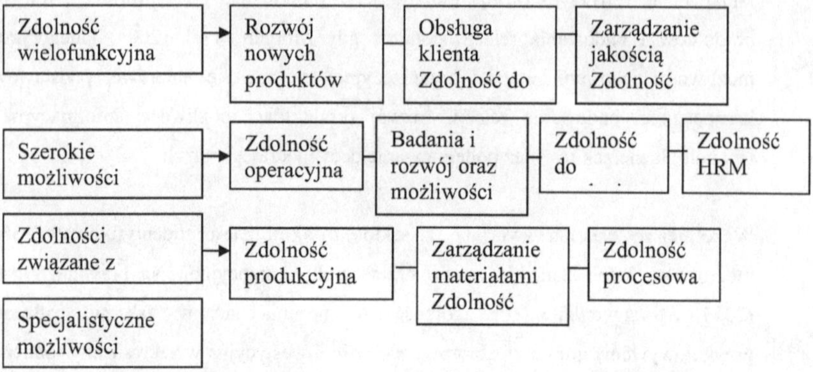

Źródło: Grant (1996)

Rysunek 2.1: Zdolności organizacyjne Ramy koncepcyjne

Grande (2011) proponuje, aby dynamiczne zdolności firm obejmowały zdolność do wyczuwania szans rynkowych, zdolność do integrowania wiedzy, zdolność do budowania sieci i orientacji rynkowej. Możliwość wyczuwania rynku to ciągłe poszukiwanie nowych pomysłów w celu ulepszenia istniejących produktów, podczas gdy integracja wiedzy jest określana jako zdolność do łączenia różnych źródeł wiedzy (niejawnych i ukrytych) w celu stworzenia dobrze prosperującego przedsiębiorstwa. Budowanie sieci odnosi się do tworzenia formalnych lub nieformalnych sieci w celu zwiększenia dostępu do klientów, rozwijania produktów i dzielenia się wiedzą. Orientacja rynkowa promuje nowe produkty i tworzy nowe kontrakty z rynkiem.

DeSarbo et al. (2007) opracowują koncepcję pięciu kategorii zdolności, które są istotne dla zbadania przewagi konkurencyjnej, a mianowicie zdolności w zakresie technologii, łączenia rynków, marketingu, technologii informatycznych i zarządzania. Możliwości technologiczne obejmują rozwój technologii, rozwój produktu, proces produkcyjny, proces wytwarzania, prognozowanie zmian technologicznych i logistykę. Łączenie rynku polega na wykrywaniu rynku, łączeniu kanałów i klientów oraz monitorowaniu technologii. Zdolności marketingowe obejmują umiejętności w zakresie segmentacji, targetowania, wyceny i reklamy. Zdolność informatyczna odnosi się do skutecznego rozpowszechniania informacji technicznych i rynkowych poprzez odpowiednie obszary funkcjonalne. Zdolności związane z zarządzaniem pozwalają firmie na wykorzystanie wszystkich powyższych zdolności.

Ismail et al. (2012) rozważają możliwości z punktu widzenia informacji, rozwoju produktów i budowania relacji, podczas gdy Morgan et al. (2004) kategoryzują możliwości jako umiejętności organizacyjne, uczenie się zbiorowe, podstawowe kompetencje, budowanie relacji, rozwój produktów, możliwości informacyjne i technologiczne, jak również podejmowanie decyzji strategicznych.

Wcześniejsze badania związane z sektorem agrobiznesu zidentyfikowały różne możliwości, które stanowią źródło przewagi konkurencyjnej. Na przykład Agada (2014 r.) stwierdziła, że zdolność do uczenia się w zakresie sadzenia, przygotowywania gruntów i zbiorów; zdolność inwestycyjna w zakresie siły roboczej, nawozów, pakowania i transportu; zdolność procesowa i techniczna w zakresie praktyk odchwaszczania, przygotowania łoża i wykorzystania nawozów; zdolność do tworzenia powiązań; oraz strategiczna zdolność marketingowa są związane z przewagą konkurencyjną małych producentów soi w Nigerii. Talbot (2013) stwierdził, że wyczuwanie rynku, integracja wiedzy, budowanie sieci i orientacja rynkowa to znaczące możliwości w zakresie konkurencyjności agroturystyki w Walii. Istotną rolę w podnoszeniu konkurencyjności mikroprzedsiębiorstw w skandynawskim sektorze spożywczym odgrywają rozwój produktów, współpraca i umiejętności zarządzania przedsiębiorstwem (Borch and Forsman, 2001). Według Forsmana (2000) przedsiębiorstwa przetwórstwa spożywczego w Finlandii uzyskują przewagę konkurencyjną dzięki zdolnościom marketingowym i dystrybucyjnym.

Podobnie jak w przypadku zasobów, w ramach badania przeprowadzono wywiady eksperckie z trzema ekspertami akademickimi i dwoma branżowymi, aby lepiej zrozumieć charakter i rodzaje możliwości mających zastosowanie do małych gospodarstw rolnych prowadzących uprawy eksportowe, co pozwoliło na skonstruowanie ram badawczych badania, w wyniku czego zidentyfikowano pięć możliwości. W kolejnych podrozdziałach omówiono poszczególne kategorie możliwości, podkreślając ich istotną rolę dla gospodarstw agrobiznesu.

2.7.1 Organizacyjne zdolności do uczenia się

Wiedza jest postrzegana jako zasób, a zasoby ludzkie odgrywają ważną rolę w przekształcaniu wiedzy. Dlatego też przewaga konkurencyjna firm opiera się na posiadanej przez nie wiedzy. Wiedza taka powinna być rozwijana poprzez organizacyjne uczenie się (Wong i Wong, 2011). Jest to powód, dla którego dynamiczna perspektywa podejścia do RBV często podąża za organizacyjnym podejściem do uczenia się (Lages et al., 2009).

Podejście do organizacyjnego uczenia się podkreśla, że uczenie się w oparciu o rynek jest niezbędne do uzyskania przewagi konkurencyjnej (Vorhies i Morgan, 2005). Stąd też organizacyjna zdolność do uczenia się odzwierciedla zdolność do rozwijania wiedzy, która ułatwia zmiany warunków rynkowych (Lages et al., 2009). Dynamiczne zdolności są zdania, że należy rozwijać nową wiedzę w zakresie działań związanych z tworzeniem, rozszerzaniem i modyfikowaniem procedur i zasobów przedsiębiorstw w odpowiedzi na zmieniające się warunki rynkowe (Amarakoon i in., 2016). Uczenie się organizacyjne jako takie jest działaniem rutynowym (Ismail, 2013), które zachęca pracowników do kwestionowania praktyk, norm i wyzwań firm (Lages et al., 2009). Budowanie umiejętności uczenia się w organizacji ułatwia uczenie się wśród pracowników poprzez dzielenie się swoją wiedzą (Morgan, 2007). Jest to szczególnie istotne w przypadku małych firm, które pracują w konkurencyjnym środowisku, gdzie wymagane jest organizacyjne uczenie się w celu zwiększenia ich możliwości (Hossein i in., 2016).

Sektor agrobiznesu coraz częściej staje w obliczu wyzwań związanych z konkurencyjnością ze względu na innowacje technologiczne oraz zmiany w gospodarkach i klimacie na świecie (Mugera, 2012). Dzięki temu współczesne rolnictwo charakteryzuje się wysoką wydajnością nasion, nawozów i ochrony roślin (Ayaz i Hussain, 2011). Wyzwania te wymagają od rolników przyjęcia większej wartości w oparciu o know-how (Gaytán i Benita, 2014), co prowadzi ich do aktywnego poszukiwania nowych informacji i wiedzy. Dlatego też zdolność do uczenia się ma zasadnicze znaczenie dla przetrwania gospodarczego, a sukces sektora rolnego zależy również od zdolności do uczenia się gospodarstw rolnych (Nieuwenhuis, 2002). Ponieważ zdolność do uczenia się jest ważna dla sukcesu gospodarstw rolnych w tym dynamicznym środowisku, istotne jest określenie wpływu zdolności do uczenia się na przewagę konkurencyjną małych gospodarstw rolnych prowadzących uprawy eksportowe.

2.7.2 Zdolność budowania relacji

Podczas gdy teoria RBV koncentruje się na wewnętrznych zasobach i możliwościach przedsiębiorstw, szuka ona również powiązań między przedsiębiorstwami jako źródła przewagi konkurencyjnej (Ritala i Ellonen, 2010). W rzeczywistości, naukowcy zasugerowali, że zdolność firm do tworzenia sojuszy zapewnia im przewagę konkurencyjną (Dyer i Singh, 1998; Schreiner i in., 2009; Ziggers i Henseler, 2009), ponieważ mogą one uzyskać dostęp do brakujących zasobów i są w stanie wykorzystać nowe możliwości (Chen i Chang, 2016). Z tego powodu w ciągu ostatnich dwóch dekad stale zwracano uwagę na relacje między organizacjami i przewagę konkurencyjną firm (Ngugi i in., 2010).

Ustalenia dotyczące współpracy pomiędzy firmami lub pomiędzy firmami w zakresie rozwoju produktów i dzielenia się wiedzą są dziś powszechnym zjawiskiem w biznesie. W rzeczywistości, dla firm coraz ważniejsze staje się wspólne działanie z klientami, konkurentami, rządem i innymi uprawnionymi stronami. Zwłaszcza w przypadku małych, małoobszarowych gospodarstw rolnych zajmujących się wywozem roślin uprawnych, u podstaw ich zdolności do budowania relacji leży zdolność do dzielenia się informacjami, komunikacji i rozwijania długoterminowych relacji z zainteresowanymi stronami, takimi jak inne gospodarstwa rolne, klienci, konkurenci, rząd i inne uprawnione podmioty (Lages et al., 2009). Zdolność do budowania efektywnej struktury sieciowej stymuluje trwałą przewagę konkurencyjną poprzez generowanie odpowiednich czynszów. Ngugi i in. (2010) stwierdzili, że zdolności relacyjne są szczególnie istotne dla małych i średnich dostawców produktów rolnych, gdzie zdolności relacyjne wpływają na tworzenie przez nich wartości i innowacyjność. Agada (2014) pokazuje, że kapitał jest często ograniczony do produkcji rolnej i dlatego organizacje powinny zapewnić rolnikom wspólne instrumenty kredytowe. Jednocześnie zachęca się rolników do tworzenia grup w celu uzyskania wspólnych pożyczek od odpowiednich organów.

2.7.3 Zdolność do zarządzania jakością

Zdolność zarządzania jakością dotyczy zdolności do projektowania, rozwoju i wytwarzania produktów w celu spełnienia wymagań klienta (Lages et al., 2009), co może prowadzić do zwiększenia przewagi konkurencyjnej firm (Lakhal, 2009). Innymi słowy, przewaga konkurencyjna może zostać stworzona dzięki praktykom totalnego zarządzania jakością firmy (Elshaer i Augustyn, 2016; Powell, 1995). W rzeczywistości, Gorton i Davidova (2001) podkreślają, że posiadanie strategii zarządzania jakością produktu będzie bardziej skuteczne dla firmy, której klienci są skłonni płacić premię za wysoką jakość. Potwierdza to wstępna analiza danych przeprowadzona w ramach badania w oparciu o stosunek kosztów do cen sprzedaży w małych gospodarstwach rolnych prowadzących uprawy eksportowe, gdzie ceny produktów końcowych są zróżnicowane.

Bhardwaj i in. (2011) podkreślają, że zarządzanie niską jakością produktów jest jedną z niekorzystnych kwestii, która powoduje niską konkurencyjność indyjskich przypraw. Ze względu na porównywalne znaczenie przypraw produkowanych przez niewielkie uprawy eksportowe dla przemysłu spożywczego, medycznego i kosmetycznego, zdolność zarządzania jakością została uznana za znaczącą zdolność do osiągnięcia przewagi konkurencyjnej. Uważa się, że zdolność do utrzymania jakości zbiorów stała się najważniejszym czynnikiem w handlu przyprawami (Franzak i Pitta, 2005; Rada ds. Przypraw Sri Lanki, 2014). Dlatego rosnące zapotrzebowanie na przyprawy ze strony przemysłu spożywczego, medycznego i kosmetycznego stworzyło dla właścicieli gospodarstw rolnych obowiązek potwierdzenia, że produkowane rośliny spełniają określone normy jakościowe wraz z presją na zwiększenie produkcji.

2.7.4 Zdolność do zarządzania procesami w gospodarstwie rolnym

Zdolności związane z zarządzaniem procesem obejmują zdolność do integracji systemów logistycznych, kontroli kosztów, zarządzania zasobami ludzkimi i finansowymi, jak również prognozowania dochodów (DeSarbo i in., 2007). Grant (1996) wskazuje w szczególności, że zdolności w zakresie procesów, produkcji i zarządzania materiałami są zdolnościami przedsiębiorstwa związanymi z działalnością. Borch i Forsman (2001) podkreślają, że zdolności zarządzania procesami biznesowymi silnie wpływają na konkurencję firm, gdzie zdolności operacyjne mogą ułatwić firmom usprawnienie przepływu procesów i obniżenie kosztów produkcji (Dzień, 1994).

W kontekście tego badania zdolność zarządzania procesami w gospodarstwie odzwierciedla integrację zestawu rutynowych czynności wykonywanych przez gospodarstwo w celu zwiększenia jego wydajności poprzez efektywne wykorzystanie jego technologii w zakresie kontroli kosztów, zbiorów i prowadzenia dokumentacji, jak również przepływu materiałów (nawozów) i pomysłów (Nath et al., 2010). Jest to pogląd, że zdolność do zarządzania działalnością gospodarstw stała się kolejnym ważnym źródłem przewagi konkurencyjnej mniejszych gospodarstw rolnych prowadzących uprawy eksportowe.

2.7.5 Zdolność do wprowadzania do obrotu

Zdolności marketingowe to proces integracyjny, który wykorzystuje zasoby materialne i niematerialne do zrozumienia potrzeb klienta (Dzień, 1994). Dotyczy to również zdolności do wprowadzenia produktu na rynek poprzez gromadzenie wiedzy o klientach i konkurentach, integrację rynków i efektywność cenową (DeSarbo i in., 2007). Innymi słowy, zdolność marketingowa to zdolność do odczuwania rynku (Benedetto i Pieśń, 2003). Ponadto zdolności marketingowe pomagają firmie w budowaniu i utrzymywaniu silnych więzi z klientami i członkami kanału. W szczególności, Perez-Cabanero et al. (2012) stwierdził, że możliwości marketingowe związane z planowaniem marketingowym i cenami mają wpływ na wyniki finansowe przedsiębiorstw rodzinnych.

W kontekście tego badania Forsman (2000) stwierdził, że zdolności marketingowe zwiększają przewagę konkurencyjną przedsiębiorstw przetwórstwa spożywczego. Podobnie Franzak i Pitta (2005 r.) oraz Rada ds. Przypraw na Sri Lance (2014 r.) stwierdzają, że zdolność do sprzedaży plonów stała się najważniejszym czynnikiem w handlu przyprawami. NiedawnoAgada (2014 r.) określiła zdolność do wprowadzania do obrotu jako ważną zdolność gospodarstw rolnych. W związku z tym zachowanie odpowiednich zdolności w zakresie marketingu pozwala gospodarstwom rolnym na wykorzystanie działań z zakresu badań rynkowych w celu uzyskania informacji o swoich klientach i konkurentach, a także umiejętności w zakresie opracowywania strategii cenowych i obserwowania taktyki swoich rywali w zakresie ustalania cen i ich zmian. Z tych powodów istotne jest określenie wpływu zdolności do wprowadzania do obrotu na przewagę konkurencyjną mniejszych gospodarstw rolnych prowadzących uprawy eksportowe.

2.8 Interakcja między zasobami a zdolnościami produkcyjnymi

Dynamiczne podejście do zdolności podkreśla, że firma może uzyskać przewagę konkurencyjną poprzez wykorzystanie swoich zdolności. Mimo że zdolności są złożonymi interakcjami pomiędzy zasobami przedsiębiorstw i opierają się na zasobach materialnych lub niematerialnych (Wang, 2014), nie ma z góry określonej zależności funkcjonalnej pomiędzy zasobami i zdolnościami przedsiębiorstwa (Grant, 1991). Oczywiste jest, że niewiele uwagi poświęcono temu, w jaki sposób firmy odnoszą swoje zasoby do konkretnych możliwości osiągnięcia przewagi konkurencyjnej (Kortelainen i Karkkainen, 2011; Lu i in., 2010; Wang, 2014). Może to być powodem, dla którego jedną z krytycznych uwag krytycznych wobec RBV jest brak łańcucha przyczynowo-skutkowego pomiędzy zasobami a przewagą konkurencyjną.

Makadok (2001) wyjaśnia, że firma może stworzyć przewagę konkurencyjną nie poprzez dobór odpowiednich zasobów niż konkurencja, ale poprzez zintegrowanie ich z odpowiednimi możliwościami. Ten argument staje się cenny w sytuacji, gdy zasoby są szeroko dostępne, ale nie rzadko spotykane. Aby zrozumieć, dlaczego zasoby lub możliwości korelują z przewagą konkurencyjną, konieczne jest przeprowadzenie badania na poziomie koncepcyjnym na temat podstawowych cech zasobów lub możliwości (Newbert, 2008). Innymi słowy, wymagane jest określenie interaktywnej roli konkretnych możliwości firm.

W tym celu Kortelainen i Karkkainen (2011) proponują dynamiczne podejście RBV, które koncentruje się na dynamicznych możliwościach przedsiębiorstw, które łączą swoje zasoby z przewagą konkurencyjną. Ramy koncepcyjne dynamicznej RBV przedstawiono na rysunku 2.2. Jednakże w ramach dynamicznego podejścia do RBV nie można było dokładnie określić, jakie są zasoby, które wiążą się z dynamicznymi możliwościami przedsiębiorstw.

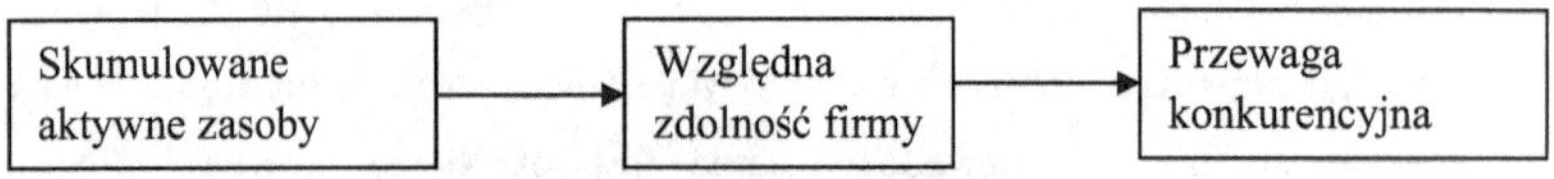

Źródło: Kortelainen i Karkkainen (2011)

Rysunek 2.2: Dynamic RBV

Na podstawie próby chińskich przedsiębiorstw przedsiębiorczych Lu et al. (2010) stwierdza, że wpływ kapitału instytucjonalnego i powiązań zarządczych na wyniki międzynarodowe jest związany z umiejętnością zdobywania informacji i zdolności adaptacyjnych (wykres 2.3). W związku z tym kapitał instytucjonalny jest kluczowym zasobem, który firmy uzyskują ze swojego otoczenia instytucjonalnego, jakim są programy rządowe. Międzypaństwowe mechanizmy wymiany informacji, nakładów i surowców, między innymi, stanowią zasoby w zakresie powiązań zarządczych. Zdolność przedsiębiorstwa do gromadzenia, przyswajania i integrowania informacji w celu zrozumienia możliwości rynkowych znana jest jako zdolność do pozyskiwania informacji, natomiast zdolność adaptacyjna to zdolność przedsiębiorstwa do koordynowania, łączenia i przydzielania zasobów. Istnieją różne formy zdolności adaptacyjnych, takie jak wprowadzanie w życie nowych pomysłów, modyfikowanie istniejącego produktu, zmiana istniejącego produktu lub poprawa jakości produktu. Co ważniejsze, badanie Lu et al. (2010) wykazało, że zdolność adaptacyjna odgrywa rolę pośredniczącą między zasobami a wynikami międzynarodowymi.

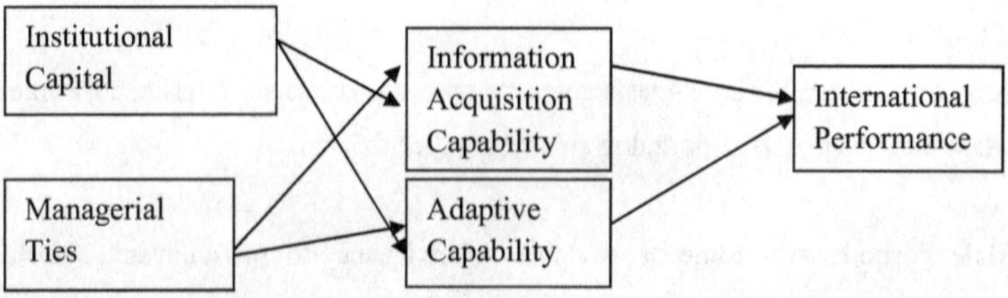

Źródło: Lu et al. (2010)

Rysunek 2.3: Model koncepcyjny Lu et al. (2012)

Literatura sugeruje zatem, że zdolności działają jako zmienne pośrednie między zasobami i przewagą konkurencyjną. Ze względu na brak badań nad interakcją między zasobami a zdolnościami, nadal istnieje możliwość przeprowadzenia badania na poziomie koncepcyjnym na temat roli pośredniczącej zdolności w zakresie zasobów i przewagi konkurencyjnej małych gospodarstw rolnych prowadzących uprawy eksportowe w Sri Lance.

Podobnie jak w przypadku kategoryzacji zasobów i możliwości, po przeprowadzeniu badania pilotażowego uzyskano opinie ekspertów w celu konceptualizacji modelu efektu pośredniego. Wyniki badania pilotażowego potwierdziły znaczenie proponowanych zasobów i możliwości. Biorąc pod uwagę wyniki badań pilotażowych i literaturę z zakresu agrobiznesu, eksperci potwierdzili znaczenie kapitału instytucjonalnego i działań zbiorowych jako kluczowych zasobów, które wydają się być krytyczne dla sukcesu małych gospodarstw rolnych prowadzących uprawy eksportowe (Ismail i in., 2010; Kata i Zajac, 2007; Lamprinopoulou i in., 2006; Tregear i Ness, 2006), zwłaszcza tych, które mają niewielką skalę.

2.8.1 Działanie zbiorowe i kapitał instytucjonalny jako kluczowe zasoby

Działanie zbiorowe oznacza kluczowe zasoby dla małych gospodarstw rolnych ze względu na ich relacje społeczne i sieci powiązań między podmiotami społecznymi. Wydaje się, że gospodarstwa rolne polegają na działaniach grupowych, aby dzielić się swoją wiedzą, sprzedawać razem, a dokładniej, aby uzyskać wspólne pożyczki. W związku z tym działania zbiorowe mogą być ustanawiane w ramach mechanizmu wymiany między przedsiębiorstwami. Według Wanga (2014 r.) stosunki handlowe można by analizować z punktu widzenia ustaleń handlowych z dostawcami, klientami, a nawet konkurentami, gdzie można uzyskać zasoby. Nie jest to niespodziewane, ponieważ kultura Sri Lanki zastanawia się nad dzieleniem się i troską, co wymaga od właścicieli gospodarstw poszukiwania wspólnych działań.

Małe gospodarstwa rolne są również zobowiązane do poszukiwania zasobów z otoczenia instytucjonalnego (Kata i Zajac, 2007). Warunek ten staje się bardziej istotny dla rozwijającego się sektora agrobiznesu w Sri Lance, ponieważ mechanizm rynkowy alokacji zasobów jest zazwyczaj słabo rozwinięty (Apasingha i in. 2014). Kapitał instytucjonalny jest jednym z unikalnych zasobów małych firm wywodzącym się z otoczenia instytucjonalnego. Odgrywa ona doniosłą rolę w zwiększaniu konkurencyjności małych firm (Ismail i in., 2010). Wśród środowiska instytucjonalnego, rząd jest ważną instytucją, która zapewnia kapitał instytucjonalny, zwłaszcza małym gospodarstwom rolnym. W związku z tym małe gospodarstwa rolne mogą uzyskać kapitał instytucjonalny za pośrednictwem programów rządowych, takich jak szkolenia, dotacje, infrastruktura i ekspansja rynkowa. Jak wskazali Kumar i Rai (2007), zapewnienie odpowiedniego wsparcia rządowego dla produkcji, marketingu i tworzenia infrastruktury jest w stanie zwiększyć przewagę konkurencyjną produktów rolnych.

Spice Council of Sri Lanka, eksperci skupili się na dwóch dynamicznych zdolnościach, a mianowicie zdolności zarządzania jakością i zdolności marketingowej (Agada, 2014; Bhardwaj i in., 2011; Franzak i Pitta, 2005). Zdolności te zostały zidentyfikowane jako podstawowe i pośrednie zmienne integracji i przekształcania zasobów w przewagę konkurencyjną mniejszych gospodarstw rolnych prowadzących uprawy eksportowe.

2.8.2 Zdolność do zarządzania jakością i zdolności marketingowe jako mediatorzy

Ze względu na względne znaczenie przypraw produkowanych dla artykułów spożywczych, medycznych i kosmetycznych, eksperci uznali zdolność zarządzania jakością za ważną zdolność, którą należy uwzględnić jako zmienną pośrednią. Ich poglądy są również odzwierciedleniem poglądów Simpson et al. (2004), którzy stwierdzili, że małe przedsiębiorstwa mogą uzyskać przewagę konkurencyjną dzięki zdolności zarządzania jakością. Bhardwaj i in. (2011) podkreślają, że zarządzanie jakością produktów jest jednym z kluczowych czynników tworzących konkurencyjność przypraw.

Zdolność wyczuwania potrzeb rynku przyczynia się do wzrostu (Talbot, 2013), wyjaśniając znaczenie zdolności marketingowych dla sektora upraw małoobszarowych na eksport. Posiadanie takiej wiedzy pozwala właścicielom gospodarstw rolnych na wykorzystanie swojej działalności w zakresie wykrywania rynku poprzez znajomość klientów i konkurentów, a także umiejętności w zakresie opracowywania strategii cenowych w świetle konkurencji (Benedetto i Song, 2003; Forsman, 2000). Wydaje się jednak, że wśród małych gospodarstw rolnych brakuje konkretnych umiejętności w zakresie ukierunkowania i analizy tendencji rynkowych oraz ustalania strategii cenowych (Perez-Cabanero i in., 2012).
W krajach rozwijających się program rządowy jest jednym z kluczowych elementów odgrywających ważną rolę w promowaniu zdolności specyficznych dla danego gospodarstwa w odpowiedzi na wyzwanie, jakim jest poprawa jakości przypraw. Angażując się w rządowe programy wsparcia, niewielkie gospodarstwa rolne zajmujące się wywozem roślin uprawnych mogą również rozwijać odpowiednie umiejętności, procedury, wiedzę i procedury w zakresie poprawy jakości upraw, zwiększając tym samym swoje zdolności w zakresie zarządzania jakością (Sachitra i Chong, 2017). W związku z tym w opracowaniu proponuje się, aby zdolność zarządzania jakością gospodarstw rolnych pośredniczyła w przydatności udziału gospodarstw w programach rządowych, a tym samym prowadziła do uzyskania przewagi konkurencyjnej.

Poza kapitałem instytucjonalnym, działania zbiorowe stają się istotnym czynnikiem w dzieleniu się informacjami dotyczącymi procesu produkcyjnego, kwestii związanych z produktami oraz wiedzą na ich temat (Tregear i Ness, 2006) z dostawcami, klientami, a nawet konkurentami. Ponadto działania zbiorowe są istotnym środkiem, za pomocą którego gospodarstwa rolne zdobywają informacje niezbędne do stosowania praktyk związanych z jakością upraw i jakością, ponieważ właściciele gospodarstw często posiadają takie informacje i dzielą się nimi z innymi właścicielami gospodarstw. Dlatego też działania zbiorowe oferują właścicielom gospodarstw rolnych świeże i aktualne informacje bezpośrednio ze znanego źródła. Informacje uzyskane w zakresie jakości produktów w ramach działań zbiorowych umożliwiają również gospodarstwom lepsze zrozumienie jakości upraw i praktyk związanych z jakością. Ponadto klienci poszukują wysokiej jakości przypraw, ponieważ są one jednym z głównych składników żywności i produktów medycznych. Istnienie obaw klientów co do jakości może sprzyjać pojawieniu się działań zbiorowych w małych gospodarstwach rolnych prowadzących uprawy eksportowe. Ponieważ wspólne działanie ułatwia koordynację działań gospodarstw rolnych, właściciele gospodarstw są w stanie zarządzać stałym poziomem jakości upraw. Dlatego też działania zbiorowe umożliwiają gospodarstwom rolnym zarządzanie poziomem jakości upraw.

Ponadto tworzone są również działania zbiorowe w celu uzyskania wspólnych pożyczek, które umożliwiają gospodarstwom wykorzystanie wysokiej jakości surowców, odpowiedniego sprzętu i nowych metod uprawy. Posiadanie takich zbiorowych działań może poprawić zdolność zarządzania jakością w gospodarstwach rolnych, co z kolei zwiększa ich przewagę konkurencyjną.

Zdolność do wprowadzania na rynek ma zasadnicze znaczenie dla małych gospodarstw rolnych prowadzących uprawy eksportowe, ponieważ gospodarstwa te muszą sprzedawać swoje plony, aby sprostać wymaganiom klientów. Jednakże dynamiczne otoczenie rynkowe stwarza ograniczenia dla małych gospodarstw rodzinnych w zakresie wykorzystywania możliwości rynkowych ze względu na ich ograniczone umiejętności i wiedzę na temat tendencji rynkowych, rozwoju cen i strategii marketingowych. Zadowalające wsparcie rządowe w zakresie zaplecza marketingowego będzie więc w stanie poprawić przewagę konkurencyjną drobnych upraw eksportowych (Sachitra i Chong, 2017 r.). Uważa się, że programy rządowe stwarzają właścicielom gospodarstw możliwości nawiązania kontaktów z klientami lokalnymi, jak również z nabywcami zagranicznymi, w celu zebrania informacji na temat potrzeb klientów oraz poznania metod związanych ze strategiami cenowymi, a tym samym wzmocnienia ich pozycji konkurencyjnej. Kapitał instytucjonalny jako taki może zwiększyć zdolności marketingowe gospodarstw rolnych, co z kolei zwiększa ich przewagę konkurencyjną. Na tej podstawie badaĚ wynika, Ĩe moĨliwoĞci marketingowe gospodarstw rolnych pośredniczą w wpáywie kapitaáu instytucjonalnego na przewagĊ konkurencyjną mniejszych gospodarstw rolnych uprawiających uprawy eksportowe.

Im bliższe są relacje, jakie firma może nawiązać z interesariuszami, tym więcej jest możliwości nawiązania kontaktów z nowymi klientami (Lu i in., 2010). W krajach europejskich gospodarstwa rolno-spożywcze, zwłaszcza MŚP, rozwiązały swoje problemy marketingowe, angażując się w działania zbiorowe (Lamprinopoulou i in., 2006). Tregear i Ness (2006) stwierdzili również, że małe przedsiębiorstwa mogą uzyskać dostęp do rynku poprzez zaangażowanie się w działania zbiorowe. Co więcej, informacje i pomysły zebrane w ramach działań zbiorowych umożliwiają firmom lepsze zrozumienie klientów, konkurentów, trendów rynkowych, strategii cenowych i identyfikację nowych dostawców. W związku z tym, posiadając takie zbiorowe działania, drobne gospodarstwa rolne zajmujące się wywozem zbóż mogą poprawić swoje zdolności marketingowe, co z kolei zwiększa ich przewagę konkurencyjną.

2.9 Pomiar przewagi konkurencyjnej w sektorze agrobiznesu

W świetle wartości wynikających z przewagi konkurencyjnej należy rozważyć środki przewagi konkurencyjnej dla sektora agrobiznesu. Wynika to z faktu, że właściwe zrozumienie środków przewagi konkurencyjnej sektora rolnego zapewni mu niezbędne ramy ekonomiczne dla wzmocnienia jego pozycji konkurencyjnej zarówno na rynku krajowym, jak i światowym.

Przewaga konkurencyjna jest ukierunkowana na zarządzanie lub ideę ekonomii, która przewyższa tradycyjne wskaźniki ekonomiczne, takie jak rentowność, wydajność lub udział w rynku (Voulgaris i in., 2013). W związku z tym istnieje bogata literaturowa podstawa do pomiaru przewagi konkurencyjnej w różnych sektorach (Kiel i in., 2014). Konkurencyjność można zbadać przy użyciu dawnych wskaźników wydajności lub potencjalnej konkurencyjności (Frohberg i Hartmann, 1997). Na przykład udział w rynku, produktywność (Farole i in., 2010, Kortelainen i Karkkainen, 2011); koszt produktu, rentowność aktywów, marża brutto, wskaźnik kosztów jednostkowych, zysk netto (Toit i in., 2010); produktywność czynników produkcji ogółem (Yee i in., 2004); wyniki finansowe (wzrost sprzedaży, zysk, zwrot z inwestycji), wyniki niefinansowe (wzrost zatrudnienia, zadowolenie klientów) (Rahman i Ramli, 2014);

oraz benchmarking, a także zrównoważona karta wyników (Kozena i Chladek, 2012). Jednak do najbardziej powszechnych wskaźników stosowanych do pomiaru konkurencyjności na poziomie przedsiębiorstw należą wydajność, rentowność i udział w rynku (Depperu i Cerrato, 2005). Dzieje się tak, ponieważ konkurencyjność jest identyczna z wynikami firm (Dziwornu, 2014).

Wskaźniki te mają zastosowanie również do sektora agrobiznesu, przy czym miary przewagi konkurencyjnej obejmują udział w rynku, wydajność, rentowność oraz wskaźnik przewagi komparatywnej (RCA), co wynika z badań w tym sektorze, tj. udział w rynku (Frohberg i Hartmann, 1997; Kumar i Rai, 2007), wydajność (Kozena i Chladek, 2012; Woodford i in., 2003; Yee i in., 2004) oraz rentowność (Toit i in., 2010). W szczególności wskaźnik RCA był szeroko stosowany do pomiaru przewagi konkurencyjnej w sektorze rolnictwa (Bojnec, 2003; Gaytán i Benita, 2014; Ferto i Hubbard, 2003; Kumar i Rai, 2007; Thamiem i in., 2011; Zhemoyda i Gerasymenko, 2009).

Latruffe (2010) twierdzi jednak, że indeks RCA mierzy przewagę konkurencyjną na poziomie zagregowanym, a nie na poziomie przedsiębiorstwa. W celu dokonania pomiaru konkurencyjności na poziomie przedsiębiorstwa, ocena powinna uwzględniać uwarunkowania wynikające z czynników na poziomie przedsiębiorstwa. Ponadto istnieją pewne ograniczenia wydajności i rentowności jako mierników przewagi konkurencyjnej, takie jak brak dostępności i wiarygodności danych, brak pomiaru poziomu jakości i innowacyjności, a także trudności w porównaniu między branżami (Voulgaris i in., 2013). Ograniczenia te są również uznawane przez firmę Kadocsa (2006), gdzie punkty pomiaru konkurencyjności, takie jak zysk i wydajność, mogą być czasami trudne do skwantyfikowania i/lub uzyskania dostępu. Ponadto wydajność w sektorze rolnym można zdefiniować w różny sposób, a mianowicie jako wydajność gruntów, wydajność pracy i produktywność kapitału. Nie istnieje zatem powszechnie przyjęte kryterium pomiaru wydajności. Notta i Vlachvei (2011) wykorzystują wydajność pracy, a Kozena i Chladek (2012) - grunty, materiały i wydajność pracy. Podobnie, ponieważ każdy wskaźnik pomiaru konkurencyjności gospodarstwa powinien uwzględniać orientację długoterminową, a nie krótkoterminową, pojęcie rentowności może być niejednoznaczne, ponieważ wymaga określenia okresu czasu, w którym dokonuje się pomiarów, który może odnosić się do okresu krótko- lub długoterminowego (Depperu i Cerrato, 2005).

Ponadto brak dostępności i wiarygodności danych finansowych ogranicza udział w rynku jako miernik przewagi konkurencyjnej. Podczas gdy konkurencyjność jest często obserwowana poprzez zmiany w udziale w rynku, firma lub państwo może ukryć swoje słabości konkurencyjne poprzez manipulację ceną lub kursem wymiany (Farole i in., 2010). Ograniczenie to staje się bardziej dotkliwe w sektorze drobnych upraw eksportowych, ponieważ wiele gospodarstw działających w tym sektorze to gospodarstwa rodzinne, w większości małe i średnie. W związku z tym, chociaż udział w rynku jest jednym ze wskaźników, które przedsiębiorstwo może wykorzystać do pomiaru swojej przewagi konkurencyjnej (Fischer i Schornberg, 2007), może on być problematyczny podczas analizy danych zagregowanych.

Z tego powodu Depperu i Cerrato (2005) twierdzą, że pojedynczy czynnik wyjaśniający wyniki przedsiębiorstwa nie jest odpowiednim wskaźnikiem konkurencyjności. W związku z tym konkurencyjność należy uznać za konstrukcję wielowymiarową, obejmującą pewną liczbę wskaźników wspólnie dostosowanych do pomiaru tej koncepcji. Uznając ten argument, Li et al. (2006) i Thatte (2007) opracowały pięć wymiarów pomiaru przewagi konkurencyjnej, a mianowicie cenę/koszt (zdolność do konkurowania z głównymi konkurentami w oparciu o niskie koszty/cenę), jakość (zdolność do oferowania produktów wysokiej jakości i wydajności, które tworzą większą wartość dla klientów), niezawodność dostaw (zdolność do terminowego dostarczania rodzaju i ilości produktów wymaganych przez klientów), innowacyjność produktu (zdolność do wprowadzania na rynek nowych produktów i funkcji) oraz czas do wprowadzenia na rynek (zdolność do oferowania produktów szybciej niż główni konkurenci). Te pięć wymiarów odpowiada zaletom opartym na kosztach, produktach i usługach, w tym efektywności operacyjnej, efektywności kosztowej, jakości, marketingu i innowacyjności. Wymiary te zostały wykorzystane w wielu badaniach (Awwad, 2011; Jie i in., 2013; Lakhal, 2009; Newbert i in., 2008; Sukati i in., 2011) do pomiaru przewagi konkurencyjnej na poziomie firmy w różnych sektorach.

Jednakże w ostatnich badaniach, w których wykorzystano te wymiary do pomiaru przewagi konkurencyjnej w sektorze rolnym, nie znaleziono wyraźnych dowodów. Nie jest to trudne do zrozumienia, ponieważ charakteryzowanie innowacji produktowych jest trudne, gdy towary rolne mają dokładnie takie same cechy. Mimo to innowacje mogą przybrać formę nowego produktu lub usługi, nowej struktury, nowej praktyki produkcyjnej, nowego rynku lub nowego systemu administracji (Gebauer i in. 2011). Ponadto Newbert (2008) wskazuje, że innowacje mogą polegać na innowacjach w zakresie procesów lub nowych badań rynkowych, a zatem argument ten jest zgodny z Thatte (2007), gdzie zdolność do wykorzystania możliwości rynkowych jest uwzględniona jako miara przewagi konkurencyjnej. Newbert (2008) twierdzi, że przedsiębiorstwo może być konkurencyjne, jeżeli wcześniej zdobędzie podstawowe zasoby niż jego konkurenci. W ten sposób firma czerpie korzyści z bycia pierwszym oferentem.

Krótko mówiąc, trudno jest osiągnąć konsensus w sprawie środków przewagi konkurencyjnej (załącznik 3). Zastosowanie wiarygodnego i rzetelnego pomiaru przewagi konkurencyjnej dla sektora rolniczego jest ważne, ponieważ stanowi wartość dodaną dla zwiększenia przewagi konkurencyjnej (Sigalas i in., 2013). W oparciu o wymiary zalecane przez Li et al. (2006), Newbert (2008) i Thatte (2007), przewaga konkurencyjna gospodarstw agrobiznesu może zostać wykorzystana w oparciu o cenę, jakość, niezawodność dostaw, czas wprowadzenia na rynek i wykorzystanie możliwości rynkowych. W związku z tym, niniejsze badanie mierzy przewagę konkurencyjną mniejszych gospodarstw rolnych prowadzących uprawy eksportowe w oparciu o pięć wymiarów. Jest to dodatek do zastosowania analizy porównawczej dotyczącej jednostkowych kosztów produkcji (Dziwornu, 2014) w celu pomiaru przewagi konkurencyjnej. W związku z tym stosunek kosztów do cen sprzedaży jest obliczany na podstawie kosztów produkcji (na kilogram upraw) i ceny sprzedaży produkcji (na kilogram upraw).

2.10 Czynniki moderujące relacje między zasobami, możliwościami i przewagą konkurencyjną

Oprócz interakcji między zasobami i możliwościami, badanie ma również na celu określenie czynników moderujących, które wpływają na relacje między zasobami, możliwościami i przewagą konkurencyjną małych gospodarstw rolnych prowadzących uprawy eksportowe na Sri Lance. Literatura sugeruje, że intencje biznesowe, religijność, płeć i doświadczenie właścicieli gospodarstw w zakresie upraw komercyjnych moderują relacje pomiędzy zasobami, możliwościami i przewagą konkurencyjną. W kolejnych podrozdziałach omówiono każdą ze zmiennych moderujących, podkreślając ich istotną rolę dla gospodarstw agrobiznesu.

2.10.1 Intencje gospodarcze właścicieli gospodarstw rolnych

Istnieje duże zainteresowanie zrozumieniem czynników, które wspierają zasoby [i możliwości] w celu przyczynienia się do rozwoju biznesu, zwłaszcza małych przedsiębiorstw (Morrison i in., 2003). Beaver et al. (1998) podkreślają, że przewaga konkurencyjna małych przedsiębiorstw jest pojęciem centralnym i jest wzmacniana przez główną intencję właścicieli lub menedżerów. W związku z tym, zmotywowane intencje biznesowe oparte na przekonaniach właścicieli lub menedżerów mogą przynieść pożądane rezultaty (Gray, 2000). Argument ten jest również poparty przez Apasingha et al. (2014), którzy stwierdzili, że powód zaangażowania się w działalność gospodarczą okrężnie wpływa na sukces farm produkujących olej lotny (olej cynamonowy) na Sri Lance. Apasingha i in. (2014) kategoryzują trzy główne zamiary zaangażowania się w działalność gospodarczą: (1) działalność dochodowa; (2) działalność dziedziczna na rzecz powiatu; oraz (3) brak innych źródeł dochodu. Jednak w dotychczasowej literaturze nie zbadano jeszcze wpływu intencji biznesowych na konkurencyjność gospodarstw rolnych jako całości.
Zamiar biznesowy to sposób na wyrażenie tego, czego właściciel lub menedżer chce i będzie chciał w biznesie (Gray, 2000). Motywuje to do podejmowania interaktywnych działań. Morrison i in. (2003) stwierdzili, że intencje biznesowe pomagają w rozwoju małych przedsiębiorstw. Ponadto Gray (2000) stwierdził, że na orientację małych przedsiębiorstw na rozwój wpływa intencja właściciela lub menedżera poprzez zbiorowe umiejętności. Maki i Pukkinen (2000) ostrzegają jednak, że przedsiębiorstwa powinny koncentrować się na ważnych czynnikach, a nie na psychice właściciela.

W niniejszym opracowaniu podjęto próbę ustalenia, czy zamiar biznesowy stanowi istotne wsparcie dla osiągnięcia większej przewagi konkurencyjnej przez niewielkie gospodarstwa rolne prowadzące uprawy eksportowe w postaci zarządzania zasobami i możliwościami. Taki efekt psychologiczny może bowiem pomóc właścicielom gospodarstw rolnych odzyskać poczucie zarządzania zasobami i możliwościami. Trzy zamierzenia określone przez Apasingha i in. (2014) zostały uwzględnione w badaniu.

2.10.2 Religia właściciela gospodarstwa rolnego

Religijność jest miarą wiedzy religijnej, wiary, fundamentalizmu, przekonań, piractwa i pobożności jednostek oraz stopnia, w jakim żyją i wykorzystują religię do własnych celów (Holdcrof, 2006). Dla Al-Goaiba (2003) jest to zobowiązanie do przestrzegania podstaw [własnej] religii poprzez praktyki i przekonania teoretyczne poprzez wypełnianie praw [religii]. Religia jako taka obejmuje posiadanie wiary i szacunku dla Boga lub bóstwa, jak również uczestnictwo w kultuch i innych działaniach społecznych w ramach wspólnoty religijnej (Adeyemo i Adeleye, 2008).

Fernando i Jackson (2006) oraz Leventis et al. (2018) wskazują, że religia ma znaczący wpływ na krytyczne myślenie i proces decyzyjny przywódców firm. Podobnie, Hage i Posner (2015) również dostarczają empirycznych dowodów, że religia ma znaczący wpływ na przywództwo i że przekonania religijne wpływają na styl przywództwa. Ponadto, Tu na al. (2011), którzy badają związek między religijnością a wynikami ekonomicznymi hodowców jaka i owiec w rejonie Tybetu, stwierdzili, że istnieje pozytywny wpływ religijności na generowane dochody, ponieważ uczestnictwo w pielgrzymce daje możliwość poznania ludzi w celu zbudowania sieci społecznych i zbadania możliwości biznesowych. Ustalenia te potwierdzają również Bellu i Fume (2004), Ibrahim i Angelidis (2005), Nkamleu (2007), Platonova e al. (2016) i Zaman et al. (2018) sugerując, że przekonania religijne wpływają na wyniki gospodarcze poprzez wpływ na cechy osobiste, takie jak myślenie analityczne, myślenie krytyczne i umiejętność podejmowania decyzji.

Ponadto wcześniejsze badania (Bellu i Fume, 2004; Ibrahim i Angelidis, 2005) sugerowały również, że religijność przywódców jest związana z sukcesem firm takich jak wzrost sprzedaży i zwrot z inwestycji. Istnieją jednak badania (Day i Hudson, 2011; Dodd i Seaman, 1998; Nair i Pandey, 2006), które nie znalazły żadnego związku między religijnością przywódców a zdecydowanym sukcesem, co sugeruje, że dostępne wyniki są raczej mieszane i niejednoznaczne.

Falvey (2005) opisuje religię jako potężny wyraz kultury i jest ona ściśle związana z naturą. Ponieważ rolnictwo na ogół wiąże się z naturą, rolnictwo i religia wydają się być ze sobą powiązane. Jednakże, jeśli chodzi o agrobiznes i źródła przewagi konkurencyjnej, nie ma wystarczających dowodów w analizie wpływu przekonań religijnych na przewagę konkurencyjną gospodarstw agrobiznesu, w której ustalenia są raczej mieszane i niejednoznaczne. Interesujące jest ustalenie, czy religijność właścicieli gospodarstw rolnych wpływa na relacje między zasobami, możliwościami i przewagą konkurencyjną drobnych gospodarstw rolnych prowadzących uprawy eksportowe.

2.10.3 Płeć i doświadczenie właściciela gospodarstwa

Poza intencjami biznesowymi i religijnością właścicieli gospodarstw rolnych, płeć właścicieli gospodarstw może być istotnym czynnikiem moderującym, wpływającym na przewagę konkurencyjną w zakresie rozwiązywania problemów, poszukiwania możliwości biznesowych, oceny niepewności otoczenia biznesowego, przetwarzania kreatywnych pomysłów i przywództwa w biznesie (Inmyxai i Takahashi, 2012). Danes et al. (2007) wskazują, że zarządzanie personelem ma znacznie większy wpływ na wyniki finansowe kobiet niż mężczyzn. W związku z tym Frink et al. (2003) podkreślają, że istnieją różnice w wpływie, jaki różnorodność płci ma na zdolność organizacji do wykorzystywania aktywów w celu generowania dochodów. Swinney et al. (2006) wskazują również, że płeć właściciela ma znaczący wpływ na wyniki małych przedsiębiorstw. Dlatego interesujące jest empiryczne sprawdzenie wpływu płci właścicieli na przewagę konkurencyjną gospodarstw rolnych w zakresie zarządzania zasobami i możliwościami.

Ponadto, literatura RBV sugeruje, że doświadczenie ma znaczący wpływ na przewagę konkurencyjną firm (Carmeli i Tishler, 2004; Lu i in., 2010; Morris i Snell, 2011; Newbert, 2008). Małe firmy mogą uzyskać szczególną korzyść, jeśli mają właściciela lub zarządcę z doświadczeniem (Borch i Forsman, 2001). Jak sugerują Ojeda-Gomez i in. (2007), firmy, zarówno małe, jak i duże, prowadzone przez doświadczonych menedżerów, powinny posiadać umiejętności dostosowania się do zmian w środowisku biznesowym poprzez edukację biznesową, podejście do ryzyka, wizję strategiczną, proaktywne zachowanie i profesjonalne techniki zarządzania. Dlatego też doświadczenie właścicieli gospodarstw może mieć wpływ na ich sposoby zarządzania zasobami i możliwościami w swoich gospodarstwach, co znajduje odzwierciedlenie w liczbie lat, w których prowadzili oni uprawy komercyjne.

2.11 Podsumowanie rozdziału

W tym rozdziale dokonano przeglądu podejść teoretycznych i empirycznych związanych z przewagą konkurencyjną na poziomie przedsiębiorstwa. W szczególności nakreśliła ona rozwój i ograniczenia dostępnych teorii dotyczących przewagi konkurencyjnej. Literatura wskazuje, że teoria RBV jest powszechnie akceptowana w świecie akademickim i biznesowym w odniesieniu do przewagi konkurencyjnej na poziomie przedsiębiorstwa. W związku z tym RBV koncentruje się na czynnikach wewnętrznych przedsiębiorstw i podkreśla, że ich zasoby i możliwości muszą być rozwijane w celu uzyskania przewagi konkurencyjnej. Jednakże RBV było krytykowane ze względu na to, że nie było w stanie wyjaśnić, w jaki sposób zasoby są wykorzystywane w celu uzyskania przewagi konkurencyjnej, a argument ten staje się zasadny w sytuacjach, w których zasoby są szeroko dostępne i nie są rzadkie. W związku z tym badanie ma na celu zajęcie się teoretyczną luką poprzez zintegrowanie zasobów i możliwości małych gospodarstw rolnych prowadzących uprawy eksportowe.

Literatura sugeruje, że zidentyfikowano różne zasoby i możliwości w odniesieniu do różnych sektorów biznesu, krajów i skali działalności. Na przykład kapitał ludzki, szkolenia, wsparcie rządowe, kapitał finansowy, kapitał rzeczowy, kapitał społeczny, technologia, zaufanie, technologia, reputacja, bazy danych, informacje, działania zbiorowe, lokalizacja geograficzna, doświadczenie, kultura korporacyjna i wielkość są uważane za zasoby przewagi konkurencyjnej, podczas gdy rozwój produktu, uczenie się, inwestycje, łączenie rynków, zarządzanie procesami, zarządzanie operacyjne, technologia informacyjna, uczenie się zbiorowe, rozwój produktu, zarządzanie zasobami ludzkimi, budowanie sieci, podejmowanie decyzji strategicznych i marketing są uważane za dynamiczne możliwości przewagi konkurencyjnej. Niespójne wyniki dotyczące zasobów i możliwości przewagi konkurencyjnej w sektorze agrobiznesu prowadzą do wniosku, że dynamiczne otoczenie wpływa na źródła przewagi konkurencyjnej sektora agrobiznesu.

Zdając sobie sprawę z rosnącej zgody co do znaczenia przewagi konkurencyjnej w sektorze agrobiznesu, poszukiwanie źródeł przewagi konkurencyjnej gospodarstw rolnych nadal stwarza duże możliwości dla przyszłych badań. PoniewaĪ badanie ma na celu skonstruowanie modelu badawczego odnoszącego zasoby i moĪliwoĞci mniejszych gospodarstw rolnych prowadzących uprawy eksportowe do przewagi konkurencyjnej, w którym pośredniczą ich moĪliwoĞci, nie stara siĊ przedstawiaü caákowitej listy wszystkich moĪliwych efektów poĞrednich, jakie te gospodarstwa mogą posiadaü w celu uzyskania przewagi konkurencyjnej. Koncentruje się on raczej na konkretnych zasobach i możliwościach, które są uznawane za najbardziej istotne dla małych, małych gospodarstw rolnych prowadzących uprawy eksportowe.

Zasoby to zasoby dostępne dla procesu produkcyjnego, które obejmują kapitał ludzki, wsparcie rządowe, kapitał finansowy, kapitał rzeczowy, kapitał społeczny, technologię, reputację, działania zbiorowe, położenie geograficzne i wielkość. Natomiast zdolność można zdefiniować jako zdolność gospodarstwa do wykonywania swoich zadań, która odnosi się bezpośrednio lub pośrednio do procesu wejścia i wyjścia z gospodarstwa. Wcześniejsze badania wykazały, że rozwój produktów, nauka, inwestycje, zarządzanie procesami, zarządzanie operacyjne, zarządzanie zasobami ludzkimi, budowanie sieci i marketing to ważne dynamiczne możliwości gospodarstw rolnych.

Porozumienie w sprawie sposobu, w jaki zasoby prowadzą do uzyskania przewagi konkurencyjnej, jest jednak minimalne w przypadku RBV. Istnieją argumenty przemawiające za tym, że firmy mogą stworzyć przewagę konkurencyjną nie poprzez wybór odpowiednich zasobów, ale poprzez zintegrowanie ich z odpowiednimi możliwościami. Dlatego też interakcja pomiędzy zasobami a zdolnościami produkcyjnymi wydaje się być istotnym czynnikiem w osiąganiu przewagi konkurencyjnej na poziomie gospodarstwa. Ponadto we wcześniejszych badaniach rozważano również ewentualny umiarkowany wpływ intencji biznesowych, wyznania religijnego, płci i doświadczenia właścicieli gospodarstw w zakresie upraw komercyjnych na relacje między zasobami, możliwościami i przewagą konkurencyjną mniejszych gospodarstw upraw eksportowych. W wyniku przeglądu literatury, w rozdziale 3 opracowano ramy badawcze. W następnym rozdziale przedstawiono również opis metodologii badawczej przyjętej w celu osiągnięcia celów badania.

3. METODYKA BADAWCZA

3.1 Wprowadzenie

Niniejszy rozdział zawiera opis metodologii badawczej przyjętej w celu osiągnięcia celów niniejszego opracowania. Zaczyna się od zilustrowania ram badawczych i hipotez opracowanych na potrzeby badania. W dalszej części rozdziału zostanie wyjaśnione zastosowane podejście badawcze. Następnie opracowywany jest projekt badania, populacja i próba, operacjonalizacja zmiennych, wyniki badań pilotażowych, proces zbierania danych, a także stosowane metody analizy danych. Podsumowanie jest przedstawione na końcu rozdziału.

3.2 Ramy i hipotezy badawcze

Głównym celem tego badania jest określenie źródeł przewagi konkurencyjnej małych gospodarstw rolnych prowadzących uprawy eksportowe. Uznając teorie dotyczące źródeł przewagi konkurencyjnej, w badaniu podjęto próbę przedstawienia empirycznych dowodów na to, w jakim stopniu dostępne zasoby i możliwości są zintegrowane w celu osiągnięcia przewagi konkurencyjnej na poziomie przedsiębiorstwa. Ramy badawcze przedstawione na rysunku 3.1 pochodzą z wcześniejszych badań nad teorią RBV (Barney, 1991; Dyer and Singh 1998; Grant, 1991; Ismail et al., 2012; Lu et al., 2010; Nath et al., 2010; Ngo and O'Cass, 2012). Obejmuje ona dwie główne niezależne zmienne (zasoby i możliwości), jedną zmienną zależną (przewaga konkurencyjna małych gospodarstw rolnych prowadzących uprawy eksportowe) oraz cztery zmienne moderujące (płeć, doświadczenie, religijność i intencje biznesowe właścicieli gospodarstw).

W oparciu o ogólny cel tego badania próbuje się również określić znaczące zasoby i możliwości, które prowadzą do przewagi konkurencyjnej mniejszych gospodarstw rolnych prowadzących uprawy eksportowe. Jeśli chodzi o zasoby i możliwości, w badaniu nie próbuje się przedstawić pełnej listy wszystkich możliwych zasobów i możliwości, które gospodarstwo może posiadać, aby uzyskać przewagę konkurencyjną. Koncentruje się on raczej na konkretnych zasobach i możliwościach, które zostały zidentyfikowane w poprzedniej literaturze, zwłaszcza związanych z agrobiznesem.

Na wstępie przeprowadzono wywiady eksperckie z trzema naukowcami (posiadającymi odpowiednią wiedzę specjalistyczną w dziedzinie agrobiznesu i w dziedzinie przewagi konkurencyjnej) oraz dwoma ekspertami branżowymi w celu lepszego zrozumienia charakteru i rodzajów zasobów i możliwości mających zastosowanie do małych gospodarstw prowadzących uprawy eksportowe. Po konsultacjach z nimi, rodzaje zasobów i możliwości zostały dodane do ram badawczych w celu zapewnienia kompleksowości i ich znaczenia dla małych gospodarstw rolnych prowadzących uprawy eksportowe. Eksperci potwierdzili znaczenie siedmiu zasobów i pięciu możliwości w stosunku do innych określonych w literaturze. Na tej podstawie w badaniu zaproponowano siedem zasobów: (1) aktywa ludzkie; (2) aktywa rzeczowe; (3) aktywa finansowe; (4) kapitał instytucjonalny; (5) działania zbiorowe; (6) tożsamość przedsiębiorcza właścicieli gospodarstw; oraz (7) renoma gospodarstwa. W szczególności aktywa ludzkie, rzeczowe i finansowe są określane jako aktywa materialne (Ismail i in., 2012), podczas gdy kapitał instytucjonalny, działania zbiorowe, tożsamość przedsiębiorcy właściciela gospodarstwa i reputacja gospodarstwa są uznawane za aktywa niematerialne (Carmeli i Tishler, 2004; Lu i in., 2010; Itami, 1987; Talbot, 2013; Toppinen i in., 2011; Vesala i in., 2007; Villalonga, 2004). Podobnie w badaniu zaproponowano pięć zdolności, które są zgodne z modelem zdolności organizacyjnych Granta (1996) i Agady (2014): (1) organizacyjne uczenie się; (2) budowanie relacji; (3) zarządzanie jakością; (4) zarządzanie procesami w gospodarstwie rolnym; oraz (5) zdolności marketingowe. Rysunek 3.1 ilustruje ramy badawcze badania.

Rysunek 3.1: Ramy koncepcyjne badania

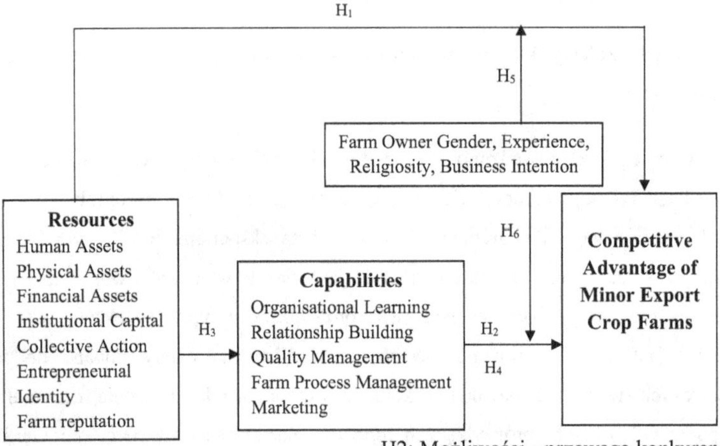

H2: Możliwości - przewaga konkurencyjna

H4: Zasoby - zdolności - przewaga konkurencyjna

Zgodnie z ramami badawczymi (rysunek 3.1), opracowano następujące hipotezy i podhipotezy:

H1: Zasoby gospodarstw rolnych mają znaczący wpływ na przewagę konkurencyjną mniejszych gospodarstw rolnych prowadzących uprawy eksportowe w Sri Lance.

H1a: Zasoby ludzkie znacząco wpływają na przewagę konkurencyjną mniejszych gospodarstw rolnych prowadzących uprawy eksportowe w Sri Lance.

H1b: Aktywa materialne w znacznym stopniu wpływają na przewagę konkurencyjną małych gospodarstw rolnych prowadzących uprawy eksportowe na Sri Lance.

H1c: Aktywa finansowe znacząco wpływają na przewagę konkurencyjną małych gospodarstw rolnych prowadzących uprawy eksportowe w Sri Lance.

H1d: Kapitał instytucjonalny znacząco wpływa na przewagę konkurencyjną małych gospodarstw rolnych prowadzących uprawy eksportowe w Sri Lance.

H1e: Działania zbiorowe w znacznym stopniu wpływają na przewagę konkurencyjną małych gospodarstw rolnych prowadzących uprawy eksportowe na Sri Lance.

H1f: Tożsamość przedsiębiorcza znacząco wpływa na przewagę konkurencyjną małych gospodarstw rolnych prowadzących uprawy eksportowe na Sri Lance.

H1g: Reputacja gospodarstw rolnych znacząco wpływa na przewagę konkurencyjną mniejszych gospodarstw rolnych prowadzących uprawy eksportowe w Sri Lance.

H2: Możliwości gospodarstw rolnych mają znaczący wpływ na przewagę konkurencyjną mniejszych gospodarstw rolnych prowadzących uprawy eksportowe w Sri Lance.

H2a: Organizacyjne możliwości uczenia się znacząco wpływają na przewagę konkurencyjną małych gospodarstw rolnych prowadzących uprawy eksportowe w Sri Lance.

H2b: Zdolność budowania relacji znacząco wpływa na przewagę konkurencyjną małych gospodarstw rolnych prowadzących uprawy eksportowe na Sri Lance.
H2c: Zdolność zarządzania jakością znacząco wpływa na przewagę konkurencyjną małych gospodarstw rolnych prowadzących uprawy eksportowe na Sri Lance.
H2d: Zdolność zarządzania procesem produkcji rolnej znacząco wpływa na przewagę konkurencyjną małych gospodarstw rolnych prowadzących uprawy eksportowe na Sri Lance.
H2e: Zdolności marketingowe znacząco wpływają na przewagę konkurencyjną małych gospodarstw rolnych prowadzących uprawy eksportowe na Sri Lance.

PoniewaĪ badanie ma na celu sprawdziü, czy moĪliwoĞü odgrywa rolĊ pośredniczącą pomiĊdzy zasobami a przewagą konkurencyjną mniejszych gospodarstw rolnych uprawiających roĞliny eksportowe, po uwzglĊdnieniu literatury z zakresu agrobiznesu, wyników badaĔ pilotażowych oraz potwierdzenia ekspertów, okreĞlono dwa zasoby i dwa moĪliwoĞci. W związku z tym powstają następujące hipotezy i podhipotezy:

H3: Istnieje znaczący związek między zasobami i możliwościami małych gospodarstw rolnych prowadzących uprawy eksportowe na Sri Lance.
H3a: Istnieje znaczący związek między kapitałem instytucjonalnym a możliwościami zarządzania jakością małych gospodarstw rolnych prowadzących uprawy eksportowe w Sri Lance.
H3b: Istnieje znaczący związek między zbiorowym działaniem a możliwościami zarządzania jakością małych gospodarstw rolnych prowadzących uprawy eksportowe na Sri Lance.
H3c: Istnieje znaczący związek między kapitałem instytucjonalnym a możliwościami marketingowymi małych gospodarstw rolnych prowadzących uprawy eksportowe na Sri Lance.
H3d: Istnieje znaczący związek między zbiorowym działaniem a możliwościami marketingowymi małych gospodarstw rolnych prowadzących uprawy eksportowe na Sri Lance.

H4: Możliwości gospodarstw rolnych w znacznym stopniu pośredniczą w relacji między zasobami a przewagą konkurencyjną małych gospodarstw rolnych prowadzących uprawy eksportowe na Sri Lance.

H4a: Zdolność zarządzania jakością znacząco pośredniczy w relacji między kapitałem instytucjonalnym a przewagą konkurencyjną małych gospodarstw rolnych prowadzących uprawy eksportowe na Sri Lance.

H4b: Zdolność zarządzania jakością w znacznym stopniu pośredniczy w relacji między zbiorowym działaniem a przewagą konkurencyjną małych gospodarstw rolnych prowadzących uprawy eksportowe na Sri Lance.

H4c: Zdolności marketingowe znacząco pośredniczą w relacji pomiędzy kapitałem instytucjonalnym a przewagą konkurencyjną małych gospodarstw rolnych prowadzących uprawy eksportowe na Sri Lance.

H4d: Zdolności marketingowe znacząco pośredniczą w relacji pomiędzy działaniami zbiorowymi a przewagą konkurencyjną małych gospodarstw rolnych prowadzących uprawy eksportowe na Sri Lance.

Wreszcie, badanie bada takĪe umiarkowany wpáyw intencji biznesowych, religijnych, płciowych i handlowych doĞwiadczeĔ w zakresie upraw wáaĞcicieli gospodarstw rolnych na relacje miĊdzy zasobami, zdolnoĞciami i przewagami konkurencyjnymi mniejszych gospodarstw rolnych prowadzących uprawy eksportowe na Sri Lance. Stąd wynikają następujące hipotezy:

H5: Zamiary biznesowe, religijność, płeć i doświadczenie właścicieli gospodarstw rolnych w zakresie upraw komercyjnych znacznie łagodzą związek między zasobami i przewagą konkurencyjną małych gospodarstw rolnych prowadzących uprawy eksportowe na Sri Lance.

H5a: Intencje gospodarcze właścicieli gospodarstw rolnych znacznie łagodzą związek między zasobami a przewagą konkurencyjną małych gospodarstw rolnych prowadzących uprawy eksportowe na Sri Lance.

H5b: Religijność liderów gospodarstw rolnych znacznie łagodzi związek między zasobami a przewagą konkurencyjną małych gospodarstw rolnych prowadzących uprawy eksportowe na Sri Lance.

H5c: Płeć właścicieli gospodarstw rolnych znacznie łagodzi związek między zasobami a przewagą konkurencyjną małych gospodarstw rolnych prowadzących uprawy eksportowe na Sri Lance.

H5d: Doświadczenie właścicieli gospodarstw rolnych w zakresie upraw komercyjnych znacznie łagodzi związek między zasobami a przewagą konkurencyjną mniejszych gospodarstw rolnych prowadzących uprawy eksportowe na Sri Lance.

H6: Zamiary biznesowe, religijność, płeć i doświadczenie właścicieli gospodarstw rolnych w zakresie upraw komercyjnych znacznie łagodzą związek między możliwościami i przewagą konkurencyjną małych gospodarstw rolnych prowadzących uprawy eksportowe na Sri Lance.
H6a: Intencje biznesowe właścicieli gospodarstw rolnych znacznie łagodzą związek między możliwościami i przewagą konkurencyjną małych gospodarstw rolnych prowadzących uprawy eksportowe na Sri Lance.
H6b: religijność właścicieli gospodarstw rolnych znacznie łagodzi związek między możliwościami a przewagą konkurencyjną małych gospodarstw rolnych prowadzących uprawy eksportowe na Sri Lance.
H6c: Płeć właścicieli gospodarstw rolnych znacznie łagodzi związek między możliwościami a przewagą konkurencyjną małych gospodarstw rolnych prowadzących uprawy eksportowe na Sri Lance.
H6d: Doświadczenie właścicieli gospodarstw rolnych w zakresie upraw komercyjnych znacznie łagodzi związek między możliwościami a przewagą konkurencyjną małych gospodarstw rolnych prowadzących uprawy eksportowe na Sri Lance.

3.3 Podejście badawcze

Badania to procedura zadawania pytań i zbierania informacji w celu udzielenia odpowiedzi na pytania badawcze. Opiera się ona na pytaniach badawczych, które wybierany jest paradygmat badawczy. Paradygmat jest zbiorem założeń, koncepcji, wartości i praktyk, który obejmuje sposób analizowania rzeczywistości społeczności (McGregor i Murnane, 2010). Innymi słowy, paradygmat jest ramą teoretyczną (Mackenzie i Knipe, 2006), na którą składają się logicznie powiązane założenia, koncepcje i propozycje w prowadzeniu badań (Bogdan i Biklen, 1998). Paradygmat badawczy można scharakteryzować jako pozytywizm i postpozytywizm.
Pozytywistyczny paradygmat wykorzystuje systematyczne i naukowe podejście do badań (Hughes, 2001). Podejście naukowe obejmuje metodologię empiryczną, taką

jak gromadzenie danych z badań, obserwacji lub eksperymentów, proponowanie hipotez i testowanie hipotez. Ponadto, badania pozytywistyczne zakładają, że cały proces badawczy powinien być obiektywny. Stąd też badania pozytywistyczne opierają się na rozumowaniu dedukcyjnym (McGregor i Murnane, 2010). Rygorystyczność intelektualna (jakość informacji) w pozytywnym paradygmacie jest mierzona za pomocą dwóch kryteriów, a mianowicie wiarygodności i ważności.

Z drugiej strony, postpozytywistyczny paradygmat badawczy zakłada, że istnieje wiele sposobów generowania wiedzy, a nie tylko wykorzystanie metody naukowej. Zakłada się również, że proces badawczy powinien być subiektywny. Jako takie, badania postpozytywistyczne budują hipotezę poprzez rozumowanie indukcyjne (McGregor i Murnane, 2010). W celu sprawdzenia rygoru badań postpozytywistycznych stosuje się kryteria wiarygodności, takie jak wiarygodność, przenośność, niezawodność i potwierdzalność.

Niniejsze opracowanie obejmuje metodologię empiryczną i dlatego jest uważane za badanie pozytywistyczne. Pozytywizm można scharakteryzować w kategoriach metod ilościowych i jakościowych (Shah i Corley, 2006). Metoda ilościowa opiera się na pomiarach liczbowych i analizie, natomiast metoda jakościowa przyjmuje uczucia, postrzeganie i znaczenia.

Kluczowym celem ilościowego podejścia badawczego jest opisanie i zrozumienie siły związków (Amarathunga i in., 2002). Pozwala to na ustalenie związków przyczynowych pomiędzy obiektywnie określonymi zmiennymi poprzez testowanie hipotez wywodzących się z teorii predykcyjnych. Co więcej, pomaga kontrolować lub eliminować czynniki, które zmniejszają zdolność badacza do odkrywania prawdziwego kształtu rzeczywistości. Ponadto podejście do badań ilościowych polega na szczegółowym pomiarze zmiennych i gromadzeniu danych w standardowych warunkach z losowo wybranej próby. W ten sposób pomaga szybko i ekonomicznie zapewnić szeroki zakres sytuacji. Głównymi wadami podejścia ilościowego są jednak odchylenia od planu badań, stosowane metody są zazwyczaj nieelastyczne i sztuczne, a także niezdolność do radzenia sobie z rzeczywistością w całej jej złożoności. Pomimo wad, metoda ilościowa koncentruje się na uogólnieniu badanego zjawiska poprzez testowanie hipotez za pomocą technik statystycznych. Ponieważ celem niniejszego opracowania jest zidentyfikowanie źródeł przewagi konkurencyjnej mniejszych gospodarstw rolnych zajmujących się wywozem roślin uprawnych, podejście ilościowe ułatwia uzyskanie wyników poprzez sformułowanie hipotez opartych na teorii, a następnie przetestowanie ich na dużej liczbie jednostek próby, tj. gospodarstw rolnych. Dlatego też niniejsze opracowanie stanowi podejście dedukcyjne.

W przeciwieństwie do podejścia ilościowego, podejście jakościowe wiąże się ze zdolnością badacza do badania przedmiotu w sposób możliwie najbardziej realny (Saunders i in., 2000). Podejście to jest właściwe w przypadku, gdy badanie ma na celu rozwinięcie głębokiej wiedzy na temat danego przypadku i jego zrozumienia (Yin, 2003). Jako taka, metoda jakościowa pozwala na odkrycie postrzegania uczestników i złożoności ich interpretacji dotyczących konkretnego zjawiska. Dzięki temu generuje nowe sposoby wglądu w istniejące dane. W odniesieniu do podejścia ilościowego, metody jakościowe gromadzą dużą ilość szczegółowych danych z nielicznych jednostek próby, koncentrując się na dogłębnym zrozumieniu opartym na dowodach empirycznych. Jako takie, oryginalne badania stanowią podejście indukcyjne (Yin, 2003). Ponieważ wyniki podejścia jakościowego nie są badane statystycznie, nie można ich uogólniać na szerszą populację, niż jest to możliwe w przypadku podejścia ilościowego. Pomimo tego głównego ograniczenia, podejście to może pomóc w uzyskaniu dogłębnego zrozumienia, dlaczego zidentyfikowane źródła prowadzą lub nie prowadzą do przewagi konkurencyjnej wśród małych gospodarstw rolnych prowadzących uprawy eksportowe.

W badaniu przyjęto zarówno podejście ilościowe, jak i jakościowe w świetle ich mocnych i słabych stron. Główne stosowane podejście badawcze jest ilościowe, z danymi uzupełniającymi zebranymi przy użyciu metody jakościowej. Hipotezy zostały sformułowane na podstawie zidentyfikowanych czynników i przetestowane na większej populacji przy użyciu zestawu kwestionariuszy wypełnianych osobiście. W oparciu o uzyskane dane statystyczne przeprowadzono kilka wywiadów z właścicielami gospodarstw w celu uzyskania bardziej szczegółowych informacji. Chociaż na badanie ma wpływ podejście indukcyjne, nadal głównym podejściem jest dedukcja.

3.4 Projekt studyjny

Projekt badania reprezentuje niebieski druk przeprowadzenia badania i odpowiedzi na pytania badawcze. Istnieją trzy główne rodzaje projektów badawczych, a mianowicie rozpoznawcze, opisowe i wyjaśniające (Sekaran i Bougie, 2016). Projektowanie badań poszukiwawczych pomaga uzyskać podstawową wiedzę na temat problemu. Jest to bardziej właściwe, gdy problem jest nowy i nieznany. Wywiady, dyskusje w grupach fokusowych i studia przypadków to dobrze znane metody stosowane w badaniach eksploracyjnych. Badania opisowe opisują to, co zostało zaobserwowane i wyjaśniają charakterystykę niektórych podmiotów w obecnym kształcie. Przekazuje on dane jakościowe w sensownej formie, aby zaoferować pomysły na dalsze badania. Wreszcie, badania wyjaśniające angażują się w testowanie hipotez. Wyjaśnia on charakter związków przyczynowo-skutkowych pomiędzy zmiennymi. W oparciu o dowody empiryczne, badania wyjaśniające mogą opracować teorie (Yin, 2003).

Aby odpowiedzieć na główne pytanie badawcze, jakie są źródła przewagi konkurencyjnej małych gospodarstw rolnych prowadzących uprawy eksportowe na Sri Lance, opracowano model, który przedstawia powiązania między różnymi konstrukcjami, a następnie postawiono hipotezy. Taki objaśniający projekt badawczy ilustruje wpływ zidentyfikowanych konstrukcji na przewagę konkurencyjną. Wykorzystanie projektów badań wyjaśniających jest poparte wcześniejszymi badaniami nad źródłami konkurencyjności (Dlamini i in., 2014; Hchaichi i Ghodbane, 2014; Ismail i in., 2012; Kraja i Osmani, 2013; Szerb i Ulbert, 2009), w których do gromadzenia danych zastosowano metodę badania. Ponadto przeprowadzono kilka wywiadów z ekspertami akademickimi i branżowymi, sugerując wykorzystanie projektów badań poszukiwawczych. Wykorzystanie projektów badań wyjaśniających i poszukiwawczych nie jest rzadkością, ponieważ podejście to było stosowane we wcześniejszych badaniach (Anic i in., 2009; Iuliana i in., 2008; Karanu i Njeru, 2014; Martin-de-Castro i in., 2006; Notta i in., 2010; Sirivanh i in., 2013).

3.5 Populacja i próba

Zakres badań obejmuje podmioty agrobiznesu, tj. gospodarstwa posiadające doświadczenie w komercyjnej uprawie cynamonu, pieprzu i goździków. Spośród siedmiu mniejszych upraw eksportowych wybrano cynamon, goździki i pieprz, ponieważ są one głównymi produktami rolnymi stanowiącymi przyprawy. Ponadto uznano ich znaczący udział w całkowitym wywozie w rolnictwie, jak również całkowity niewielki wywóz produktów rolnych do gospodarki Sri Lanki. Dlatego też populacja objęta badaniem składa się z gospodarstw zajmujących się komercyjną uprawą cynamonu, goździków i pieprzu na Sri Lance. W badaniu wzięto pod uwagę trzy zamiast jednej uprawy w celu zwiększenia obserwowanych odchyleń, jak również wzmocnienia uogólnienia wyników. Jednostką analityczną dla tego badania są właściciele komercyjnych gospodarstw uprawiających cynamon, goździki i paprykę.

Obecnie niewielkie uprawy eksportowe obejmują 14[1] z 25 okręgów Sri Lanki (Departament Spisu Powszechnego i Statystyki, 2014). Ze względu na fakt, że uprawa komercyjna jest w wysokim stopniu prowadzona w okręgach o najwyższym wzroście, w badaniu zidentyfikowano dwa najwyżej rosnące okręgi wybranych upraw, które posłużyły do skonstruowania struktury populacji. Według stanu na 2014 r. całkowity areał cynamonu wynosi 30 079 ha (Departament Spisu Powszechnego i Statystyki, 2014 r.). Według Departamentu Eksportu Rolniczego ponad 70% cynamonu na Sri Lance jest produkowane wzdłuż pasa przybrzeżnego dystryktów Galle i Matara. Na Sri Lance istnieje pięć odmian cynamonu, takich jak Pani-MirisKurundu, MirisKurundu, SevelKurundu, ThiththaKurundu i Cinnamomumzeylanicumblume. Spośród pięciu odmian, tylko Cinnamomomumzeylanicumblume jest uprawiany komercyjnie wzdłuż wybrzeża dystryktów Galle i Matara (Spice Council of Sri Lanka, 2014). Całkowity areał cynamonu w okręgach Galle i Matara wynosi odpowiednio 12 888 i 8 631 hektarów. Goździk jest uprawiany głównie w strefie mokrej w środkowej części kraju. W 2014 r. całkowita powierzchnia goździków wynosi 8 379 ha, przy czym głównymi obszarami upraw są okręgi Kandy i Kegalle. Oba okręgi stanowią ponad 50% całkowitego zasięgu goździków. W okręgu Kandy zarejestrowano 3 070 ha upraw goździków, a w Kegalle 1 800 ha. Podobnie, papryka jest uprawiana głównie w nisko i średnio wilgotnych strefach rolno-klimatycznych w okręgach Kandy i Matale. W roku 2013 całkowita powierzchnia upraw papryki wynosi 39 424

[1] Cynamon - Galle, Matara, Hambantota, Gampaha, Kalutara, Colombo i Ratnapura; Pieprz - Matale, Kandy, Kegalle, Badulla, Ratnapura, Ampara, Puttalam, Monaragala i Kurunagala; Goździk - Kandy, Kegalle i Matale

ha. Z łącznej powierzchni 39 424 hektarów, dystrykt Kandy reprezentuje 7 218 hektarów, natomiast dystrykt Matale 6 917 hektarów (Wydział Spisu Powszechnego i Statystyki, 2014).

Następnie zidentyfikowano dwa najlepiej rozwijające się Okręgowe Wydziały Sekretarskie (DSD) każdego z wybranych okręgów. Ogółem, Galle District składa się z 19 DSD z 16 w Matara. Kandy i Kegalle składają się odpowiednio z 20 i 11 DSD. W Matale, jest 11 DSD. W oparciu o dane z Okręgowych Oddziałów Statystycznych, Departamentu Spisu Powszechnego i Statystyki, Karandenija i Ambalangoda są dwoma DSD, które mają największy zasięg wzrostu i najwyższe plony w okręgu Galle. W Matara, Mulatiyana i Kamburupitiya zostały zidentyfikowane jako najwyżej rosnące DSD dla cynamonu. Poojapitiya i Yatinuwara mają najwyższy stopień wzrostu goździków w dzielnicy Kandy. W Kegalle, dwa najwyżej rosnące DSD to Aranayaka i Kegalle. W przypadku pieprzu, Madadumbara i Poojapitiya stanowią najwyżej rosnące DSD w okręgu Kandy. W Matale, Pallepola i Matale odnotowują najwyższe przyrosty i najwyższą produkcję papryki.

W populacji docelowej znajduje się 26 413 gospodarstw domowych (farm). Według Krejcie i Morgan (1970) oraz Sekaran i Bougie (2016), liczebność próby dla tej określonej populacji docelowej wynosi 380. Ponadto tę wielkość próby uznaje się również zgodnie z zasadą 1-5 (1:5) opracowaną przez Hair et al. W badaniu uwzględniono 83 pozycje pomiarowe, w związku z czym konieczne jest rozprowadzenie co najmniej 415 kwestionariuszy. Mimo że w badaniu wykorzystano kwestionariusz administrowany osobiście, konieczne jest uwzględnienie odsetka osób nierespondentów. Jak wspomnieli Baruch i Holtom (2008), średni wskaźnik odpowiedzi na badania organizacyjne, z wykorzystaniem indywidualnej metody zbierania danych, wynosi od 52% do 60%. Dlatego też w badaniu wybrano 216 właścicieli gospodarstw na każdą uprawę, co łącznie dało 648 właścicieli gospodarstw. W celu uzyskania pożądanej wielkości próby zastosowano technikę losowania warstwowego proporcjonalnego. Wybór ten jest uzasadniony, ponieważ taka metoda pobierania próbek została przyjęta i zastosowana również w innych badaniach empirycznych (Dlamini i in., 2014; Hchaichi i Ghodbane, 2014; Ismail i in., 2012).

Dwa oddziały Grama Niladari każdego DSD zostały wybrane losowo. W każdym oddziale Grama Niladari, trzy do czterech wiosek zostało wybranych losowo w oparciu o technikę proporcjonalnego pobierania próbek. Ostatecznie z listy ludności każdej wsi wybrano losowo pożądaną liczbę właścicieli gospodarstw rolnych. Z każdej wsi wybrano co najmniej siedmiu właścicieli gospodarstw rolnych. Tabela 3.1 przedstawia sposób doboru próbek do tego badania.

Tabela 3.1: Proporcjonalna Stratyfikowana Prosta Próba Losowa

Uprawa	**Dystrykt**	**Nazwa wydziałów sekretariatu okręgowego**	***Numer wydziałów Grama Niladari**	***Liczba wiosek**	***Liczba gospodarstw domowych uprawianych na wioskę**	***Ogółem Liczba uprawianych gospodarstw domowych**
Cynamon	Galle	Karandenija	2	4	8	64
		Ambalangoda	2	4	7	56
	Matara	Mulatiyana	2	3	8	48
		Kamburupitiya	2	3	8	48
Goździk	Kandy	Poojapitiya	2	3	8	48
		Yatinuwara	2	3	8	48
	Kegalle	Aranayaka	2	4	8	64
		Kegalle	2	4	7	56
Pieprz	Kandy	Madadumbara	2	4	8	64
		Poojapitiya	2	3	8	48
	Matale	Pallepola	2	4	7	56
		Matale	2	3	8	48
Razem			**24**	**42**	**-**	**648**

* Losowo wybrane z ram populacji

3.6 Operacjonalizacja

Aby przetestować hipotezy, należy zidentyfikować zmienne i elementy pomiarowe dla każdej konstrukcji. Zmienne i pozycje pomiarowe w badaniu opierają się na ustalonych skalach z literatury przedmiotu. Tabela 3.2 przedstawia zmienne każdego z konstruktów niniejszego opracowania wraz z odpowiednimi źródłami literatury.

Tabela 3.2: Zmienne badania

Konstrukcja	Zmienna	Źródło:
Rzeczowe aktywa trwałe	Zasoby ludzkie Aktywa rzeczowe Aktywa finansowe	Ismail et al. (2012), Habbershon i Williams (1999), Morgan et al. (2004), Voulgaris et al. (2013)
Wartości niematerialne i prawne	Kapitał instytucjonalny Działanie zbiorowe Tożsamość przedsiębiorcza właściciela gospodarstwa Reputacja farmy	Carter (1998), Kata i Zajac (2007), Lu et al. (2010) Gyau et al. (2014), Tregear i Ness (2006) Vesala et al. (2007) Habbershon i Williams (1999), Perez-Cabanero et al. (2012)
Możliwości	Organizacyjne możliwości uczenia się Zdolność budowania relacji Zdolność zarządzania jakością Zdolność zarządzania procesami w gospodarstwie rolnym Zdolności marketingowe	Lages et al. (2009), Vorhies i Morgan (2005) Lages et al. (2009), Ngugi et al. (2010), Ziggers and Henseler (2009) Lages et al. (2009), Lakhal (2009), Nath et al. (2010) Desarbo et al. (2007), Nath et al. (2010) Agada (2014), Desarbo et al. (2007), Morgan et al. (2009)
Przewaga konkurencyjna	Cena Jakość Niezawodność dostaw Czas na wprowadzenie do obrotu Wykorzystanie możliwości rynkowych	Awwad (2011), Jie i in. (2013), Lakhal (2009), Li i in. (2006), Newbert i in. (2008). Sukati et al. (2011), Thatte (2007)
Religijność właściciela gospodarstwa	Wiara, fundamentalizm, piractwo i pobożność jednostek, stopień, w jakim żyją i używają religii	Galbraith i Galbraith (2007), Hati i Idris (2014), Rehman i Shabbir (2010)

Pozycje pomiarowe dla każdej ze zmiennych (załącznik 4) zostały opracowane, a następnie poddane przeglądowi przez czterech pracowników naukowych (w tym trzech pracowników naukowych, którzy uczestniczyli w identyfikacji zmiennych) w celu zapewnienia prawidłowości zawartości. Kwestionariusz zawierał w sumie 83 pozycje, mierzone w ujęciu szczegółowym (pięciopunktowa skala Likera), z których końcowymi punktami zdecydowanie nie zgadzają się i zdecydowanie się zgadzają. Taka szczegółowa skala ratingowa jest powszechnie stosowana w badaniach biznesowych. Zapewnia on elastyczność w stosowaniu tak wielu punktów w skali, jak to konieczne, a także możliwość stosowania różnych kotwic, np. zdecydowanie nie zgadzających się i zdecydowanie zgodnych, od bardzo niskich do bardzo wysokich. Konieczne jest również zapewnienie punktu neutralnego, ponieważ jest to zrównoważona skala ratingowa, w przeciwnym razie skala ta jest niezrównoważona (Sekaran i Bougie, 2016).

Elmore i Beggs (1975) wskazują, że pięciopunktowa skala jest tak samo dobra jak każda inna, a wzrost z 5 do 7 lub 9 punktów na skali ratingowej nie poprawia wiarygodności ocen. Niemniej jednak, każde badanie może dostosować się do liczby punktów, które chce się wykorzystać według jego zmiennych i respondentów (Hair et al., 2010; Sekaran i Bougie, 2016). Jednostką analizy niniejszego opracowania są lokalni właściciele mniejszych gospodarstw rolnych prowadzących uprawy eksportowe. Ich poziom zrozumienia liczby punktów na skali oceny jest minimalny i mogą napotkać komplikacje, gdy liczba punktów przekroczy pięć. Dla przykładu, podobno skala ratingowa wykorzystuje siedem punktów, z których zdecydowanie się nie zgadza, punkty 2 i 3 wskazywałyby, odpowiednio, na nieznaczny brak zgody i brak zgody. W stosunku do naukowca, właściciel gospodarstwa nie ma wystarczającej wiedzy, aby odróżnić nieznacznie nie zgadza się i nie zgadza. W związku z tym właściwsze jest, aby w badaniu zastosowano pięciostopniową skalę Likera, od zdecydowanie odmiennej (1) do zdecydowanie odmiennej (5).

Kwestionariusz został następnie przetłumaczony na język syngaleski w celu przezwyciężenia bariery językowej za pomocą jednostki analizy. W procesie tłumaczenia oryginalnych miar języka angielskiego na język synagalski, badacz nabył usługę profesjonalnego tłumacza dwujęzycznego. Przetłumaczony kwestionariusz został ponownie sprawdzony przez trzech pracowników naukowych i trzech rolników, aby upewnić się, że nie zawiera błędów w tłumaczeniu. Następnie przetłumaczony kwestionariusz został "z powrotem przetłumaczony" i ponownie sprawdzony przez trzech pracowników naukowych.

3.7 Wyniki badań pilotażowych

Celem testu pilotażowego jest określenie wewnętrznej spójności pozycji pomiarowych i oderwanie wszelkich niejednoznacznych słów w kwestionariuszu. W badaniu wstępnie przetestowano instrument badawczy z 30 właścicielami gospodarstw (10 z każdej uprawy), którzy zostali wybrani losowo. Badanie pilotażowe trwało sześć dni (od 15 listopada 2015 r. do 22 listopada 2015 r.) i miało na celu uzyskanie 30 wypełnionych kwestionariuszy od właścicieli gospodarstw rolnych we wsiach Elpitiya, Delgaslanda i Werapitiya. Wypełnienie kwestionariusza zajęło respondentom pilotażowym średnio 20 minut.

W tym badaniu wykorzystano alfa Cronbacha, aby sprawdzić wiarygodność pomiarów. Według Bontisa (1998), niezawodność każdej z konstrukcji jest dobra, gdy wartości alfa są większe niż 0,70. Poza tym, zasadność konstrukcji jest również określana w celu pokazania, jak dobrze wyniki uzyskane z zastosowania tej miary pasują do ustalonej teorii (Sekaran i Bougie, 2016). Analizę korelacji przyjęto w celu zbadania ważności zbieżnej i dyskryminacyjnej. Dla odpowiedniej ważności konstrukcji, najwyższa wartość korelacji dla wybranego elementu z odpowiadającymi mu wierszami i kolumnami powinna wynosić od 0,30 do 0,90. Ponadto minimalna skorygowana wartość całkowitej korelacji pozycji powinna być większa niż 0,30.

Na podstawie profilu demograficznego respondentów pilotażowych, którzy składają się z dziewięciu kobiet i 21 mężczyzn, większość respondentów (21) ma ponad 50 lat i od 10 do 20 lat doświadczenia w rolnictwie. Ponadto większość z nich (22) zgłosiła również wykorzystanie mniej niż pięciu akrów ziemi do uprawy małoobszarowych roślin eksportowych, co oznacza, że ich działalność rolnicza jest prowadzona na małą skalę. Około 14 respondentów stwierdziło, że ich intencje zależą od opłacalności tych upraw, podczas gdy sześciu z nich wspomniało, że odziedziczyło swoje gospodarstwa po swoich okręgach. Siedmiu z nich zajmowało się rolnictwem z powodu niemożności znalezienia jakichkolwiek innych źródeł dochodu. Żaden respondent nie został zgłoszony w kategorii "inne". Te trzy główne intencje były zgodne z kategoriami i ustaleniami zgłoszonymi przez Apasingha i in. (2014).

Istnieje 6 pozycji, które stanowią zmienną zasobów ludzkich (od HA1 do HA6). Średnia wartość dla każdej pozycji mieściła się w przedziale od 2,33 do 3,63. Najwyższa wartość korelacji dla pozycji (wykształceni pracownicy) z innymi pozycjami była niższa niż 0,30. Dlatego też z dalszej analizy zrezygnowano z pozycji HA2, ponieważ miała ona niską wariancję i była słabo skorelowana z ogólną zmienną. Ponadto korelacje sumaryczne dla tej pozycji były poniżej średniej z innymi pozycjami. Wartość alfa Cronbacha wynosiła 0,837 po upuszczeniu przedmiotu. Ponadto minimalna skorygowana korelacja całkowita pozycji wyniosła 0,365, czyli więcej niż 0,30. Logicznie rzecz biorąc, ze względu na charakter pracy w tym sektorze kładzie się większy nacisk na kwalifikacje oparte na umiejętnościach niż na kwalifikacjach w formie papierowej. Niestety, Sri Lanka nie posiada dobrze rozwiniętego systemu edukacji i szkoleń w zakresie praktyk uprawowych i innych funkcji związanych z sektorem agrobiznesu.

Dla zmiennej dotyczącej wyceny rzeczowych aktywów trwałych (PA1 do PA7) określono siedem pozycji. Średnia wartość każdej pozycji mieściła się w przedziale od 2,33 do 3,87. Najwyższa wartość korelacji dla pozycji PA4 (odpowiedni sprzęt do ponownego sadzenia) i PA7 (odpowiedni system nawadniania) z innymi pozycjami była niższa niż 0,30. Podobnie wartości alfa Cronbacha i minimalna skorygowana korelacja sumaryczna pozycji wynosiły odpowiednio 0,765 i 0,393, po spadku tych pozycji. Właściciele gospodarstw rolnych nie traktują przesadzania jako priorytetu, ponieważ czas trwania przesadzania upraw wynosi od 12 do 15 lat. W związku z tym uważają, że mają wystarczająco dużo czasu na dokonanie istotnych zmian w używanym sprzęcie. Innym powodem jest brak zrozumienia dla długoterminowej orientacji, jak np. posiadanie sprzętu do replantacji. Właściciele gospodarstw rolnych nie uważają również właściwego systemu nawadniania za cenny zasób. Nie jest to trudne do zrozumienia, ponieważ cały system nawadniania rolnictwa na Sri Lance jest kontrolowany przez Departament Irygacji. Jako taki jest on postrzegany jako czynnik zewnętrzny, który ma niewielki wpływ na przewagę konkurencyjną gospodarstw rolnych. Niewiele wiedzą, co jest uznawane za odpowiednie położenie geograficzne dla rolnictwa, w tym posiadanie odpowiedniego systemu nawadniania.

W zmiennej dotyczącej aktywów finansowych zaproponowano początkowo sześć pozycji (od 1 FA do 6 FA). Średnia wartość dla każdej pozycji mieściła się w przedziale od 2,43 do 3,50. Najwyższa wartość korelacji dla pozycji FA6 (odpowiednia suma pieniędzy za ponowne zasadzenie) z innymi pozycjami była niższa niż 0,30. W związku z tym pozycja ta została usunięta ze zmiennej. Po opuszczeniu pozycji, wartość alfa Cronbacha wynosiła 0,768, przy czym minimalna skorygowana korelacja całkowita pozycji wynosiła 0,383. Ograniczenia finansowe zostały udokumentowane jako główna przeszkoda dla małych przedsiębiorstw (Simpson i in., 2004; Zaridis i Mousiolis 2014), szczególnie gdy właściciele gospodarstw rolnych są zmuszeni do zwiększenia swoich plonów, aby osiągnąć wysoki cel eksportowy określony przez rząd Sri Lanki, jednak wiele zamówień eksportowych nie mogło zostać zrealizowanych ze względu na niewystarczającą wielkość produkcji z powodu tych ograniczeń. Ten sam powód może zostać rozszerzony na niezdolność właścicieli gospodarstw do nabycia sprzętu do ponownego sadzenia.

Kapitał instytucjonalny składa się z 5 pozycji (od IC1 do IC5), a średnia wartość każdej pozycji wahała się od 3,02 do 3,80. Najwyższa korelacja dla każdej pozycji z co najmniej jedną inną pozycją w zmiennej wynosi od 0,30 do 0,90. W związku z tym, wszystkie pozycje zostały odpowiednio skorelowane w konstrukcji. Wartość alfa Cronbacha wynosi 0,852, a więc więcej niż 0,70. Minimalna skorygowana całkowita korekta pozycji wynosi 0,418. Podobnie, istnieje pięć pozycji dla zmiennej dotyczącej działań zbiorowych, a średnia wartość każdej pozycji wahała się od 3,03 do 3,93. Wszystkie pozycje w zmiennej były odpowiednio skorelowane, dlatego żadna pozycja nie została odrzucona. Wartość alfa Cronbacha wynosi 0,865, a więc więcej niż 0,70. Minimalna skorygowana całkowita korekta pozycji wyniosła 0,60.

Zmienna "reputacja gospodarstwa rolnego" składa się z 5 pozycji (R1 do R5). Średnia wartość każdej pozycji mieściła się w przedziale od 2,30 do 3,80. Najwyższa wartość korelacji dla pozycji R4 (dostawcy cenią sobie reputację naszej farmy) z pozostałymi pozycjami była niższa niż 0,30. Wartość alfa Cronbacha i minimalna skorygowana korelacja sumy pozycji wyniosła odpowiednio 0,849 i 0,847, po opuszczeniu tej pozycji. Wyniki sugerują, że klienci i pracownicy oceniają gospodarstwo na podstawie jego upraw i jako takie, właściciele gospodarstw zdają sobie sprawę z konieczności utrzymania dobrej reputacji. Nie jest tak jednak w przypadku dostawców, którzy zdają się kłaść większy nacisk na zdolność właścicieli gospodarstw rolnych do płacenia za dostarczone im surowce (Sachitra i in., 2016).

Zmienna dotycząca tożsamości przedsiębiorczej właścicieli gospodarstw rolnych składa się z pięciu pozycji. Najwyższa korelacja dla każdej pozycji z co najmniej jedną inną pozycją w zmiennej wynosiła od 0,30 do 0,90. W związku z tym wszystkie pozycje w tej zmiennej zostały odpowiednio skorelowane. Wartości alfa Cronbacha dla konstrukcji wynosiły 0,827, czyli więcej niż 0,70.

Zdolność do organizacyjnego uczenia się, zdolność do budowania relacji, zdolność do zarządzania jakością i zdolność do zarządzania procesami w gospodarstwie składa się z pięciu elementów każdy. Najwyższa korelacja dla każdej pozycji z co najmniej jedną inną pozycją w zmiennej wynosiła od 0,30 do 0,90. W związku z tym wszystkie pozycje w zmiennych zostały odpowiednio skorelowane. Wartości alfa dla budowli Cronbacha wynosiły odpowiednio 0,881, 0,835, 0,804 i 0,847.

Początkowo zaproponowano sześć pozycji dla zmiennej zdolności marketingowej (MC1 do MC 6). Średnia wartość dla każdej pozycji mieściła się w przedziale od 2,40 do 3,63. Najwyższa wartość korelacji dla pozycji MC5 (identyfikacja i rozumienie trendów rynkowych) z innymi pozycjami była niższa niż 0,30. Po opuszczeniu pozycji MC5 wartość alfa Cronbacha wynosiła 0,813, przy czym minimalna skorygowana korelacja całkowita wynosiła 0,715. Wydaje się, że właścicielom gospodarstw brakuje konkretnych umiejętności w zakresie ukierunkowania i analizy tendencji rynkowych, biorąc pod uwagę niewielkie wsparcie edukacyjne i szkoleniowe, jakie otrzymali.

Do budowy przewagi konkurencyjnej zaproponowano 18 pozycji, a średnia wartość każdej z nich mieściła się w przedziale od 2,47 do 4,02. Wszystkie elementy były odpowiednio skorelowane w konstrukcji. Wartość alfa Cronbacha wynosiła 0,859, czyli więcej niż 0,70. Minimalna skorygowana całkowita korekta pozycji wyniosła 0,415, czyli więcej niż 0,30.

Wśród zmiennych moderujących warto zauważyć, że w ramach ćwiczenia pilotażowego odkryto, iż większość właścicieli gospodarstw rolnych w dużym stopniu uwzględnia swoje przekonania religijne, gdy angażują się w działalność rolniczą. Ogólnie rzecz biorąc, mieszkańcy Sri Lanki są religijni, gdzie ludzie poświęcają się podstawom swoich własnych religii. Co więcej, ponieważ agrobiznes wiąże się wyłącznie z naturą, wydaje się, że agrobiznes i religia splotły się ze sobą. Niezależnie od tego, jeśli chodzi o źródła przewagi konkurencyjnej, nie ma wystarczających dowodów, aby przeanalizować wpływ przekonań religijnych na przewagę konkurencyjną. Jednak Bellu i Fume (2004), Gill i Mathur (2018) oraz Ibrahim i Angelidis (2005) wskazują, że religijność lidera wiąże się z sukcesem firm. Ponadto Fernando i Jackson (2006) podkreślają, że religia ma znaczący wpływ na krytyczne myślenie i proces podejmowania decyzji przez właścicieli lub menedżerów firm, a to z kolei wpływa na pozycję konkurencyjną firm. Dlatego ważne jest, aby określić wpływ przekonań religijnych właścicieli gospodarstw rolnych na przewagę konkurencyjną gospodarstw. Pozycje pomiarowe dla religijności zostały przyjęte z kilku badań (Hati i Idris, 2014; Galbraith i Galbraith, 2007; Rehman i Shabbir, 2010). Istnieje sześć elementów, które przedstawiały konstrukcję religijności właścicieli gospodarstw rolnych, które obejmują wiarę, fundamentalizm, pobożność i oddanie jednostek, a także stopień, w jakim żyją i używają religii. Sześć pozycji zostało ocenionych za pomocą pięciopunktowej skali Likerta, a średnia wartość każdego z nich mieściła się w przedziale od 2,87 do 4,33. Wszystkie elementy były odpowiednio skorelowane w konstrukcji. Wartość alfa Cronbacha wynosiła 0,792, czyli więcej niż 0,70. Minimalna skorygowana całkowita korekta pozycji wyniosła 0,612, czyli więcej niż 0,30. Podsumowanie wyników testu pilotażowego znajduje się w tabeli 3.3.

Tabela 3.3: Podsumowanie wyników testów pilotażowych

Zmienna	**Liczba pozycji**		
	Początkowo	**Ostateczny**	**Cronbach's alpha**
Zasoby ludzkie	6	5	0.837
Aktywa rzeczowe	7	5	0.765
Aktywa finansowe	6	5	0.768
Kapitał instytucjonalny	5	5	0.852
Działanie zbiorowe	5	5	0.865
Reputacja	5	4	0.849
Umiejętności przedsiębiorcze właściciela gospodarstwa rolnego	5	5	0.827
Organizacyjne możliwości uczenia się	5	5	0.881
Zdolność budowania relacji	5	5	0.835
Zdolność zarządzania jakością	5	5	0.904
Zdolność zarządzania procesami w gospodarstwie rolnym	5	5	0.847
Zdolności marketingowe	6	5	0.813
Przewaga konkurencyjna	18	18	0.859
Religijność właściciela gospodarstwa	6	6	0.792
Ogółem	**89**	**83**	**0.873**

W oparciu o wyniki testu pilotażowego, kwestionariusz został zmieniony. Ogółem w ostatecznym kwestionariuszu uwzględniono 83 pozycje, stosując pięciopunktową skalę Likerta, od zdecydowanie odmiennego do zdecydowanie odmiennego (załącznik 5). Ostateczny kwestionariusz został następnie przetłumaczony na język syngaleski i "z powrotem przetłumaczony" na język angielski. Tłumaczenia te zostały wykonane przez profesjonalnego tłumacza dwujęzycznego i sprawdzone przez dwóch pracowników naukowych pod względem dokładności technicznej. W kwestionariuszu uwzględniono kilka pozycji mających na celu uzyskanie informacji demograficznych od drobnych właścicieli gospodarstw rolnych prowadzących uprawy eksportowe, takich jak wiek, doświadczenie w komercyjnym rolnictwie, poziom wykształcenia, wielkość gruntów wykorzystywanych do uprawy tych trzech roślin, religia i intencje biznesowe. Wreszcie, kwestionariusz ustrukturyzowany został poddany ponownej ocenie przez trzech pracowników akademickich, którzy mają doświadczenie badawcze w dziedzinie rolnictwa, aby ocenić jego zasadność.

3.8 Gromadzenie danych

Wybór metody gromadzenia danych opiera się na pytaniach badawczych, zakresie kontroli badacza nad faktycznymi zdarzeniami behawioralnymi, które mają być badane, a także stopniu skupienia się na zdarzeniach współczesnych (Yin, 2003). Metodę badawczą wybiera się do zbierania danych pierwotnych w celu zbadania źródeł przewagi konkurencyjnej mniejszych gospodarstw rolnych prowadzących uprawy eksportowe. Według Sekaran i Bougie (2016 r.) oraz Yin (2003 r.) metoda badania jest najbardziej odpowiednią techniką zbierania danych z dużej populacji pod względem czynników opłacalności i terminowości. Ponadto, metoda badania daje możliwość uogólnienia wyników próby na większą populację. W podejściu pozytywistycznym metodologia empiryczna polega na zbieraniu danych z badań, obserwacji lub eksperymentów, proponowaniu hipotez i testowaniu hipotez. Ponadto, objaśniający projekt badawczy zapewnia wsparcie przy ustalaniu charakteru związków przyczynowo-skutkowych między zmiennymi, przy zastosowaniu metody badawczej do gromadzenia danych. W kontekście niniejszego badania metodę badawczą uznaje się za odpowiednią, ponieważ pozwala ona na testowanie hipotez.

Jako jednostki badań wybrano właścicieli gospodarstw rolnych. Gdy badanie ogranicza się do znanych obszarów lokalnych, najlepszym sposobem na zebranie danych jest kwestionariusz administrowany osobiście. Główną zaletą tej metody jest zapewnienie najwyższego odsetka odpowiedzi oraz możliwość wyjaśnienia na miejscu wszelkich wątpliwości, jakie respondenci mogą mieć w związku z kwestionariuszem (Sekaran i Bougie, 2016). Ponieważ w ramach badania wybrano 648 właścicieli gospodarstw rolnych zlokalizowanych w 12 DSD i 42 wioskach Sri Lanki, na ukończenie procesu zbierania danych (od 10 grudnia 2015 r. do 9 maja

2016 r.) przeznaczono 48 dni. Nawet jeśli jest to bardzo kosztowne i czasochłonne, daje to badaczowi okazję do wprowadzenia przedmiotu badania i zmotywowania właścicieli gospodarstw do udzielenia szczerych odpowiedzi.

Ponadto przeprowadzono kilka wywiadów z właścicielami gospodarstw rolnych w celu głębszego skupienia się na temacie badań. Chociaż reprezentatywność statystyczna nie jest celem podejścia jakościowego, warto zwrócić uwagę na minimalizację błędu systematycznego w próbie. W związku z tym, w oparciu o ocenę sytuacji, wybrano 30 właścicieli gospodarstw (po 10 na każdą uprawę). Wśród respondentów znalazły się osoby w różnym wieku i z różnym doświadczeniem. Formalny, półstrukturalny charakter wywiadów został przeprowadzony, ponieważ większość właścicieli gospodarstw rolnych posiada wykształcenie niższe od zwykłego. Wywiady koncentrowały się na postrzeganiu i interpretacji właścicieli gospodarstw rolnych w odniesieniu do badanych zasobów i możliwości. Przed przeprowadzeniem wywiadu właściciele gospodarstw zostali poinformowani o szczegółach badania i uzyskali zapewnienie o zasadach etycznych, takich jak prywatność i poufność. Właściciele gospodarstw nie wyrazili jednak zgody na rejestrowanie wywiadów, dlatego badacz mógł jedynie sporządzać notatki. Pytania miały charakter otwarty, w tym doświadczenia, poglądy, przekonania i bariery dotyczące badanych zasobów i możliwości. Klasyfikacji od respondentów szukano, gdy badacz nie wiedział, co one oznaczają. Nie spodziewano się jednak, że właściciele gospodarstw rolnych wyjdą zbyt daleko poza zakres badania. Na wypełnienie wywiadów poświęcono średnio 50 minut, a te osiem dni przeznaczono na dokończenie procesu zbierania danych jakościowych. Wywiady zostały przeprowadzone w czerwcu 2016 roku, a zakończone w sierpniu 2016 roku. Dane zebrane w trakcie wywiadów zostały wykorzystane do uzasadnienia ustaleń ilościowych.

3.9 Analiza danych

Studiowanie zebranych danych w celu ustalenia nieodłącznych faktów lub znaczeń jest określane jako analiza danych. Polega ona na rozbiciu istniejących złożonych czynników na prostsze części i zestawieniu ich w nowe układy w celu ich wyjaśnienia (King, 2007). Analiza danych składa się z czterech etapów, a mianowicie: (1)

przygotowanie danych do analizy; (2) zapoznanie się z danymi; (3) sprawdzenie poprawności danych; oraz (4) sprawdzenie hipotez (Sekaran i Bougie, 2016).

Wstępnym etapem analizy danych jest sprawdzenie zestawu danych pod kątem błędów w celu uniknięcia błędów, które mogłyby wystąpić podczas wprowadzania danych. W związku z tym rozpoczęto proces przesiewania danych, aby sprawdzić każdą zmienną pod kątem wyników, które są poza zakresem i brakujących wartości. Następnie sprawdzono centralną tendencję (średnią i zakresy) oraz rozproszenie (odchylenie standardowe i wariancję) dla zmiennych ilościowych oraz częstotliwość (procent) dla zmiennych jakościowych, aby uzyskać informacje o danych. Pokaże to, jak respondenci odpowiedzieli na pozycje w kwestionariuszu. Niezawodność i ważność elementów pomiarowych jest podawana w celu sprawdzenia poprawności danych. Wewnętrzna spójność elementów pomiarowych jest oceniana za pomocą wiarygodności konstrukcji, ekstrakcji średniej wariancji i wartości alfa Cronbacha. Konwergentna i dyskryminacyjna poprawność są testowane, aby ocenić, jak dobrze wyniki uzyskane z elementów pomiarowych pasują do teorii wokół. Gdy dane spełnią kryteria dobroci, hipotezy te mogą zostać przetestowane.

3.9.1 Hipotezy Testowanie

Proponowany model tego badania składa się z niezależnych (siedem zasobów i pięć możliwości), zależnych (przewaga konkurencyjna), moderujących (płeć, doświadczenie, religijność, intencje biznesowe) i pośredniczących zmiennych (możliwości zarządzania jakością i zdolności marketingowe).

Analiza regresji wielokrotnej służy do analizy zależności między zmienną zależną a kilkoma niezależnymi zmiennymi (Hair et al., 2012). W analizie regresji liniowej wielokrotnej dokonuje się bezpośredniej transformacji zmiennych analitycznych. Jeśli można ustalić związek, zarówno empirycznie, jak i teoretycznie, należy przystąpić do badania w celu uzyskania modelu regresji, aby wyjaśnić, jak zmiana jednej zmiennej wpływa na wartość drugiej. W ramach obliczeń dokonuje się liniowej transformacji zmiennych prognostycznych, a zależności między wszystkimi zmiennymi są uwzględniane w wagach przypisanych do zmiennych. Analiza regresji wielokrotnej jest następnie wykorzystywana do określenia, czy zasoby i możliwości znacząco wpływają na przewagę konkurencyjną małych gospodarstw rolnych prowadzących uprawy eksportowe na Sri Lance. Ponadto analiza regresji wielokrotnej punktowej służy do określenia, które zasoby (zasoby ludzkie, aktywa rzeczowe, aktywa finansowe, kapitał instytucjonalny, reputacja gospodarstwa, tożsamość przedsiębiorcza) i możliwości (uczenie się organizacyjne, budowanie relacji, zarządzanie jakością, zarządzanie procesami w gospodarstwie i marketing) mają istotny wpływ na przewagę konkurencyjną mniejszych gospodarstw rolnych prowadzących uprawy eksportowe. Wykorzystano pakiet statystyczny dla nauk społecznych (SPSS) (Dlamini i in., 2014) w wersji 21.0.

Analiza mediacyjna skupia się na podejściu path-analitycznym, które wprowadza pojęcie względnego skutku pośredniego, bezpośredniego i całkowitego (Hayes i Kaznodzieja, 2014). Według Hair et al. (2012) oraz Monecke i Leisch (2012), analiza ścieżek jest zaprojektowana do pracy z wieloma powiązanymi równaniami jednocześnie, gdzie oferuje szereg korzyści w porównaniu z niektórymi bardziej znanymi metodami i dlatego stanowi ogólne ramy dla modelowania liniowego. Celem analizy mediacyjnej jest ustalenie stopnia, w jakim niektóre domniemane zmienne przyczynowe wpływają na wyniki poprzez jedną lub więcej zmiennych pośredniczących (Hayes, 2012). Podobnie, wartość analizy mediacji wynika z jej zdolności do wyjścia poza czysto opisowy do bardziej funkcjonalnego rozumienia relacji między zmiennymi. Niezbędnym składnikiem mediacji jest statystycznie i praktycznie istotny efekt pośredni (Preacher i Hayes, 2004). Najbardziej podstawowym modelem mediacji jest prosty model mediacji, w którym X jest modelowany tak, aby wpływać na Y bezpośrednio, jak i pośrednio przez jednego pośrednika lub zmienną pośredniczącą (Hayes. 2012).

Jednakże analizy mediacyjne są często kierowane przez procedury nakreślone przez Barona i Kenny'ego (1986). Baron i Kenny (1986) przedstawiają podejście opracowane przez Sobela (1982), które stanowi bardziej bezpośredni test pośredniego efektu. Test Sobel jest przeprowadzany poprzez porównanie siły pośredniego wpływu niezależnych zmiennych na zmienną zależną. Ponadto, test Sobela jest dobrze znaną techniką inwazyjną do badania interwencyjnego efektu zmiennego (Hayes, 2009). Oprogramowanie SPSS jest teraz w stanie przeprowadzić test Sobela i obliczyć ilość wyjaśnionej wariancji, którą można przypisać ścieżce mediacyjnej przy użyciu makroprocesu opracowanego przez Hayesa (2012).

Bisbe i Otley (2004), Pollack i in. (2012) oraz Singh i in. (2016) wykorzystują analizę ścieżek opartą na regresji do testowania modelu mediacyjnego. Analiza ścieżki opartej na regresji pozwala na modelowanie wielu powiązanych ze sobą zależności pomiędzy zmiennymi endogennymi i egzogennymi, rozkładając korelację na efekty bezpośrednie, pośrednie i szkodliwe (Bisbe i Otley, 2004). Odróżniając się od zwykłej regresji o najmniejszych kwadratach i regresji szacowania maksymalnego prawdopodobieństwa, PROCESS pozwala na warunkowe efekty pośrednie w modelach umiarkowanej mediacji. W takich modelach testy moderacji i mediacji mogą być łączone w jeden zintegrowany model analityczny (Singh i in., 2016). Dlatego też analiza ścieżki oparta na regresji jest wykorzystywana do testowania skonstruowanych hipotez dotyczących efektu pośredniczącego. Analiza ścieżki opartej na regresji jest odpowiednia, ponieważ badanie koncentruje się na określeniu warunkowego charakteru możliwości, dzięki którym zasoby wpływają na przewagę konkurencyjną oraz na przetestowaniu hipotez dotyczących takich warunkowych efektów. W badaniu wykorzystano bootstrapping 5 000 razy, ponieważ bootstrapping na dużą skalę ponownie pobierał próbki z pierwotnej próbki i korygował nieprawidłowy rozkład próbkowania (Mooney i Duval, 1993).

Z punktu widzenia analizy ścieżki opartej na regresji, istnieją cztery założenia, które muszą zostać spełnione: (1) wszystkie zmienne są mierzone w skali ciągłej; (2) wszystkie zmienne podlegają rozkładowi normalnemu; (3) relacje związane z jedną obserwacją nie są skorelowane ze stosunkami z innych obserwacji; oraz (4) przyjmuje się, że relacje między zmiennymi są liniowe. Ponadto, biorąc pod uwagę wskazówki Barona i Kenny'ego (1986), analiza ścieżki opartej na regresji odbywa się w czterech etapach w celu oceny efektów mediacji zmiennych i ich znaczenia. Odpowiednio, (1) współczynnik ścieżki między zmiennymi niezależnymi i zależnymi musi być znaczący; (2) współczynnik ścieżki między zmiennymi niezależnymi i zależnymi powinien być znaczący; (3) współczynnik ścieżki między zmiennymi pośredniczącymi i zależnymi również powinien być znaczący; oraz (4) gdy zmienne pośredniczące są włączone do modelu, współczynnik ścieżki między zmiennymi niezależnymi i zależnymi powinien zmniejszyć się i musi być nieistotny.

Ponadto, badanie bada równieĪ umiarkowany wpáyw intencji biznesowych, religijnoĞci, doĞwiadczeĔ w zakresie upraw płciowych i komercyjnych wáaĞcicieli gospodarstw rolnych na relacje miĊdzy zasobami, zdolnoĞciami i przewagami konkurencyjnymi. Termin moderator opisuje specjalny typ zmiennej niezależnej wybranej do badania, aby określić, czy wpływa ona na związek między podstawową zmienną niezależną a zmienną zależną. Dlatego też moderator jest czynnikiem mierzonym, wykorzystywanym lub wybieranym przez badacza w celu ustalenia, czy modyfikuje on stosunek niezależnej zmiennej do obserwowanego zjawiska (Sing, 2006). Model regresji liniowej pozwala, aby zależność między zmienną zależną a zmienną niezależną zależała od poziomu innej zmiennej niezależnej, która ma być testowana (Aiken i West, 1991; Bisbe i Otley, 2004). W związku z tym, model regresji liniowej regularnej jest używany do testowania znaczącego wpływu modelu po włączeniu zmiennych moderujących (Aiken i West, 1991).

Analizę tematyczną wykorzystano do analizy danych jakościowych zebranych z formalnych, półstrukturalnych wywiadów. W związku z tym zaobserwowano stenogramy i wstępnie określono tematy. Następnie przedstawiono wzory i podobne tematy, podkreślając znaczenie literatury (Thomas i Harden, 2007; Vaismoradi i in., 2013).

3.10 Kwestie etyczne i stronniczość niezwiązana z odpowiedzią

Utrzymanie etycznego zachowania jest bardzo ważne przy korzystaniu z danych pierwotnych i wtórnych. W przypadku danych wtórnych podano dokładne odniesienia w celu wyceny i poszanowania pierwotnych źródeł i autorów. Respondenci z próby właścicieli mniejszych gospodarstw rolnych prowadzących uprawy eksportowe nie byli zmuszeni do udzielania odpowiedzi na kwestionariusz ankietowy, a także zapewniono im odpowiedni czas na udzielenie odpowiedzi. Ponadto, respondenci mieli pewność, że informacje uzyskane w tym badaniu zostały wykorzystane wyłącznie do celów badawczych, a ich dane osobowe nie zostały nikomu ujawnione. Ponadto wybrani respondenci o różnym pochodzeniu edukacyjnym, religii, płci i wieku, aby zapobiec dyskryminacji.

Aby upewnić się, że nie ma elementu stronniczości od braku odpowiedzi, przeprowadzono porównanie między wczesnymi respondentami (w okresie od stycznia 2016 r. do lutego 2016 r.) i opóźnionymi (w okresie od marca 2016 r. do kwietnia 2016 r.) za pomocą niezależnego testu t. Nie stwierdzono istotnej różnicy między osobami, które udzieliły odpowiedzi wcześnie i późno, co wskazuje na to, że cała próba jest wolna od uprzedzeń dotyczących odpowiedzi. Można stwierdzić, że prawdopodobieństwo stronniczości braku odpowiedzi było minimalne.

3.11 Podsumowanie rozdziału

W tym rozdziale przedstawiono niebieską czcionkę metodologii badawczej zastosowanej do osiągnięcia celów badania. Przyjęto w nim zarówno podejście ilościowe, jak i jakościowe, wykorzystując zarówno projekty badań wyjaśniających, jak i rozpoznawczych. Zakres badań obejmuje jednostki agrobiznesu, tj. gospodarstwa posiadające doświadczenie w komercyjnej uprawie cynamonu, papryki i goździków, a jednostką analizy są indywidualni właściciele gospodarstw.

Na podstawie literatury i ekspertyz skonstruowano proponowane ramy badawcze. Obejmuje ona dwie główne niezależne zmienne (zasoby i możliwości), zmienną zależną (przewagę konkurencyjną) oraz cztery zmienne moderujące (płeć, doświadczenie, religijność i intencje biznesowe właściciela gospodarstwa). W badaniu zbadano również wpływ zdolności na relacje między zasobami a przewagą konkurencyjną, dlatego zaproponowano dwie zmienne pośredniczące (zarządzanie jakością i zdolności marketingowe).

Elementy pomiarowe każdego z wymiarów zostały opracowane i wstępnie przetestowane przez 30 właścicieli gospodarstw. Zebranie danych do badań pilotażowych trwało pięć dni. W badaniu zastosowano pomiar wiarygodności, konwergentną i dyskryminacyjną ważność oraz skonstruowano analizę ważności. W oparciu o badania pilotażowe opracowano ostateczny kwestionariusz. Zawierał 83 pozycje pomiarowe. Metoda ankietowa wraz z kwestionariuszem ustrukturyzowanym, administrowanym osobiście, jest przedstawiana jako źródło zbierania danych. Dane uzyskane z badania na poziomie poszczególnych gospodarstw rolnych są analizowane według dwóch procedur: (1) ocenę adekwatności pozycji pomiarowych; oraz (2) ocenę postawionych hipotez. Ponadto przeprowadzono formalny, półstrukturalny charakter wywiadów z 30 właścicielami gospodarstw, którzy zostali wybrani w oparciu o podejście osądowe. Wywiady koncentrowały się głównie na postrzeganiu i interpretacji właścicieli gospodarstw rolnych w zakresie badanych zasobów i możliwości. Do analizy danych zebranych w wywiadach wykorzystano analizę tematyczną.

W następnym rozdziale przedstawiono analizę i ustalenia oparte na zebranych danych ilościowych i jakościowych.

4. ANALIZA DANYCH

4.1 Wprowadzenie

W niniejszym rozdziale opisano wyniki analizy danych oraz przedstawiono wyniki hipotez. Zaczyna się od kroków podjętych w celu sprawdzenia uzyskanych danych przed zaprezentowaniem profili respondentów. Następnie dokonuje się oceny adekwatności pozycji pomiarowych oraz oceny skonstruowanych hipotez.

4.2 Ekranowanie danych

Badanie zostało przeprowadzone w grudniu 2015 r. i zakończone w maju 2016 r. po zebraniu danych od 456 właścicieli gospodarstw znajdujących się w dwunastu DSD i 42 wioskach na Sri Lance. Mimo że proces zbierania danych był bardzo kosztowny i czasochłonny, kwestionariusz administrowany osobiście dał badaczowi możliwość osiągnięcia 70,4% wskaźnika odpowiedzi, który jest znacznie wyższy w porównaniu do wskaźnika odpowiedzi w badaniach z zakresu nauk społecznych (Baruch i Holtom, 2008).

Wstępnym etapem analizy danych jest sprawdzenie zestawu danych pod kątem błędów w celu uniknięcia błędów, które mogą wystąpić podczas wprowadzania danych (Sekaran i Bougie, 2016). W ramach tego badania przeprowadzono proces przesiewania danych, aby sprawdzić każdą pozycję pomiarową w wypełnionych kwestionariuszach pod kątem wyników, które są poza zakresem i brakujących wartości. W tym celu przeprowadzono analizę częstotliwości, aby sprawdzić wartości odstające i brakujące. Zarejestrowano i skorygowano około czternastu brakujących wartości i sześć wartości odstających. Po zakończeniu badania przesiewowego danych przeprowadzono proces oceny poprawności danych oraz przeprowadzenie szczegółowych testów statystycznych w celu odpowiedzi na pytania badawcze.

4.3 Statystyki opisowe

Charakterystyka próby badawczej jest opisana za pomocą statystyki opisowej. Funkcjonuje ona również w celu zapewnienia, że stosowane zmienne nie naruszają żadnych z założeń leżących u podstaw technik statystycznych stosowanych w odniesieniu do pytań badawczych (Hayes, 2012; Sekaran i Bougie, 2016). W tabeli 4.1 przedstawiono charakterystykę demograficzną respondentów badania.

Tabela 4.1: Charakterystyka demograficzna respondentów ankiety

Czynniki	Rodzaj uprawy			Razem
	Cynamon	Pieprz	Goździk	
Płeć:				
Mężczyzna	97 (63.8%)	88 (57.9%)	83 (54.6%)	268 (58.8%)
Kobieta	55 (36.2%)	64 (42.1%)	69 (45.4%)	188 (41.2%)
Doświadczenie hodowlane:				
Mniej niż 5 lat	35 (23.0%)	20 (13.2%)	30 (19.7%)	85 (18.6%)
5 - 10 lat	29 (19.1%)	24 (15.8%)	34 (22.4%)	87 (17.5%)
11 - 15 lat	42 (27.6%)	41 (27.0%)	40 (26.3%)	123 (24.1%)
16 - 20 lat	27 (17.8%)	44 (28.9%)	21 (13.8%)	92 (20.2%)
Ponad 20 lat	19 (12.5%)	23 (15.1%)	27 (17.8%)	89 (19.5%)

Całkowita powierzchnia upraw:				
Mniej niż 5 akrów	106 (69.7%)	122 (80.3%)	113 (74.3%)	341 (72.6%)
5 - 10 akrów	40 (26.3%)	26 (17.1%)	39 (25.7%)	105 (23.0%)
11 - 15 akrów	4 (2.6%)	4 (2.6%)	0 (0%)	8 (3.9%)
16 - 20 akrów	2 (1.3%)	0 (0%)	0 (0%)	2 (0.4%)
Intencje biznesowe właścicieli gospodarstw rolnych:				
Działalność gospodarcza przynosząca zyski	60 (39.5%)	57 (37.5%)	41 (27.0%)	169 (37.1%)
Odziedziczony biznes dla powiatu	54 (35.5%)	57 (37.5%)	35 (23.0%)	169 (37.1%)
Brak innych źródeł dochodu	41 (27.0%)	58 (38.2%)	42 (27.6%)	118 (25.9%)
Poziom wykształcenia właścicieli gospodarstw rolnych:				
Poniżej zwykłego poziomu	76 (50.0%)	46 (30.3%)	66 (43.4%)	188 (41.2%)
Zwykła przepustka na poziom	53 (34.9%)	73 (48.0%)	62 (40.8%)	188 (41.2%)
Przejście na poziom zaawansowany	20 (13.2%)	33 (21.7%)	22 (14.5%)	75 (16.4%)
Pierwszy stopień	2 (1.3%)	0 (0%)	2 (1.3%)	4 (0.9%)
Studia podyplomowe	1 (0.7%)	0 (0%)	0 (0%)	1 (0.2%)
Religia Właścicieli Gospodarstw Rolnych:				
Buddyzm	145 (95.4%)	134 (88.2%)	115 (75.7%)	394 (86.4%)
Hinduizm	5 (3.3%)	3 (2.2%)	3 (2.0%)	11 (2.4%)
Islam	2 (1.3%)	15 (9.9%)	15 (9.9%)	32 (7.0%)
Katolicyzm	0 (0%)	0 (0%)	19 (12.5%)	19 (4.2%)

Tabela 4.1 pokazuje, że większość właścicieli gospodarstw rolnych to mężczyźni dla wszystkich trzech upraw. Jest to zgodne z bazą danych Powiatowych Oddziałów Statystycznych, Departamentu Spisu Powszechnego i Statystyki (2014), jak również z badaniem Apasingsha i in. (2014), gdzie mężczyźni stanowią większość drobnych właścicieli gospodarstw rolnych prowadzących uprawy eksportowe. Jeśli chodzi o doświadczenie w uprawie, ogólnie rzecz biorąc, większość właścicieli gospodarstw ma 11 lub więcej lat doświadczenia (63,8%). Jest to bardziej widoczne w uprawie papryki (71%), a następnie goździków i cynamonu (po 57,9%). Ustalenie to jest również zgodne ze statystykami z Departamentu Spisu Powszechnego i Statystyki (2014).

Większość rolników posiadała łącznie mniej niż 5 akrów na wszystkich trzech rodzajach upraw, a następnie od 5 do 10 akrów. Osoby posiadające od 11 do 20 akrów stanowiły jedynie niewielki odsetek rolników uprawiających cynamon i paprykę, przy czym żaden z rolników uprawiających goździki i paprykę nie posiadał odpowiednio 11 lub więcej i 16 lub więcej akrów powierzchni uprawnej. Spice Council of Sri Lanka (2014 r.) oraz Thamiem et al. (2011 r.), gdzie większość gospodarstw zajmujących się uprawą cynamonu, pieprzu i goździków ma charakter mikro- i drobnowymiarowy.

Jeśli chodzi o intencje biznesowe właścicieli gospodarstw rolnych, większość z nich zależy od opłacalności tych upraw, jak również od ichdziedziczenia po okręgu. Istnieje jednak znaczna liczba właścicieli gospodarstw rolnych (25,9%), którzy angażują się w ten sektor ze względu na brak możliwości znalezienia innych źródeł dochodu. Podobną tendencję można zaobserwować u cynamonistów, podczas gdy intencje hodowców pieprzu i goździków są prawie równo rozłożone. Jednakże, gdy w trakcie wywiadów rolnicy zostali poddani próbie, wskazali oni na możliwość pominięcia działalności rolniczej po uzyskaniu innych źródeł dochodu. Te trzy zamiary są zgodne z założeniami Apasingha et al. (2014), gdzie powody zaangażowania się w działalność gospodarczą odzwierciedlają również niewielkie uprawy eksportowe na Sri Lance.

Zgodnie z oczekiwaniami, większość właścicieli gospodarstw posiada zwykły poziom wykształcenia (O/L) lub niższy. Ten sam trend można zaobserwować we wszystkich trzech uprawach. Następnie są to osoby z wykształceniem na poziomie zaawansowanym (A/L). Tylko niewielka część z nich posiada kwalifikacje licencjackie i podyplomowe. W szczególności, żaden z producentów papryki objętych próbą w tym badaniu nie posiada wyższego wykształcenia, podczas gdy żaden z producentów goździków nie posiada wykształcenia podyplomowego. Ze względu na specyfikę tego sektora, logiczne jest założenie, że doświadczenie i umiejętności kładą większy nacisk niż kwalifikacje na papierze.

Ponieważ większość mieszkańców Sri Lanki to buddyści, nie dziwi fakt, że większość właścicieli gospodarstw rolnych to buddyści, z niewielką liczbą muzułmanów, katolików i hinduistów. Interesujące jest również to, że katolicy zajmują się uprawą goździków tylko w porównaniu z muzułmanami i hinduistami, podczas gdy wielu muzułmanów zajmuje się uprawą pieprzu i goździków.

4.4 Ocena jakości danych

4.4.1 Analiza czynnikowa

Analizę czynnikową zastosowano do redukcji danych i oczyszczania pozycji pod każdą ze zmiennych badania. W celu określenia adekwatności analizy czynnikowej wykonano miarę adekwatności próbki Kaiser-Meyer-Oklin (KMO). Według Malhotry i Birksa (2006), miara KMO, która wynosi 0,50 lub więcej, wskazuje na stosowność analizy czynnikowej. Ponadto, Vinayan et al. (2012) wskazują, że wartość KMO 0,60 lub więcej jest wymagane, aby być uważane za dobrą analizę czynnikową. Wreszcie, wartości obciążeń współczynnikowych wynoszące 0,70 i więcej są dopuszczalne (Barclay i in., 1995), aby wykazać odpowiednią ważność konstrukcji (Vinayan i in. 2012).

W niniejszym opracowaniu zastosowano analizę czynnikową z wykorzystaniem metody Faktoringu Osi Głównej. Ponieważ istnieją ukryte zmienne mierzone za pomocą podzielonej na pozycje skali ratingowej (pięciopunktowej skali Likera), w ekstrakcji należy stosować metodę Faktoringu Osi Głównej (Kothari, 2004; Leech i in., 2005, s. 76). Wyodrębniono jeden czynnik, który wyjaśnił ponad 50% całkowitej zmienności w pozycjach poszczególnych zmiennych. Na podstawie wyników przedstawionych w tabeli 4.2, 83 pozycje zostały wyodrębnione na 14 czynników. Wartość KMO wszystkich pozycji pomiarowych wyniosła 0,864 (Chi-kwadrat = 38105,925, p- wartość < 0,001), co jest wartością większą niż 0,50, co świadczy o przydatności analizy czynnikowej.

Ponadto, obciążenia pozycji na odpowiadających im czynnikach wahały się w granicach od 0,507 do 0,899, stąd też żadna z nich nie została pominięta w analizie czynnikowej. Łączne odchylenie objaśnione w pozycjach pomiarowych (załącznik 6) wyniosło 62,2%, co jest również większe niż 50%, co wskazuje na stosowność całkowitego odchylenia w pozycjach poszczególnych czynników. Wyniki wskazują, że wszystkie pozycje obciążają odpowiadające im czynniki, co wskazuje na solidność miar dla każdej ze zmiennych. Wyniki odzwierciedlały ćwiczenie pilotażowe oraz informacje zwrotne uzyskane od ekspertów przed przeprowadzeniem badania.

Tabela 4.2: Różnice ogółem Wyjaśnione

Pozycje	Czynnik													
	1	2	3	4	5	6	7	8	9	10	11	12	13	14
HA1			.602											
HA2			.660											

HA3			.698										
HA4			.705										
HA5			.761										
PA1													.507
PA2													.522
PA3													.549
PA4													.577
PA5													.699
FA1		.569											
FA2		.617											
FA3		.657											
FA4		.675											
FA5		.783											
IC1				.591									
IC2				.608									
IC3				. 730									
IC4				.737									
IC5				.740									
CAc1					691								
CAc2					.717								
CAc3					.726								
CAc4					.782								
CAc5					.789								
R1						.600							
R2						.617							
R3						.661							
R4						.734							
R5						.829							
Pozycja 1							.626						
Ent2							.667						
Ent3							.756						
Ent4							.748						
Pozycja 5							.816						
OLC1								.699					
OLC2								.730					
OLC3								.747					
OLC4								.777					
OLC5								.815					
RBC1									.632				
RBC2									.690				
RBC3									.709				
RBC4									.733				
RBC5									.848				
QMC1										.693			
QMC2										.700			
QMC3										.705			
QMC4										.737			
QMC5										.864			
FPMC1											.605		
FPMC2											.609		
FPMC3											.740		
FPMC4											.786		
FPMC5											.849		
MC1												.694	
MC2												.773	
MC3												.779	
MC4												.779	
MC5												.816	
CAd1	.682												
CAd2	.820												

CAd3	.752	
CAd4	.718	
CAd5	.691	
CAd6	.721	
CAd7	.726	
CAd8	.839	
CAd9	.684	
CAd10	.646	
CAd11	.713	
CAd12	.756	
CAd13	.741	
CAd14	.899	
CAd15	.701	
CAd16	.727	
CAd17	.795	
CAd18	.862	
Rel1		.569
Rel2		.637
Rel3		.559
Rel4		.642
Rel5		.723
Rel6		.804

Metoda ekstrakcji: Faktoring osi głównej.
Metoda rotacyjna: Varimax z normalizacją Kaisera.
a. Rotacja zbiegła się w 14 iteracjach.

4.4.2 Niezawodność zmiennych

W badaniu oceniono również wiarygodność zmiennych poprzez zbadanie wewnętrznych wartości spójności poprzez obliczenie złożonych wartości wiarygodności (CR), wartości alfa i średniej wariancji ekstrahowanej (AVE) Cronbacha. Tabela 4.3 ilustruje wiarygodność każdej ze zmiennych. CR i AVE zostały obliczone z wykorzystaniem wzorów opracowanych przez Raykova (1997a; 1997b).

Tabela 4.3: Poszczególne pozycje Wiarygodność zmiennej

Zmienna	Liczba pozycji	AVE	Kompozytowa niezawodność	Cronbach's Alpha
Aktywa ludzkie (HA)	5	0.65	0.943	.866
Aktywa fizyczne (PA)	5	0.60	0.930	.755
Aktywa finansowe (FA)	5	0.62	0.931	.793
Kapitał instytucjonalny (IC)	5	0.68	0.937	.814
Działanie zbiorowe (CAc)	5	0.63	0.952	.793
Reputacja farmy (Reputacja)	4	0.66	0.946	.824
Tożsamość przedsiębiorcza (Ent)	5	0.68	0.952	.832
Organizacyjne zdolności do uczenia się (OLC)	5	0.63	0.939	.808

Zmienna	Liczba pozycji	AVE	Kompozytowa niezawodność	Cronbach's Alpha
Zdolność budowania relacji (RBC)	5	0.60	0.930	.791
Zdolność zarządzania jakością (QMC)	5	0.64	0.940	.814
Zdolność do zarządzania procesami w gospodarstwie rolnym (FPMC)	5	0.62	0.935	.849
Zdolność do marketingu	5	0.70	0.955	.830
Przewaga konkurencyjna	18	0.61	0.978	.857
Religijność	6	0.60	0.939	.792

Ogólnie rzecz biorąc, wartości CR i AVE wynoszące odpowiednio powyżej 0,90 i 0,50 są dopuszczalne (Hair et al., 2010; Vinayan et al., 2012). Ponadto, wartość alfa Cronbacha powinna przekraczać próg 0,70 (Hair et al., 2010). Wyniki przedstawione w tabeli 4.3 wskazują, że niezawodność konstrukcji, wartości AVE i alfa były wyższe od wartości granicznych, co sugeruje odpowiednią niezawodność (Hair et al., 2010). W związku z tym dane te były wiarygodne do dalszej analizy.

4.4.3 Ważność zmiennych

W badaniu oceniano ważność dyskryminacyjną zmiennych, badając AVE i korelacje międzykonstrukcyjne kwadratowe. Zaleca się, aby wartość AVE zmiennej była większa niż 0,50 i była wyższa niż odpowiadające jej korelacje międzykonstrukcyjne kwadratowe (Hair et al., 2012). Uzyskano zatem matrycę korelacji każdej zmiennej z pozostałymi zmiennymi i wstawiono wartości AVE w celu porównania jej z kwadratowym współczynnikiem korelacji pozostałych zmiennych (tabela 4.4).

Tabela 4.4: Dyskryminująca analiza ważności (Discriminant Validity Analysis)

	Mean	SD	HA	PA	FA	IC	CAc	Rep	Wej ście:	OLC	RBC	QMC	FPMC	MC	CAd	Rel
HA	3.59	0.82	**0.65**													
PA	3.55	0.79	0.54	**0.60**												
FA	3.38	0.84	0.58	0.39	**0.62**											
IC	3.45	0.90	0.50	0.41	0.48	**0.68**										
CAc	3.54	0.87	0.29	0.30	0.26	0.26	**0.63**									
Rep	3.28	0.91	0.06	0.08	0.05	0.12	0.09	**0.66**								
Wejś cie:	3.41	1.03	0.43	0.34	0.42	0.35	0.29	0.08	**0.68**							
OLC	3.13	0.86	0.45	0.36	0.40	0.31	0.24	0.10	0.39	**0.63**						
RBC	3.37	0.88	0.40	0.40	0.47	0.28	0.28	0.09	0.49	0.34	**0.60**					
QMC	3.38	0.91	0.41	0.45	0.44	0.44	0.43	0.08	0.44	0.45	0.41	**0.64**				
FPM	3.07	0.78	0.11	0.06	0.09	0.07	0.10	0.08	0.07	0.12	0.09	0.10	**0.62**			
MC	3.41	0.82	0.26	0.27	0.26	0.41	0.46	0.07	0.31	0.27	0.44	0.37	0.09	**0.70**		

CAd	3.34	0.77	0.48	0.47	0.48	0.38	0.39	0.15	0.36	0.30	0.37	0.27	0.14	0.46	**0.61**	
Rel	3.47	0.83	0.47	0.49	0.47	0.35	0.32	0.10	0.39	0.29	0.26	0.48	0.09	0.34	0.27	**0.60**
AVE																

Tabela 4.4 pokazuje, że wartość AVE każdej zmiennej była większa niż odpowiadające jej korelacje międzykonstrukcyjne kwadratowe, weryfikując ważność dyskryminacyjną każdej ze zmiennych badania. Ponadto, wynik w tabeli 4.4 pokazuje statystycznie istotne korelacje pomiĊdzy zasobami (zasoby ludzkie, aktywa rzeczowe, aktywa finansowe, kapitaá instytucjonalny, dziaáanie zbiorowe, reputacja, toĪsamoĞü przedsiębiorcza), zdolnoĞciami (uczenie siĊ organizacji, budowanie relacji, zarządzanie jakoĞcią, zarządzanie procesami w gospodarstwie rolnym, marketing) i przewagami konkurencyjnymi na poziomie istotnoĞci 0,05. Żaden ze współczynników korelacji odpowiadających korelacji międzykonstrukcyjnych nie był wyższy niż 0,85, co wskazuje na brak problemu wieloliniowości w modelu. W związku z tym założenie o niezależności zmiennych predykcyjnych nie zostało naruszone.

Spojrzenie na średnie i standardowe wartości odchylenia w tabeli 4.4 wskazuje, że wśród zasobów zasoby ludzkie odnotowały najwyższą średnią wartość, a następnie aktywa rzeczowe, działania zbiorowe, kapitał instytucjonalny i tożsamość przedsiębiorcy. Reputacja gospodarstw rolnych odnotowała najniższą średnią wartość spośród wszystkich zasobów. W zakresie zdolności dynamicznych najwyższą wartość średnią uzyskały zdolności marketingowe, a następnie zdolności zarządzania jakością, zdolności budowania relacji i zdolności organizacyjnego uczenia się. Zdolność zarządzania procesami w gospodarstwie rolnym odnotowała najniższą średnią wartość spośród wszystkich zdolności dynamicznych. Punktacja odchylenia standardowego dla wszystkich konstrukcji była znacznie poniżej 1,00, co implikuje spójność udzielonych odpowiedzi z wyjątkiem konstrukcji mierzącej tożsamość przedsiębiorcy. Pod względem religijności, ogólna średnia wartość była bliska 3,50, co implikowało umiarkowany poziom religijności właścicieli gospodarstw.

4.4.4 Test normalności

Procedury statystyczne stosowane w badaniu wymagają, aby dane były normalnie dystrybuowane. Normalność jest uważana za istotne założenie w analizie wieloczynnikowej (Hair et al., 2012). Aby dane mogły być normalnie rozpowszechniane, muszą być one symetryczne, co oznacza, że rozprzestrzenianie się danych musi być podobne do rozprzestrzeniania się na prawo i lewo od parametru lokalizacji. W tym przypadku SPSS zapewnia trzy metody testowania, jeśli dane są dystrybuowane normalnie: (1) wartości pochylenia, (2) kurtoza i (3) test Shapiro-Wilk/Kolmogorov-Smirnov.

Wyniki testu normalności wykazały, że wszystkie zmienne mieściły się w normalnym zakresie pochylenia (tj. w ±1) (Hair et al., 2012). Można więc założyć, że dane są symetryczne. Ponadto do oceny normalności danych dla wszystkich zmiennych stosuje się test Kołmogorowa-Smirnowa, a nie Shapiro-Wilka. Wynika to z faktu, że test Shapiro-Wilka jest przydatny tylko wtedy, gdy wielkość próby jest mała, zazwyczaj mniej niż 30 w porównaniu z testem Kołmogorowa-Smirnowa, który jest stosowany, gdy wielkość próby jest duża (Sekaran i Bougie, 2016), jak 456 w tym badaniu. Jednakże w obu testach, jeżeli wartość p jest większa niż 0,05, można przyjąć normalność. Jak pokazano w tabeli 4.5, wartości p zmiennych wynosiły ponad 0,05. Można zatem założyć, że dane te są normalnie rozpowszechniane.

Tabela 4.5: Normalność Wyniki zmiennych

	Kołmogorow-Smirnova		
Zmienna	**Statystyka**	**df**	**Sig.**
HA	.087	456	.095
PA	.088	456	.095
FA	.105	456	.200
IC	.069	456	.063
CAc	.074	456	.174
Rep	.062	456	.120
Wejście:	.067	456	.163
OLC	.085	456	.082
RBC	.102	456	.172
QMC	.108	456	.200
FPMC	.089	456	.093
MC	.077	456	.168
CAd	.063	456	.120
Rel	.096	456	.104

a. Lilliefors Znaczenie Korekta

Podsumowując, na podstawie wyników wiarygodności, zasadności, rozkładu normalnego i założenia o niezależności predykatorów, można stwierdzić, że zmienne wykazują odpowiednie właściwości pomiarowe. W związku z tym wszystkie zmienne są odpowiednie do testowania modeli.

4.5 Ocena przewagi konkurencyjnej małych gospodarstw rolnych zajmujących się uprawą roślin eksportowych

Pierwszym szczegółowym celem badania jest ocena przewagi konkurencyjnej małych gospodarstw rolnych prowadzących uprawy eksportowe. W ocenie przewagi konkurencyjnej na poziomie przedsiębiorstwa w badaniu wykorzystano wymiary przewagi konkurencyjnej opracowane przez Li et al. (2006), Newbert (2008) i Thatte (2007). W związku z tym istnieje pięć zmiennych wykorzystywanych do pomiaru konstrukcji przewagi konkurencyjnej, a mianowicie cena, jakość, niezawodność dostaw, czas wprowadzenia na rynek i wykorzystanie możliwości rynkowych. Pięć zmiennych zostało uruchomionych z 18 pozycjami pomiarowymi. Pozycje zostały zmierzone w pięciostopniowej skali Likera, od zdecydowanie nie zgadzających się i zdecydowanie zgodnych.

W badaniu przyjęto średnie wartości średnie 18 pozycji pomiarowych przewagi konkurencyjnej. W oparciu o wartości średnie, w badaniu skategoryzowano poziom przewagi konkurencyjnej gospodarstw jako niski, średni i wysoki. Metoda zaproponowana przez Ismail et al. (2010) w celu określenia zakresu przewagi konkurencyjnej w przedsiębiorstwach produkcyjnych została zastosowana do tych kategorii. Odpowiednio, wartości średnie poniżej 2,33 oznaczają niską przewagę konkurencyjną, wartości średnie między 2,33 a 3,66 oznaczają umiarkowaną przewagę konkurencyjną, a wartości średnie 3,67 lub wyższe pokazują wysoką przewagę konkurencyjną.

Na podstawie tych kategoryzacji stwierdzono, że 103 gospodarstwa upraw małoobszarowych mają niską przewagę konkurencyjną (31 gospodarstw produkujących cynamon, 35 gospodarstw produkujących goździki i 37 gospodarstw produkujących paprykę), przy czym 220 (76 gospodarstw produkujących cynamon, 71 gospodarstw produkujących goździki i 73 gospodarstwa produkujące paprykę) i 133 (47 gospodarstw produkujących cynamon, 42 gospodarstwa produkujące goździki i 44 gospodarstwa produkujące paprykę) mają odpowiednio umiarkowaną i wysoką przewagę konkurencyjną. Wyniki wskazują, że stopień przewagi konkurencyjnej małych gospodarstw rolnych prowadzących uprawy eksportowe jest zróżnicowany - 22,6%, 48,2% i 29,2% z nich posiada odpowiednio niską, umiarkowaną i wysoką przewagę konkurencyjną. Pod względem plonów 30,1%, 34,5% i 35,3% gospodarstw uprawiających cynamon posiada odpowiednio niską, umiarkowaną i wysoką przewagę konkurencyjną. Jest jednak więcej gospodarstw zajmujących się uprawą goździków (33,9%) i pieprzu (35,9%), które mają niską przewagę konkurencyjną w stosunku do gospodarstw zajmujących się uprawą cynamonu. Gospodarstwa zajmujące się uprawą papryki mają nieco większą umiarkowaną przewagę konkurencyjną (33,2%), przy czym w przypadku gospodarstw zajmujących się uprawą goździków odnotowano 32,2%. Około 31,6% i 33,1% gospodarstw zajmujących się uprawą goździków i papryki odnotowało wysoką przewagę konkurencyjną.

Ponadto zebrano również dane na temat kosztów produkcji (za kilogram upraw) oraz ceny sprzedaży produkcji (za kilogram upraw) z gospodarstw. Na podstawie tych informacji obliczono stosunek kosztów do cen sprzedaży, aby zapewnić spójność pomiarową wymiarów przewagi konkurencyjnej. Jest to oparte na badaniu Dziwornu (2014), w którym do pomiaru przewagi konkurencyjnej wykorzystano analizę porównawczą kosztów jednostkowych produkcji. Według Rady ds. Przypraw na Sri Lance (2014 r.) średni stosunek kosztów produkcji do cen sprzedaży w przemyśle w przypadku drobnych upraw eksportowych wynosi między 25 a 31. W związku z tym wartości wskaźnika kosztów do cen sprzedaży zostały również podzielone na trzy kategorie, gdzie wskaźnik kosztów do cen sprzedaży wynoszący 36 lub więcej oznacza niską przewagę konkurencyjną, pomiędzy 25 a 35 wykazuje wartość umiarkowaną, a wskaźnik kosztów do cen sprzedaży wynoszący mniej niż 25 oznacza wysoką przewagę konkurencyjną. Na podstawie tych kategoryzacji 136 gospodarstw małoobszarowych upraw eksportowych zostało sklasyfikowanych jako posiadające dużą przewagę konkurencyjną (46 gospodarstw cynamonowych, 44 gospodarstwa goździków i 46 gospodarstw paprykowych), przy czym 209 (72 gospodarstwa cynamonowe, 64 gospodarstwa goździków i 70 gospodarstw paprykowych) posiadało odpowiednio umiarkowaną i 111 (34 gospodarstwa cynamonowe, 39 gospodarstw goździków i 38 gospodarstw paprykowych) małą przewagę konkurencyjną.

Podobnie jak średnie wartości przewagi konkurencyjnej, wyniki wskazują również, że stopień przewagi konkurencyjnej małych gospodarstw rolnych prowadzących uprawy eksportowe jest zróżnicowany - 29,8%, 45,8% i 24,4% z nich posiada odpowiednio wysoką, średnią i niską przewagę konkurencyjną. Pod względem plonów 33,8%, 34,4% i 30,6% gospodarstw uprawiających cynamon posiadało odpowiednio wysoką, umiarkowaną i niską przewagę konkurencyjną. Ponadto jest więcej gospodarstw zajmujących się uprawą goździków (35,1%) i pieprzu (34,2%), które posiadały niską przewagę konkurencyjną w porównaniu z gospodarstwami zajmującymi się uprawą cynamonu. Gospodarstwa zajmujące się uprawą papryki posiadały nieco większą umiarkowaną przewagę konkurencyjną (30,6%), przy czym w przypadku gospodarstw zajmujących się uprawą goździków odnotowano 33,4%. Około 32,5% i 33,8% gospodarstw zajmujących się uprawą goździków i papryki odnotowało wysoką przewagę konkurencyjną.

W celu zapewnienia spójności przeprowadzono analizę korelacji randkowej Spearman, aby sprawdzić, czy dwa środki przewagi konkurencyjnej są ze sobą w dużym stopniu powiązane. Wartość r pomiędzy wymiarami pomiarowymi a stosunkiem kosztu do ceny sprzedaży wynosi 0,932 ($p = 0,001$). Ponieważ uzyskano znaczną wartość korelacji, wynoszącą ponad 0,85, można stwierdzić, że oba środki przewagi konkurencyjnej są ze sobą silnie powiązane.

4.6 Analiza średnich różnic

Ponieważ badanie koncentrowało się na trzech różnych uprawach w różnych okręgach w celu zwiększenia zaobserwowanych różnic i wzmocnienia uogólnienia wyników, konieczne jest sprawdzenie, czy istnieją znaczne różnice w środkach przewagi konkurencyjnej między tymi trzema uprawami i wybranymi okręgami. W tym celu wykorzystano jednokierunkową ANOVĘ do zbadania średnich różnic. Wynik testu równości wariantów Levene'a wyniósł 0,274 ($P > 0,05$), co sugeruje, że założenie o jednorodności wariantów nie zostało naruszone (Garson, 2012). Wartość p wynosiła 0,075, czyli więcej niż 0,05. W związku z tym nie ma istotnych różnic pomiędzy gospodarstwami zajmującymi się uprawą cynamonu, goździków i papryki w odniesieniu do pomiaru przewagi konkurencyjnej tego badania.

Docelowe ramy populacyjne badania składały się z dwóch najwyżej rozrastających się okręgów oraz dwóch najwyżej rozrastających się okręgowych wydziałów sekretarskich (DSD) każdego z wybranych okręgów. Wartość p wynosiła 0,328, czyli więcej niż 0,05. Ponownie, założenie o jednorodności wariantów nie zostało naruszone. Można stwierdzić, że nie ma znaczących różnic pomiędzy wybranymi DSD gospodarstw rolnych uprawiających cynamon, goździki i paprykę w odniesieniu do środków przewagi konkurencyjnej.

Ponadto przeprowadzono również analizę jednokierunkową ANOVA w celu ustalenia, czy istnieją znaczące różnice w zasobach i możliwościach pomiędzy trzema uprawami i wybranymi okręgami. Dla zasobów, wartości p dla rodzajów upraw i okręgów wynosiły odpowiednio 0,081 i 0,157. Dla możliwości, wartości p wynosiły odpowiednio 0,072 i 0,094. Ponieważ wartości p były większe niż 0,05, można stwierdzić, że nie ma istotnych różnic pomiędzy gospodarstwami i okręgami uprawiającymi cynamon, goździki i paprykę w odniesieniu do zasobów i możliwości tego badania. Można zatem przeprowadzić analizę inferencyjną.

4.7 Ogólna analiza jednoczynnikowa modelu liniowego

Analiza Ogólnego Modelu Liniowego (General Linear Model - GLM) jest wykorzystywana do określenia związku między zmienną ilościową a zestawem zmiennych ilościowych i/lub jakościowych (Malhotra i Birks, 2006). Analiza jednoczynnikowa GLM jest stosowana, gdy istnieje jedna zmienna zależna. Zmienna zależna badania (przewaga konkurencyjna gospodarstw) jest zmienną ilościową. Z drugiej strony, zasoby (zasoby ludzkie, aktywa rzeczowe, aktywa finansowe, kapitał instytucjonalny, reputacja gospodarstwa i tożsamość przedsiębiorcza) i zdolności (uczenie się organizacyjne, budowanie relacji, zarządzanie jakością, zarządzanie procesami w gospodarstwie i zdolności marketingowe) to dwa zestawy zmiennych ilościowych. Ponadto, płeć, doświadczenie, intencje biznesowe i religijność właściciela gospodarstwa są zestawem zmiennych jakościowych badania. Dlatego też w badaniu wykorzystano jednoczynnikową analizę GLM. Wyniki przedstawiono w tabeli 4.6.

Tabela 4.6: Wynik Ogólnej Analizy Modelów Liniowych Uniwariatowych

Źródło:	Typ III Suma kwadratów	df	Średni kwadrat	F	Sig.
Płeć	.171	1	.171	2.911	.089
Doświadczenie	2.277	4	.569	9.702	.000
Intencja	.069	2	.035	.589	.555
Religijność	.046	2	.073	.649	.495
HA	.506	1	.506	8.630	.003
PA	.948	1	.948	16.155	.000
FA	.822	1	.822	14.001	.000
IC	.530	1	.530	9.030	.003
CAc	.461	1	.461	7.863	.005
Rep	.168	1	.228	1.883	.149
Wejście:	2.307	1	2.307	39.305	.000
OLC	.546	1	.546	9.311	.002
RBC	.292	1	.292	4.975	.026
QMC	3.029	1	3.029	51.624	.000
FPMC	.104	1	.104	1.768	.184
MC	1.052	1	1.052	17.921	.000
Błąd	25.468	434	.059		
Skorygowana suma całkowita	272.669	455			

a. R-krotność = .907 (Dostosowane R-krotność = .902)

Wartości p dla doświadczenia, majątku ludzkiego, majątku rzeczowego, aktywów finansowych, kapitału instytucjonalnego, tożsamości przedsiębiorczej, uczenia się organizacji, budowania relacji, zarządzania jakością i zdolności marketingowych były mniejsze niż 0,05 przy wartości R-kwadrat (R2) wynoszącej 0,907.

Po odrzuceniu nieznaczących zmiennych jednorazowo, doświadczenie, zasoby ludzkie, aktywa materialne, aktywa finansowe, kapitał instytucjonalny, tożsamość przedsiębiorcy, uczenie się organizacji, budowanie relacji, zarządzanie jakością i zdolności marketingowe wykazały istotne wartości. Założenia dotyczące szczątków nie zostały naruszone zgodnie z oceną działki szczątkowej i testem normalności Kołmogorowa-Smirnowa ($P > 0,05$). Szacunki parametrów przedstawiono w tabeli 4.7.

Tabela 4.7: Parametr Szacunki

Parametr	B	Std. Error	t	Sig.	95% Interwał zaufania	
					Dolna granica	Górna granica
Przechwytywanie	.200	.087	2.306	.022	.029	.370
[Doświadczenie=1]	-.195	.045	-4.296	.000	-.285	-.106
[Doświadczenie=2]	-.288	.041	-6.998	.000	-.369	-.207
[Doświadczenie=3]	-.118	.036	-3.336	.001	-.188	-.049
[Doświadczenie=4]	-.090	.037	-2.414	.016	-.163	-.017
HA	.078	.027	3.655	.000	.046	.153
PA	.057	.020	2.853	.005	.018	.096
FA	.105	.025	4.184	.000	.056	.154
IC	.101	.025	3.992	.000	.051	.150
CAc	.127	.018	6.953	.000	.091	.163
Wejście:	.051	.016	3.079	.002	.018	.083
OLC	.079	.021	3.850	.000	.039	.119
RBC	.086	.024	3.581	.000	.039	.133
QMC	.189	.026	7.402	.000	.139	.239
MC	.089	.019	4.573	.000	.051	.127

a. Ten parametr jest ustawiony na zero, ponieważ jest on zbędny.

Uznając wcześniejsze badania (Apasingha i in., 2014; Beaver i in., 1998; Bellu i Fume, 2004; Carmeli i Tishler, 2004; Danes i in., 2007; Frink i in., 2003; Gray, 2000; Ibrahim i Angelidis, 2005; Inmyxai i Takahashi, 2012; Lu i in, 2010; Morris i Snell, 2011; Newbert, 2008; Nkamleu, 2007; Tu at al., 2011), badanie ma również na celu zbadanie umiarkowanego wpływu intencji biznesowych, religijności, płci i doświadczenia właścicieli gospodarstw rolnych w zakresie upraw komercyjnych na relacje pomiędzy zasobami, możliwościami i przewagą konkurencyjną. Ponieważ wyniki przedstawione w tabeli 4.6 wskazują, że płeć, religijność i intencje biznesowe właścicieli gospodarstw nie mają statystycznie istotnych skojarzeń z przewagą konkurencyjną, płeć, religijność i intencje biznesowe mogą być włączone jako zmienne moderujące. Natomiast doświadczenia nie można było uznać za zmienną moderującą, ponieważ istniał statystycznie istotny związek z przewagą konkurencyjną. Doświadczenie właścicieli gospodarstw w zakresie uprawy komercyjnej może być włączone jako zmienna kontrolna, która może mieć wpływ na przewagę konkurencyjną gospodarstw. W związku z tym hipoteza dotycząca efektów umiarkowanych (H5d i 6d) musi zostać zmieniona w następujący sposób:

H7: Doświadczenie właścicieli gospodarstw rolnych w zakresie upraw komercyjnych znacząco wpływa na relacje między zasobami, możliwościami i przewagą konkurencyjną małych gospodarstw rolnych prowadzących uprawy eksportowe na Sri Lance.

4.8 Analiza regresji wielokrotnej

Ogólnym celem badania jest określenie źródeł przewagi konkurencyjnej małych gospodarstw rolnych prowadzących uprawy eksportowe. Analiza regresji wielokrotnej jest wykorzystywana do określenia, czy zasoby i możliwości gospodarstw rolnych mają istotny wpływ na przewagę konkurencyjną mniejszych gospodarstw rolnych prowadzących uprawy eksportowe na Sri Lance. Wyniki analizy regresji przedstawiono w tabeli 4.8.

Tabela 4.8: Wyniki analizy regresji (zasoby i możliwości)

Model		Nieznormalizowane Współczynniki		Współczynniki znormalizowane	t	Sig.	Statystyki dotyczące współliniowości	
		B	Std. Error	Beta			Tolerancja	VIF
	(Stały)	-.167	.061		-2.742	.006		
1	Zasób	.570	.030	.539	19.124	.000	.321	3.111
	Zdolność	.482	.030	.445	15.802	.000	.321	3.111

a. Zmienna zależna: Przewaga konkurencyjna

W tabeli 4.8 wartość p dla zasobów i zdolności wynosiła mniej niż 0,05. Dlatego też przewaga konkurencyjna gospodarstw rolnych zależy od ich zasobów i możliwości. Wartość R2 wynosiła 0,884 ($F = 1731{,}70$, $p < 0{,}05$), co oznacza, że 88,4% zmienności przewagi konkurencyjnej można wytłumaczyć zasobami i możliwościami określonymi w niniejszym opracowaniu. Wartości VIF były mniejsze niż 5, więc nie ma problemu z wieloliniowością w modelu (Denis, 2011).

Ponadto, statystyka Durbin-Watsona (DW) powinna mieścić się w zakresie akceptacji od 1,53 do 2,50, aby zapewnić, że nie ma problemu z autokorelacją w danych (Chittithaworn i in., 2011; Jie i in., 2003). Statystyka DW modelu wynosiła 1,831, co wskazuje, że nie ma problemu z autokorelacją.

W diagnostyce reszt założenie analizy regresji jest takie, że resztki są niezależne i identycznie rozłożone normalnie, ze średnią zera i stałą wariancją (Garson, 2012, s. 34). Na wykresie regresji reszt standardowych o znormalizowanej wartości przewidywanej nie było żadnego wzorca wykresów. Wszystkie punkty były przypadkowe i mieściły się w przedziale ± 3. Nie ma więc naruszenia założenia o homoscedastyczności. Ponadto, w celu zbadania normalności pozostałości, wykonano test normalności Shapiro-Wilka. Test normalności Shapiro-Wilka na resztkach rejestruje wartość p wynoszącą 0,465, czyli więcej niż 0,05. W ten sposób spełniono założenie o normalności terminów rezydualnych, a więc resztki były niezależne i normalnie rozłożone.

Pomiędzy zasobami i możliwościami, zasoby odnotowały wyższą wartość beta (beta = 0,570, $p < 0,05$). Podsumowując, wyniki analizy regresji wielokrotnej dostarczyły wsparcia dla H1 (zasoby gospodarstw rolnych mają znaczący wpływ na przewagę konkurencyjną mniejszych gospodarstw prowadzących uprawy eksportowe na Sri Lance) i H2 (możliwości gospodarstw rolnych mają znaczący wpływ na przewagę konkurencyjną mniejszych gospodarstw prowadzących uprawy eksportowe na Sri Lance).

Następnie, za pomocą analizy regresji stopniowej, oddzielnie zidentyfikowano wpływ zasobów i możliwości na przewagę konkurencyjną. Każdy z tych zasobów został najpierw wprowadzony do modelu 1, a następnie każda z możliwości została wprowadzona do modelu 2. Wartość R2 modelu 1 wskazywała, że 81% zróżnicowania przewagi konkurencyjnej wynikało z zasobów, natomiast wartość R2 modelu 2 wskazywała, że 88,4% zróżnicowania przewagi konkurencyjnej wynikało zarówno z zasobów, jak i możliwości. Wartość R2 wskazywała, że tylko 7,4% zmienności przewagi konkurencyjnej wynikało z możliwości dynamicznych.

Aby osiągnąć drugi i trzeci cel szczegółowy, w badaniu podjęto próbę określenia konkretnych zasobów i możliwości, które prowadzą do uzyskania przewagi konkurencyjnej przez niewielkie gospodarstwa rolne prowadzące uprawy eksportowe. W celu określenia, które zasoby (zasoby ludzkie, aktywa rzeczowe, aktywa finansowe, kapitał instytucjonalny, działania zbiorowe, reputacja gospodarstwa, tożsamość przedsiębiorcza) i zdolności (uczenie się organizacyjne, budowanie relacji, zarządzanie jakością, zarządzanie procesami w gospodarstwie i marketing) w istotny sposób wpływają na przewagę konkurencyjną mniejszych gospodarstw rolnych prowadzących uprawy eksportowe, wykorzystano analizę regresji wielokrotnej. Wyniki przedstawiono w tabeli 4.9.

Tabela 4.9: Współczynniki (zasoby i możliwości poszczególnych pozycji)[a]

Model		Nieznormalizowane Współczynniki B	Std. Error	Współczynniki znormalizowane Beta	t	Sig.	Statystyki dotyczące współliniowości Tolerancja	VIF
1	(Stały)	-.134	.064		-2.101	.036		
	HA	.066	.028	.062	2.357	.026	.280	3.577
	PA	.064	.021	.056	3.048	.008	.416	2.404
	FA	.143	.026	.132	5.500	.000	.307	3.256
	IC	.095	.026	.093	3.654	.000	.338	2.962
	CAc	.177	.047	.144	3.766	.001	.600	1.668
	Rep	.034	.024	.028	1.417	.250	.322	3.102
	Wejście:	.066	.019	.056	3.474	.000	.381	2.626
	OLC	.083	.023	.074	3.609	.001	.375	2.664
	RBC	.069	.027	.060	2.556	.028	.249	4.022
	QMC	.193	.027	.191	7.148	.000	.334	2.994
	FPMC	.050	.035	.042	1.429	.096	.270	3.706
	MC	.098	.020	.092	4.900	.000	.519	1.928

a. Zmienna zależna: Przewaga konkurencyjna

Jak pokazano w tabeli 4.9, wartości p-wartości aktywów ludzkich, rzeczowych, finansowych, kapitału instytucjonalnego, działań zbiorowych i tożsamości przedsiębiorców właścicieli gospodarstw były mniejsze niĪ 0,05; są to wiĊc istotne Ĩródáa przewagi konkurencyjnej drobnych gospodarstw rolnych prowadzących uprawy eksportowe. Ponadto, wartoĞü p- wartości organizacyjnej zdolnoĞci do nauki, zdolnoĞci do budowania relacji, zdolnoĞci do zarządzania jakoĞcią i zdolnoĞcią marketingową wynosiáa mniej niĪ 0,05, co oznacza, Īe zdolności te stanowią istotne Ĩródáo przewagi konkurencyjnej tych gospodarstw. Jednakże wartości p dla reputacji gospodarstwa i zdolności zarządzania procesami w gospodarstwie były większe niż 0,05. W związku z tym reputacja i zdolność do zarządzania procesami produkcji rolnej nie były znaczącymi czynnikami decydującymi o przewadze konkurencyjnej mniejszych gospodarstw rolnych zajmujących się wywozem roślin.

W regresji stopniowej istotne są jedynie zasoby ludzkie, aktywa rzeczowe, aktywa finansowe, kapitał instytucjonalny, działania zbiorowe, tożsamość przedsiębiorców właścicieli gospodarstw rolnych, organizacyjna zdolność do uczenia się, zdolność do budowania relacji, zdolność do zarządzania jakością i zdolność marketingowa. WartoĞü R2 wynosiáa 0,892, co oznacza, Īe 89,2% róĪnic w przewadze konkurencyjnej wynika z zasobów ludzkich, fizycznych, finansowych, kapitaáu instytucjonalnego, dziaáalnoĞci zbiorowej i toĪsamoĞci gospodarczej wáaĞcicieli gospodarstw rolnych, organizacyjnej zdolnoĞci do nauki, zdolnoĞci do budowania relacji, zdolnoĞci do zarządzania jakoĞcią i zdolnoĞcią marketingową. W skrócie, wyniki potwierdzają H1a, H1b, H1c, H1d, H1e, H1f, H2a, H2b, H2c i H2e. Jednakże H1g i H2d nie są obsługiwane.

Spośród siedmiu zasobów, działanie zbiorowe odnotowało najwyższą wartość beta (beta = 0,144, $p < 0,05$), a aktywa finansowe drugą co do wielkości wartość (beta = 0,132, $p < 0,05$). Pod względem możliwości, zdolność zarządzania jakością odnotowała najwyższą wartość beta (beta = 0,191, $p < 0,05$), a następnie zdolność marketingową (beta = 0,092, $p < 0,05$). Jeśli chodzi o poszczególne zmienne, to pomimo nieistotnego wpływu na reputację gospodarstwa i zdolność do zarządzania procesami w gospodarstwie, sześć zasobów i cztery zdolności są w stanie w sposób statystyczny i znaczący wyjaśnić zróżnicowanie przewagi konkurencyjnej małych gospodarstw rolnych prowadzących uprawy eksportowe. Wynik regresji stopniowej był bardzo podobny do wyników estymacji parametrów w analizie GLM Univariate.

Ogólne wyniki analizy regresji wielokrotnej oraz hipotezy badawcze przedstawiono w tabeli 4.10.

Tabela 4.10: Hipotezy Wynik modelu wielokrotnej regresji

Hipotezy	Wynik
H1a: Zasoby ludzkie znacząco wpływają na przewagę konkurencyjną małych gospodarstw rolnych prowadzących uprawy eksportowe na Sri Lance	Obsługiwane
H1b: Majątek fizyczny znacząco wpływa na przewagę konkurencyjną małych gospodarstw rolnych prowadzących uprawy eksportowe w Sri Lance	Obsługiwane
H1c: Aktywa finansowe znacząco wpływają na przewagę konkurencyjną małych gospodarstw rolnych prowadzących uprawy eksportowe w Sri Lance	Obsługiwane
H1d: Kapitał instytucjonalny znacząco wpływa na przewagę konkurencyjną małych gospodarstw rolnych prowadzących uprawy eksportowe w Sri Lance	Obsługiwane
H1e: Działania zbiorowe znacząco wpływają na przewagę konkurencyjną małych gospodarstw rolnych prowadzących uprawy eksportowe na Sri Lance	Obsługiwane
H1f: Tożsamość przedsiębiorcza znacząco wpływa na przewagę konkurencyjną małych gospodarstw rolnych prowadzących uprawy eksportowe w Sri Lance	Obsługiwane
H1g: Reputacja gospodarstw rolnych znacząco wpływa na przewagę konkurencyjną mniejszych gospodarstw rolnych prowadzących uprawy eksportowe w Sri Lance	Nieobsługiwane
H2a: Organizacyjne możliwości uczenia się znacząco wpływają na przewagę	Obsługiwane

konkurencyjną małych gospodarstw rolnych prowadzących uprawy eksportowe w Sri Lance	
H2b: Zdolność budowania relacji znacząco wpływa na przewagę konkurencyjną małych gospodarstw rolnych prowadzących uprawy eksportowe na Sri Lance	Obsługiwane
H2c: Zdolność zarządzania jakością znacząco wpływa na przewagę konkurencyjną małych gospodarstw rolnych prowadzących uprawy eksportowe w Sri Lance	Obsługiwane
H2d: Zdolność zarządzania procesami produkcji rolnej znacząco wpływa na przewagę konkurencyjną małych gospodarstw rolnych prowadzących uprawy eksportowe w Sri Lance	Nieobsługiwane
H2e: Zdolności marketingowe znacząco wpływają na przewagę konkurencyjną małych gospodarstw rolnych prowadzących uprawy eksportowe na Sri Lance	Obsługiwane

4.9 Analiza mediacyjna

Czwartym celem szczegółowym badania jest zbadanie, czy zdolność odgrywa rolę mediatora w relacji pomiędzy zasobami a przewagą konkurencyjną. W związku z tym studium bada pośredni wpływ zarządzania jakością i zdolności marketingowych na relacje pomiędzy kapitałem instytucjonalnym, działaniem zbiorowym i przewagą konkurencyjną. Efekt mediacji jest testowany poprzez śledzenie makro-procesu opracowanego przez Hayesa (2012). Z punktu widzenia analizy ścieżki opartej na regresji, istnieją cztery założenia, które muszą zostać spełnione: 1) wszystkie zmienne są mierzone w skali ciągłej; 2) wszystkie zmienne podlegają rozkładowi normalnemu (tabela 4.5); 3) relacje związane z jedną obserwacją nie są skorelowane ze stosunkami związanymi z żadną inną obserwacją (tabela 4.4); oraz 4) przyjmuje się, że relacje między zmiennymi są liniowe[2] (Hayes, 2012).

Ponadto Hayes (2012) wyjaśnia również, że istnieją dwa rodzaje efektów mediacji, a mianowicie pełna mediacja i częściowa mediacja. Kiedy bezpośredni wpływ pomiędzy zmiennymi niezależnymi i zależnymi jest znaczący, efekt mediacji jest definiowany jako częściowa mediacja. Z drugiej strony, gdy bezpośredni efekt nie jest znaczący, efekt mediacji jest definiowany jako pełna mediacja. Analiza ścieżki opartej na regresji wskazuje istotne do bezpośrednich, pośrednich i całkowitych efektów oddzielnie.

[2] Matrycowe wykresy punktowe narysowane dla wszystkich zmiennych wskazują na pozytywne liniowe zależności pomiędzy zmiennymi.

W tabeli 4.11 przedstawiono wyniki mediacyjnego wpływu zdolności zarządzania jakością na relację pomiędzy kapitałem instytucjonalnym a przewagą konkurencyjną.

Tabela 4.11: Analiza mediacyjna QMC na IC i CAd

Wynik: QMC							
Podsumowanie modelowe							
	R	R-sq	MSE	F	df1	df2	p
	.6618	.4381	.3985	231.9344	1.0000	454.0000	.0000
Model 1							
	Współistnieć	se	t	p	LLCI	ULCI	
Stały	1.3890	.1141	12.1690	.0000	1.1647	1.6133	
IC	.5014	.0329	15.2294	.0000	.4367	.5661	
Wynik: CAd							
Podsumowanie modelowe							
	R	R-sq	MSE	F	df1	df2	p
	.8721	.7605	.1442	719.2735	2.0000	453.0000	.0000
Model 2							
	Współistnieć	se	t	p	LLCI	ULCI	
Stały	.4213	.0791	5.3294	.0000	.2660	.5767	
QMC	.6057	.0282	21.4569	.0000	.5502	.6612	
IC	.3156	.0243	1.2967	.1062	.2678	.3635	
Wynik: CAd							
Podsumowanie modelowe							
	R	R-sq	MSE	F	df1	df2	p
	.7191	.5171	.2900	486.1850	1.0000	454.0000	.0000
Model 3							
	Współistnieć	se	t	p	LLCI	ULCI	
Stały	1.2626	.0974	12.9664	.00000	1.0719	1.4540	
IC	.6193	.0281	22.0496	.0000	.5641	.6745	
SKUTKI CAŁKOWITE, BEZPOŚREDNIE I POŚREDNIE							
Łączny wpływ X na Y							
	Efekt	SE	t	p	LLCI	ULCI	
	.6193	.0281	22.0496	.0000	.5641	.6745	
Bezpośredni wpływ X na Y							
	Efekt	SE	t	p	LLCI	ULCI	
	.3156	.0243	1.2967	.1062	.2678	.3635	
Pośredni wpływ X na Y							
	Efekt	Boot SE	BootLLCI	BootULCI			
QMC	.3037	.0237	.2626	.3565			
Normalne testy teoretyczne dla skutku pośredniego							
	Efekt	se	Z	p			
	.3037	.0245	12.4102	.0000			

W tym badaniu analiza ścieżki opartej na regresji odbywa się w czterech etapach, aby potwierdzić zmienną pośredniczącą i jej znaczenie w modelu. Po pierwsze, współczynnik ścieżki między zmiennymi niezależnymi i zależnymi musi być znaczący (model 3). Po drugie, współczynnik ścieżki między zmiennymi niezależnymi i pośredniczącymi (model 1), jak również między zmiennymi pośredniczącymi i zależnymi (model 2) powinien być również istotny. Wreszcie, gdy zmienne pośredniczące są włączone do modelu, współczynnik ścieżki powinien zmniejszyć się i musi być nieistotny (model 2).

Model 1 (tabela 4.11) przewiduje zdolność do zarządzania jakością przy wykorzystaniu kapitału instytucjonalnego, model 2 przewiduje przewagę konkurencyjną przy wykorzystaniu kapitału instytucjonalnego i zdolności zarządzania jakością, a model 3 przewiduje przewagę konkurencyjną przy wykorzystaniu kapitału instytucjonalnego. Model 1 pokazuje, że kapitał instytucjonalny był znaczącym predyktorem zdolności zarządzania jakością ($p < 0,05$), co potwierdza H3a, że istnieje znaczący związek między kapitałem instytucjonalnym a zdolnością zarządzania jakością w przypadku drobnych upraw eksportowych na Sri Lance. Ponadto, model 3 pokazuje, że kapitał instytucjonalny był istotnym czynnikiem predykcyjnym przewagi konkurencyjnej ($p < 0,05$), a zdolność zarządzania jakością była istotnym czynnikiem predykcyjnym przewagi konkurencyjnej ($p < 0,05$) (model 2). Jednak w modelu 2 kapitał instytucjonalny nie ma już znaczenia w obecności zdolności zarządzania jakością jako mediatora ($p = 0,1062$, $p > 0,05$). Wyniki potwierdzają zatem pośredni wpływ zdolności zarządzania jakością na relację pomiędzy kapitałem instytucjonalnym a przewagą konkurencyjną.

Wartość pośredniego wpływu kapitału instytucjonalnego na przewagę konkurencyjną wyniosła 0,3037, czyli znacznie więcej niż zero przy 95% przedziale ufności. Ponadto wartość R2 modelu 2 (0,7605) była większa niż modelu 3 (0,5171). W tym przypadku, poniewaĪ bezpoĞredni skutek (kapitaáu instytucjonalny na przeáoĪonĊ konkurencyjną) jest równieĪ znaczny (Hayes, 2012), moĪliwoĞü zarządzania jakoĞcią czĊĞciowo pośredniczy w relacji pomiĊdzy kapitaáem instytucjonalnym a przewagą konkurencyjną drobnych gospodarstw rolnych upraw eksportowych, wspierając H4a, Īe moĪliwoĞü zarządzania jakoĞcią znacząco pośredniczy w relacji miĊdzy kapitaáem instytucjonalnym a przewagą konkurencyjną drobnych gospodarstw rolnych upraw eksportowych.

Ponadto w badaniu zbadano również pośredni wpływ zdolności marketingowych na relację między kapitałem instytucjonalnym a przewagą konkurencyjną. Wynik przedstawiono w tabeli 4.12.

Tabela 4.12: Analiza mediacyjna MC na IC i CAd

Wynik: MC							
Podsumowanie modelowe							
	R	R-sq	MSE	F	df1	df2	p
	.6915	.4783	.5201	134.6574	1.0000	454.0000	.0000
Model 1							
	Współistnieć	se	t	p	LLCI	ULCI	
Stały	1.8487	.1304	14.1772	.0000	1.5925	2.1050	
IC	.4365	.0376	11.6042	.0000	.3625	.5104	
Wynik: CAd							
Podsumowanie modelowe							
	R	R-sq	MSE	F	df1	df2	p
	.8119	.6591	.2052	437.9798	2.0000	453.0000	.0000
Model 2							
	Współistnieć	se	t	p	LLCI	ULCI	
Stały	.5136	.0984	5.2243	.0000	.3206	.7073	
MC	.4050	.0295	13.7380	.0000	.3470	.4629	
IC	.4425	.0269	1.6451	.1020	.3897	.4954	
Wynik: CAd							
Podsumowanie modelowe							
	R	R-sq	MSE	F	df1	df2	p
	.7191	.5171	.2900	486.1850	1.0000	454.0000	.0000
Model 3							
	Współistnieć	se	t	p	LLCI	ULCI	
Stały	1.2626	.0974	12.9664	.00000	1.0719	1.4540	
IC	.6193	.0281	22.0496	.0000	.5641	.6745	
SKUTKI CAŁKOWITE, BEZPOŚREDNIE I POŚREDNIE							
Łączny wpływ X na Y							
	Efekt	SE	t	p	LLCI	ULCI	
	.6193	.0281	22.0496	.0000	.5641	.6745	
Bezpośredni wpływ X na Y							
	Efekt	SE	t	p	LLCI	ULCI	
	.4425	.0269	1.6451	.1020	.3897	.4954	
Pośredni wpływ X na Y							
	Efekt	Boot SE	BootLLCI	BootULCI			
MC	1768	.0198	.13990	.2185			
Normalne testy teoretyczne dla skutku pośredniego							
	Efekt	se	Z	p			
	.1768	.0200	8.8513	.0000			

W tabeli 4.12, model 1 i model 3 wskazywały, że kapitał instytucjonalny jest istotnym czynnikiem predykcyjnym zarówno dla zdolności marketingowej (wspierającym H3c), jak i przewagi konkurencyjnej. Ponadto, zdolność marketingowa była znaczącym predyktorem przewagi konkurencyjnej (model 2). Jednakże kapitał instytucjonalny nie jest już znaczący (p = 0,1020, p > 0,05) w obecności zdolności marketingowych jako mediatora (model 2). Wartość pośredniego wpływu kapitału instytucjonalnego na przewagę konkurencyjną wyniosła 0,1768, czyli znacznie więcej niż zero przy 95% przedziale ufności. Ponadto, wartość R2 modelu 2 (0,6591) była większa niż modelu 3 (0,5171). Bezpośredni wpływ (kapitał instytucjonalny na przewagę konkurencyjną) jest równieĪ istotny (Hayes, 2012), dlatego moĪna stwierdziü, Īe moĪliwoĞü marketingu czĊĞciowo pośredniczy w relacji pomiĊdzy kapitaáem instytucjonalnym a przewagą konkurencyjną mniejszych gospodarstw rolnych uprawiających uprawy eksportowe, wspierając H4c.

W badaniu zbadano również sytuację, w której wpływ działań zbiorowych na przewagę konkurencyjną można najlepiej wyjaśnić przy pomocy zdolności zarządzania jakością. Wynik przedstawiono w tabeli 4.13.

Tabela 4.13: Analiza mediacyjna QMC w zakresie CAc i CAd

Wynik: QMC							
Podsumowanie modelowe							
	R	R-sq	MSE	F	df1	df2	p
	.6424	.4128	.4282	184.3494	1.0000	454.0000	.0000
Model 1							
	Współistnieć	se	t	p	LLCI	ULCI	
Stały	1.5681	.1146	13.6778	.0000	1.3428	1.7934	
CAc	.4570	.0337	13.5775	.0000	.3909	.5232	
Wynik: CAd							
Podsumowanie modelowe							
	R	R-sq	MSE	F	df1	df2	p
	.8491	.7210	.1679	585.3345	2.0000	453.0000	.0000
Model 2							
	Współistnieć	se	t	p	LLCI	ULCI	
Stały	.5246	.0853	6.1484	.0000	.3569	.6922	
QMC	.6771	.0294	23.0368	.0000	.6193	.7349	
CAc	.2238	.0250	1.2764	.2052	.1747	.2729	
Wynik: CAd							
Podsumowanie modelowe							
	R	R-sq	MSE	F	df1	df2	p
	.6278	.3942	.3639	295.3647	1.0000	454.0000	.0000
Model 3							
	Współistnieć	se	t	p	LLCI	ULCI	
Stały	1.5863	.1057	15.0099	.0000	1.3786	1.7940	
CAc	.5333	.0310	17.1862	.0000	.4723	.5942	
SKUTKI CAŁKOWITE, BEZPOŚREDNIE I POŚREDNIE							
Łączny wpływ X na Y							
	Efekt	SE	t	p	LLCI	ULCI	
	.5333	.0310	17.1862	.0000	.4723	.5942	
Bezpośredni wpływ X na Y							
	Efekt	SE	t	p	LLCI	ULCI	
	.2238	.0250	1.2764	.2052	.1747	.2729	
Pośredni wpływ X na Y							
	Efekt	Boot SE	BootLLCI	BootULCI			
QMC	.3094	.0253	.2621	.3582			
Normalne testy teoretyczne dla skutku pośredniego							
	Efekt	se	Z	p			
	.3094	.0265	11.6889	.0000			

Jak pokazano w tabeli 4.13, działanie zbiorowe było znaczącym predyktorem zarówno zdolności zarządzania jakością (wspierającej H3b), jak i przewagi konkurencyjnej (model 1 i model 3), a zdolność zarządzania jakością była znaczącym predyktorem przewagi konkurencyjnej (model 2). Jednak działanie zbiorowe nie ma już znaczenia (p = 0,2052, p > 0,05) w obecności zdolności zarządzania jakością jako mediatora (model 2). Wartość pośredniego wpływu przewagi konkurencyjnej na działania zbiorowe wyniosła 0,3094, co jest znacznie większe od zera przy 95% przedziale ufności. Ponadto, wartość R2 modelu 2 (0,7210) była większa niż modelu 3 (0,3942). Podsumowując, ponieważ skutek bezpośredni (działanie zbiorowe na rzecz przewagi konkurencyjnej) jest również znaczący (Hayes, 2012), zdolność zarządzania jakością częściowo pośredniczy w relacji między działaniem zbiorowym a przewagą konkurencyjną mniejszych gospodarstw rolnych prowadzących uprawy eksportowe, co potwierdza H4b w odniesieniu do znaczącego skutku pośredniczącego zdolności zarządzania jakością w relacji między działaniem zbiorowym a przewagą konkurencyjną.

Wreszcie, badanie bada pośredni wpływ zdolności marketingowych na relację między działaniem zbiorowym a przewagą konkurencyjną. Wynik przedstawiono w tabeli 4.14.

Tabela 4.14: Analiza mediacyjna KM dotycząca CAc i CAd

Wynik: MC							
Podsumowanie modelowe							
	R	R-sq	MSE	F	df1	df2	p
	.6492	.4125	.5651	87.7488	1.0000	454.0000	.0000
Model 1							
	Współistnieć	se	t	p	LLCI	ULCI	
Stały	2.1214	.1317	16.1075	.0000	1.8626	2.3803	
CAc	.3622	.0387	9.3674	.0000	.2862	.4382	
Wynik: CAd							
Podsumowanie modelowe							
	R	R-sq	MSE	F	df1	df2	p
	.7790	.6069	.2366	349.6548	2.0000	453.0000	.0000
Model 2							
	Współistnieć	se	t	p	LLCI	ULCI	
Stały	.5776	.1068	5.4063	.0000	.3676	.7875	
MC	.4755	.0304	15.6564	.0000	.4158	.5351	
CAc	.3610	.0273	1.3208	.2010	.3073	.4148	
Wynik: CAd							
Podsumowanie modelowe							
	R	R-sq	MSE	F	df1	df2	p
	.6278	.3942	.3639	295.3647	1.0000	454.0000	.0000
Model 3							
	Współistnieć	se	t	p	LLCI	ULCI	
Stały	1.5863	.1057	15.0099	.0000	1.3786	1.7940	

CAc	.5333	.0310	17.1862	.0000	.4723	.5942
SKUTKI CAŁKOWITE, BEZPOŚREDNIE I POŚREDNIE						
Łączny wpływ X na Y						
	Efekt	SE	t	p	LLCI	ULCI
	.5333	.0310	17.1862	.0000	.4723	.5942
Bezpośredni wpływ X na Y						
	Efekt	SE	t	p	LLCI	ULCI
	.3610	.0273	1.3208	.2010	.3073	.4148
Pośredni wpływ X na Y						
	Efekt	Boot SE	BootLLCI	BootULCI		
MC	.1722	.0203	.1318	.2138		
Normalne testy teoretyczne dla skutku pośredniego						
	Efekt	se	Z	p		
	.1722	.0215	8.0264	.0000		

W tabeli 4.14, model 1 i model 3 wskazywały, że działanie zbiorowe jest istotnym czynnikiem predykcyjnym zarówno dla zdolności marketingowej (wspierającym H3d), jak i przewagi konkurencyjnej. Ponadto, zdolność marketingowa była znaczącym predyktorem przewagi konkurencyjnej (model 2). Jednak działania zbiorowe nie mają już znaczenia (p = 0,2010, p > 0,05) w obecności zdolności marketingowych jako mediatora (model 2). Wartość pośredniego wpływu działań zbiorowych na przewagę konkurencyjną wyniosła 0,1722, czyli znacznie więcej niż zero przy 95% przedziale ufności. Z drugiej strony, wartość R2 modelu 2 (0,6069) była większa niż modelu 3 (0,3942). Można stwierdzić, że zdolność do wprowadzania do obrotu częściowo pośredniczyła w relacji między działaniami zbiorowymi a przewagą konkurencyjną mniejszych gospodarstw prowadzących uprawy eksportowe, wspierając H4d. Wyniki hipotez i związanych z nimi podhipotez przedstawiono w tabeli 4.15.

Tabela 4.15: Hipotezy Wynik analizy mediacyjnej

Hipotezy	Wynik
H3: Istnieje znaczący związek między zasobami i możliwościami małych gospodarstw rolnych prowadzących uprawy eksportowe na Sri Lance.	Obsługiwane
H3a: Istnieje znaczący związek między kapitałem instytucjonalnym a możliwościami zarządzania jakością małych gospodarstw rolnych prowadzących uprawy eksportowe w Sri Lance.	Obsługiwane
H3b: Istnieje znaczący związek między zbiorowym działaniem a możliwościami zarządzania jakością małych gospodarstw rolnych prowadzących uprawy eksportowe na Sri Lance.	Obsługiwane
H3c: Istnieje znaczący związek między kapitałem instytucjonalnym a możliwościami marketingowymi małych gospodarstw rolnych prowadzących uprawy eksportowe na Sri Lance.	Obsługiwane
H3d: Istnieje znaczący związek między zbiorowym działaniem a możliwościami marketingowymi małych gospodarstw rolnych prowadzących uprawy eksportowe na Sri Lance.	Obsługiwane

H4: Możliwości pośredniczą w relacji między zasobami a przewagą konkurencyjną małych gospodarstw rolnych prowadzących uprawy eksportowe na Sri Lance.	Obsługiwane
H4a: Zdolności zarządzania jakością pośredniczą w relacji pomiędzy kapitałem instytucjonalnym a przewagą konkurencyjną.	Obsługiwane
H4b: Zdolności zarządzania jakością pośredniczą w relacji pomiędzy działaniem zbiorowym a przewagą konkurencyjną.	Obsługiwane
H4c: Zdolności marketingowe pośredniczą w relacji pomiędzy kapitałem instytucjonalnym a przewagą konkurencyjną.	Obsługiwane
H4d: Zdolności marketingowe pośredniczą w relacji pomiędzy działaniem zbiorowym a przewagą konkurencyjną.	Obsługiwane

4.10 Analiza moderująca

Ostatecznym celem szczegółowym badania jest określenie efektów działania czynników moderujących. PoniewaĪ wyniki analizy Uniwariatu GLM (tabela 4.6) wskazaáy na brak istotnych statystycznie związków pomiĊdzy pácią, intencjami biznesowymi i religijnoĞcią wáaĞcicieli gospodarstw rolnych a przewagą konkurencyjną, w badaniu zbadano umiarkowany wpáyw płci, intencji biznesowych i religijnoĞci wáaĞcicieli gospodarstw rolnych na relacje miĊdzy zasobami, zdolnoĞciami i przewagą konkurencyjną.

Płeć obejmuje dwie kategorie (mężczyzna i kobieta), podczas gdy intencje biznesowe mają trzy kategorie (działalność dochodowa, działalność odziedziczona po dzielnicy i brak innych źródeł dochodu). Na podstawie średnich wartości 6 pozycji w badaniu skategoryzowano poziom religijności właścicieli gospodarstw jako niski (średnia poniżej 2,33), średni (średnie wartości pomiędzy 2,33 a 3,66) oraz wysoki (średnie wartości powyżej 3,67). Regularny model regresji liniowej jest używany do testowania znaczącego wpływu modelu po podzieleniu pliku danych na podstawie płci, intencji biznesowych i wyznania. Wyniki regresji zostały następnie porównane ze współczynnikami i przedziałem ufności dla poziomów każdej zmiennej moderującej. Poniższe podsekcje przedstawiają wyniki.

4.10.1 Umiarkowany efekt intencji biznesowej

Wyniki przedstawione w tabeli 4.16 wskazują, że nachylenie dla przedsiębiorstw rentownych (0,488) nie mieści się w 95% przedziale ufności dla przedsiębiorstw dziedziczonych z okręgu wynoszącym 0,296 - 0,477 lub przedziale ufności dla braku innych źródeł dochodu wynoszącym 0,288 - 0,442. Co więcej, nachylenie dla rentownej działalności gospodarczej było znacznie wyższe niż nachylenie pozostałych dwóch poziomów zamiarów biznesowych. MoĪna wiĊc uznaü, Īe intencje biznesowe wáaĞcicieli gospodarstw rolnych znacząco zmniejszają związek pomiĊdzy zasobami a przewagĊ konkurencyjną mniejszych gospodarstw rolnych prowadzących uprawy eksportowe.

W celu potwierdzenia wyników analizy moderacyjnej wykonano analizę regresji wielokrotnej poprzez włączenie niezależnych i standaryzowanych zmiennych moderujących. Wyniki wskazywaáy, Īe wartoĞü p w analizie znormalizowanych zmiennych moderujących byáa mniejsza niĪ 0,05 (p = 0,001), wskazując, Īe istnieje istotny statystycznie efekt moderujący zamiar prowadzenia dziaáalnoĞci gospodarczej wáaĞcicieli gospodarstw rolnych na relacje miĊdzy zasobami a przewagami konkurencyjnymi maáych gospodarstw rolnych uprawiających niewielkie uprawy eksportowe. Stąd też H5a był wspierany.

Tabela 4.16: Rezultat moderującego efektu intencji biznesowych (Zasoby i przewaga konkurencyjna)

Intencja	Model		Nieznormalizowane Współczynniki		Współczynniki znormalizowane	t	Sig.	95,0% Interwał ufności dla B	
			B	Std. Error	Beta			Dolna granica	Górna granica
Działalność gospodarcza przynosząca zyski	1	(Stały)	1.426	.169		8.433	.000	1.092	1.760
		Zasoby	.488	.048	.613	10.018	.000	.384	.573
Odziedziczony biznes dla powiatu	1	(Stały)	1.707	.167		10.210	.000	1.377	2.037
		Zasoby	.392	.048	.530	8.082	.000	.296	.477
Brak innych źródeł dochodu	1	(Stały)	1.651	.225		7.323	.000	1.204	2.097
		Zasoby	.315	.064	.516	6.481	.000	.288	.442

a. Zmienna zależna: Przewaga konkurencyjna

Podobnie, wyniki przedstawione w tabeli 4.17 wskazują, że nachylenie dla przedsiębiorstw rentownych (0,438) nie mieści się w 95% przedziale ufności dla przedsiębiorstw dziedziczonych z okręgu wynoszącym 0,219 - 0,397 lub przedziale ufności dla braku innych źródeł dochodu wynoszącym 0,306 - 0,394. Co więcej, nachylenie dla rentownej działalności gospodarczej było znacznie wyższe niż nachylenie pozostałych dwóch poziomów zamiarów biznesowych. Wartość p w analizie znormalizowanej zmiennej moderującej była mniejsza niż 0,05 (p = 0,001). Dlatego też H6a został poparty.

Tabela 4.17: Rezultat umiarkowanego wpływu intencji biznesowych (zdolności i przewaga konkurencyjna).

Intencja	Model		Nieznormalizowane Współczynniki		Współczynniki znormalizowane	t	Sig.	95,0% Interwał ufności dla B	
			B	Std. Error	Beta			Dolna granica	Górna granica
Działalność gospodarcza przynosząca zyski	1	(Stały)	1.716	.172		9.959	.000	1.376	2.056
		Możliwości	.438	.051	.532	8.126	.000	.316	.520
Odziedziczony biznes dla powiatu	1	(Stały)	1.731	.165		10.477	.000	1.405	2.058
		Możliwości	.310	.051	.428	8.030	.000	.219	.397
Brak innych źródeł dochodu	1	(Stały)	1.575	.203		7.758	.000	1.173	1.977
		Możliwości	.307	.061	.407	7.600	.000	.306	.394

a. Zmienna zależna: Przewaga konkurencyjna

4.10.2 Umiarkowany wpływ religii

Wyniki w tabeli 4.18 wskazują, że nachylenie dla wysokiej religijności (0,976) nie mieści się w 95% przedziale ufności dla niskiej religijności wynoszącym 0,608 - 0,816 lub przedziale ufności dla średniej religijności wynoszącym 0,853 - 0,973. Co więcej, nachylenie dla niskiej religijności (0,712) nie mieści się w 95% przedziale pewności dla średniej religijności 0,853 - 0,973 lub przedziale pewności dla wysokiej religijności 0,881 - 1,072. Co więcej, nachylenie zbocza dla wysokiej religijności jest znacznie wyższe niż nachylenie pozostałych dwóch poziomów religijności. Wartość p w analizie znormalizowanej zmiennej moderującej była mniejsza od 0,05 (p = 0,002), co wskazuje na istotny statystycznie wpływ umiarkowanego wyznania właścicieli gospodarstw rolnych na relację między zasobami a przewagą konkurencyjną mniejszych gospodarstw rolnych prowadzących uprawy eksportowe. Dlatego też H5b został poparty.

Tabela 4.18: Rezultat umiarkowanego efektu relatywizmu (zasoby i przewaga konkurencyjna).

Religijność	Model		Nieznormalizowane Współczynniki		Współczynniki znormalizowane	t	Sig.	95,0% Interwał ufności dla B	
			B	Std. Error	Beta			Dolna granica	Górna granica
Niski poziom	1	(Stały)	-.080	.159		-.504	.616	-.395	.235
		Zasoby	.712	.053	.724	13.554	.000	.608	.816
Medium	1	(Stały)	.148	.102		1.454	.147	-.053	.348
		Zasoby	.914	.031	.902	29.498	.000	.853	.973
Wysoki	1	(Stały)	1.089	.202		5.388	.000	.690	1.488
		Zasoby	.976	.048	.912	20.267	.000	.881	1.072

a. Zmienna zależna: Przewaga konkurencyjna

Wreszcie, w badaniu testowano umiarkowany wpływ religijności właścicieli gospodarstw rolnych na relacje między możliwościami a przewagą konkurencyjną. Wyniki w tabeli 4.19 wskazują, że nachylenie dla wysokiej religijności (1.061) nie mieści się w 95% przedziale ufności dla niskiej religijności wynoszącym 0,464 - 0,682 lub przedziale ufności dla średniej religijności wynoszącym 0,855 - 0,987. Z drugiej strony, nachylenie dla niskiej religijności (0,573) nie mieści się w 95% przedziale pewności dla średniej religijności 0,855 - 0,987 lub przedziale pewności dla wysokiej religijności 0,963 - 1,158. Co więcej, nachylenie zbocza dla wysokiej religijności jest znacznie wyższe niż nachylenie pozostałych dwóch poziomów religijności. Wartość p w analizie znormalizowanej zmiennej moderującej była mniejsza niż 0,05 (p = 0,001). Dlatego też H6b został poparty.

Tabela 4.19: Rezultat umiarkowanego efektu relatywizmu (Zdolności i przewaga konkurencyjna).

Religijność	Model		Nieznormalizowane Współczynniki		Współczynniki znormalizowane	t	Sig.	95,0% Interwał ufności dla B	
			B	Std. Error	Beta			Dolna granica	Górna granica
Niski poziom	1	(Stały)	-.099	.149		-.666	.507	-.396	.198
		Możliwości	.573	.055	.627	10.400	.000	.464	.682
Medium	1	(Stały)	.296	.103		2.868	.005	.093	.500
		Możliwości	.921	.033	.890	27.603	.000	.855	.987
Wysoki	1	(Stały)	1.747	.200		8.724	.00	1.351	2.142

						0		
	Możliwośc i	1.061	.049	.922	21.659	.000	.963	1.158

a. Zmienna zależna: Przewaga konkurencyjna

4.10.3 Umiarkowany efekt płci

Wyniki przedstawione w tabeli 4.20 wskazują, że nachylenie dla kobiet (0,963) mieści się w 95% przedziale ufności, podczas gdy dla mężczyzn wynosi 0,897 - 1,010. Ponadto, nachylenie dla mężczyzn (0,954) mieści się w 95% przedziale ufności dla kobiet od 0,903 do 1,024. Współczynniki i przedział ufności dla mężczyzn i kobiet nakładały się na siebie. Tym samym płeć właścicieli gospodarstw nie złagodziła relacji pomiędzy zasobami a przewagą konkurencyjną mniejszych gospodarstw rolnych prowadzących uprawy eksportowe. Innymi słowy, związek pomiędzy zasobami a przewagą konkurencyjną nie zmieni się wraz z różnicą płci właścicieli gospodarstw rolnych.

Tabela 4.20: Rezultat umiarkowanego efektu płci (zasoby i przewaga konkurencyjna)

Płeć	Model		Nieznormalizowane Współczynniki		Współczynniki znormalizowane	t	Sig.	95,0% Interwał ufności dla B	
			B	Std. Error	Beta			Dolna granica	Górna granica
Mężczyzna	1	(Stały)	.045	.100		.448	.655	-.153	.243
		Zasoby	.954	.029	.898	33.270	.000	.897	1.010
Kobieta	1	(Stały)	.069	.107		.646	.519	-.142	.281
		Zasoby	.963	.031	.918	31.509	.000	.903	1.024

a. Zmienna zależna: Przewaga konkurencyjna

Wyniki analizy regresji wielokrotnej wykazały, że wartość p była większa niż 0,05 (p = 0,825). Ze względu na brak istotnego umiarkowanego wpływu płci właścicieli gospodarstw rolnych na relację między zasobami a przewagą konkurencyjną mniejszych gospodarstw rolnych prowadzących uprawy eksportowe, H5c nie było wspierane.

Wyniki przedstawione w tabeli 4.21 wskazują, że nachylenie dla kobiet (0,972) mieści się w 95% przedziale ufności dla mężczyzn wynoszącym 0,891 - 1,018.

Ponadto, nachylenie dla mężczyzn (0,954) mieści się w 95% przedziale ufności dla kobiet od 0,906 do 1,037.

Tabela 4.21: Rezultat umiarkowanego efektu płci (zdolności i przewaga konkurencyjna).

Płeć	Model		Nieznormalizowane Współczynniki		Współczynniki znormalizowane	T	Sig.	95,0% Interwał ufności dla B	
			B	Std. Error	Beta			Dolna granica	Górna granica
Mężczyzna	1	(Stały)	.250	.106		2.366	.019	.042	.459
		Możliwości	.954	.032	.876	29.661	.000	.891	1.018
Kobieta	1	(Stały)	.230	.110		2.103	.037	.014	.446
		Możliwości	.972	.033	.907	29.362	.000	.906	1.037

a. Zmienna zależna: Przewaga konkurencyjna

Ponadto wartość p była większa od 0,05 (p = 0,710), co wskazuje, że nie ma statystycznie istotnego umiarkowanego wpływu płci właścicieli gospodarstw na relację między możliwościami a przewagą konkurencyjną mniejszych gospodarstw z uprawami eksportowymi. W związku z tym H6c również nie było wspierane.

Ogólne wyniki podhipotez zostały przedstawione w tabeli 4.22.

Tabela 4.22: Hipotezy Wynik analizy umiarkowanej

Hipotezy	Wynik
H5a: Intencje gospodarcze właścicieli gospodarstw rolnych łagodzą związek między zasobami a przewagą konkurencyjną mniejszych gospodarstw rolnych prowadzących uprawy eksportowe na Sri Lance.	Obsługiwane
H6a: Intencje biznesowe właścicieli gospodarstw rolnych łagodzą związek między możliwościami i przewagą konkurencyjną małych gospodarstw rolnych prowadzących uprawy eksportowe na Sri Lance.	Obsługiwane
H5b: Religijność właścicieli gospodarstw rolnych łagodzi związek między zasobami a przewagą konkurencyjną małych gospodarstw rolnych prowadzących uprawy eksportowe na Sri Lance.	Obsługiwane
H6b: Religijność właścicieli gospodarstw rolnych łagodzi związek między możliwościami a przewagą konkurencyjną małych gospodarstw rolnych prowadzących uprawy eksportowe na Sri Lance.	Obsługiwane
H5c: Płeć właścicieli gospodarstw rolnych łagodzi związek między zasobami a przewagą konkurencyjną małych gospodarstw rolnych prowadzących uprawy eksportowe na Sri Lance.	Nieobsługiwane
H6c: Płeć właścicieli gospodarstw rolnych łagodzi związek między możliwościami a przewagą konkurencyjną małych gospodarstw rolnych prowadzących uprawy eksportowe na Sri Lance.	Nieobsługiwane

4.11 Analiza zmiennej kontrolnej

Sterowanie zmiennymi zewnętrznymi jest krytyczne przy ocenie relacji przyczynowo-skutkowych. Kontrola statystyczna jest techniką służącą do oddzielenia wpływu poszczególnych zmiennych niezależnych od wpływu pozostałych zmiennych na zmienną zależną w analizie wielowymiarowej (Pollack i in., 2012).

PoniewaĪ wyniki analizy jednoczynnikowej GLM (tabela 4.6) pokazują, Īe istnieje istotny związek pomiĊdzy doĞwiadczeniem w zakresie upraw komercyjnych wáaĞcicieli gospodarstw rolnych a przewagą konkurencyjną, do oceny róĪnic w przewadze konkurencyjnej, które stanowią zasoby i moĪliwoĞci, gdy efekt doĞwiadczenia wáaĞcicieli gospodarstw rolnych w zakresie upraw komercyjnych zostaáy opanowane statystycznie, wykorzystano statystyczną analizĊ kontrolną w ramach hierarchicznej regresji wielokrotnej. W regresji wielokrotnej hierarchicznej zmienna kontrolna została najpierw wprowadzona do bloku 1 (model 1), a następnie do bloku 2 (model 2) wprowadzono zmienne niezależne. Wyniki statystycznej analizy kontrolnej zostały przedstawione w tabeli 4.23.

Tabela 4.23: Wyniki statystycznej analizy kontrolnej

Model		Nieznormalizowane Współczynniki		Współczynniki znormalizowane	t	Sig.
		B	Std. Error	Beta		
1	(Stały)	2.282	.069		32.999	.000
	Doświadczenie	.299	.038	.293	7.765	.000
2	(Stały)	-.116	.059		-1.959	.051
	Doświadczenie	.029	.018	.028	2.192	.029
	Zasoby	.521	.030	.493	17.439	.000
	Możliwości	.458	.030	.424	15.456	.000

a. Zmienna zależna: Przewaga konkurencyjna

WartoĞü R2 modelu 1 sugerowaáa, Īe doĞwiadczenie wáaĞcicieli gospodarstw stanowiáo znaczącą róĪnicĊ 30,2% przewagi konkurencyjnej pomniejszych gospodarstw rolnych uprawiających roĞliny eksportowe. Ponadto, zmiana wartości R2 modelu 2 wykazała, że zidentyfikowane w tym badaniu zasoby i możliwości stanowiły dodatkowe 59,1% wariancji przewagi konkurencyjnej przy statystycznie kontrolowanym wpływie doświadczeń właścicieli gospodarstw rolnych. Wartości p (p < 0,05) obu modeli (tabela 4.23) wskazywaáy, Īe doĞwiadczenie handlowe wáaĞcicieli gospodarstw byáo istotnym statystycznie predyktorem przewagi konkurencyjnej. W związku z tym dane potwierdziły H7 badania, że doświadczenie właścicieli gospodarstw rolnych w zakresie upraw komercyjnych jest w znacznym stopniu związane z przewagą konkurencyjną mniejszych gospodarstw rolnych prowadzących uprawy eksportowe na Sri Lance. Jednak wpływ doświadczenia na przewagę konkurencyjną jest stosunkowo mniejszy (B = 0,029).

4.12 Analiza tematyczna

W badaniu przeprowadzono formalny, półstrukturalny charakter wywiadów z 30 właścicielami gospodarstw (po 10 na każdą uprawę), którzy zostali wybrani na podstawie oceny. Głównym zamiarem przeprowadzenia wywiadów było zbadanie postrzegania i interpretacji właścicieli gospodarstw w zakresie badanych zasobów i możliwości. Respondenci wyrazili swoje doświadczenia, poglądy, przekonania i bariery dotyczące badanych zasobów i możliwości. Analiza tematyczna jest podstawową techniką analityczną wykorzystywaną do wstępnej identyfikacji tematów respondentów (Thomas i Harden, 2007; Vaismoradi i in., 2013).

Uzupełniając wyniki ilościowe, respondenci stwierdzili, że zasoby ludzkie, aktywa rzeczowe, finansowe, kapitał instytucjonalny, działania zbiorowe i tożsamość przedsiębiorcy to istotne zasoby, które decydują o przewadze konkurencyjnej gospodarstw rolnych. Ponadto, respondenci wyrazili znaczenie podnoszenia swoich umiejętności w zakresie uczenia się, budowania relacji, zarządzania jakością i marketingu w celu uzyskania przewagi konkurencyjnej gospodarstw. Ustalenia wynikające z przeprowadzonych wywiadów dotyczące poglądów, przekonań i barier dotyczących badanych zasobów i możliwości są omówione w następnym rozdziale.

4.13 Podsumowanie rozdziału

Wyniki badań empirycznych wykazały, że badane zasoby i możliwości mają znaczący wpływ na przewagę konkurencyjną małych gospodarstw rolnych prowadzących uprawy eksportowe na Sri Lance. Spośród siedmiu zasobów i pięciu zdolności zaproponowanych jako źródła przewagi konkurencyjnej, sześć zasobów i cztery zdolności wykazywały statystycznie istotne skojarzenia. Najważniejszymi zasobami i możliwościami były, odpowiednio, działania zbiorowe i zdolność do zarządzania jakością. Dowody empiryczne ujawniły ponadto rolę pośredniczącą zarządzania jakością i zdolności marketingowych w relacjach między kapitałem instytucjonalnym, działaniami zbiorowymi i przewagą konkurencyjną małych gospodarstw rolnych prowadzących uprawy eksportowe.

Ponadto w badaniu zbadano również umiarkowany wpływ płci, intencji biznesowych i religijności właścicieli gospodarstw rolnych na relacje między zasobami, możliwościami i przewagą konkurencyjną. Wyniki empiryczne ujawniły, że tylko intencje biznesowe i religijność odgrywają znaczącą rolę moderującą. Wreszcie, statystyczny test kontrolny wykazał również, że doświadczenie handlowe właścicieli gospodarstw rolnych jest znaczącym predyktorem przewagi konkurencyjnej małych gospodarstw rolnych prowadzących uprawy eksportowe. Ustalenia te zostaną omówione wraz z zaleceniami w następnym rozdziale.

5. OMÓWIENIE I PODSUMOWANIE

5.1 Wprowadzenie

W niniejszym rozdziale omówiono wyniki empiryczne przedstawione w rozdziale czwartym, ze szczególnym uwzględnieniem ogólnych i szczegółowych celów badania. W związku z tym zapewnione są badania i implikacje w zakresie zarządzania mające na celu zwiększenie lub wzmocnienie konkurencyjności sektora drobnych upraw eksportowych, w szczególności gospodarstw zajmujących się uprawą cynamonu, goździków i papryki na Sri Lance. Po tym następuje wkład tych badań, ograniczenia i sugestie dotyczące przyszłych badań. Krótko mówiąc, ten rozdział jest zorganizowany w oparciu o następujące sekcje: a) przegląd badania; b) omówienie; c) wkład badania; d) przyszłe kierunki badań; oraz e) wnioski.

5.2 Przegląd badania

Ze względu na znaczący wkład sektora drobnych upraw eksportowych w gospodarkę Sri Lanki, w szczególności gospodarstw zajmujących się uprawą cynamonu, goździków i papryki, celem ogólnym badania jest określenie źródeł przewagi konkurencyjnej tych gospodarstw. Czerpiąc z teoretycznych spostrzeżeń uzyskanych z RBV i dynamicznych teorii zdolności do identyfikacji i analizy źródeł przewagi konkurencyjnej na poziomie przedsiębiorstwa (Akpinar i in., 2017; Alonso i Bressan, 2016; Barney i in., 2001; Barney, 1991; Camisón i in, 2016 r.; Cuc i Tripa, 2018 r.; Hanafi i in., 2017 r.; Ritthaisong i in., 2014 r.; Sikora i in., 2016 r.; Wang, 2014 r.), badanie osiągnęło wszystkie swoje cele szczegółowe poprzez zbadanie zależności między zasobami, dynamicznymi możliwościami i przewagą konkurencyjną małych gospodarstw rolnych prowadzących uprawy eksportowe w Sri Lance.
Pierwszym celem szczegóáowym badania byáa ocena przewagi konkurencyjnej pomniejszych gospodarstw rolnych prowadzących uprawy eksportowe w oparciu o analizĊ skáadową i analizĊ porównawczą (stosunek kosztów do cen sprzedaĪy). Środki te zostały uznane za wiarygodne i ważne na podstawie wyników analizy czynnikowej, alfa Cronbacha, wiarygodności konstrukcji i średniej wariancji ekstrahowanej. W związku z tym pozycje pomiarowe były zgodne z teorią i oczekiwaniami. Badanie rozszerzyło zatem możliwość zastosowania pięciu wymiarów przewagi konkurencyjnej (cena, jakość, niezawodność dostaw, czas wprowadzenia na rynek i badanie nowych rynków), które były zgodne z przewagą opartą na kosztach, produktach i usługach w celu zmierzenia przewagi konkurencyjnej w sektorze drobnych upraw eksportowych.

Ponadto, wyniki analizy korelacji (tabela 4.4) potwierdziły, że dwa pomiary przewagi konkurencyjnej (skala punktowa i stosunek kosztów do cen sprzedaży) były ze sobą silnie powiązane. Odzwierciedla to znaczenie włączenia różnych wskaźników do pomiaru przewagi konkurencyjnej gospodarstw rolnych. Włączenie różnych wskaźników jest również konieczne w celu przezwyciężenia problemu braku dostępności i wiarygodności danych finansowych na poziomie gospodarstw, zwłaszcza w przypadku małych i średnich gospodarstw, które zostały uznane za niezdolne do prowadzenia dokumentacji finansowej ze względu na brak wiedzy finansowej, jak również niezdolność do dostrzeżenia znaczenia prowadzenia takiej dokumentacji (Voulgaris i in., 2013).

Ogólnie rzecz biorąc, wyniki wykazały, że zakres przewagi konkurencyjnej małych gospodarstw rolnych prowadzących uprawy eksportowe jest zróżnicowany w zależności od dwóch środków przewagi konkurencyjnej. Spośród tych trzech upraw, cynamon wydaje się mieć większą przewagę konkurencyjną nad goździkami i papryką. Odpowiednio 35,3% i 33,8% gospodarstw uprawiających cynamon posiadało wysoką przewagę konkurencyjną, opartą odpowiednio na pomiarze skali punktowej i stosunku kosztów do cen sprzedaży. Ponieważ cynamon jest największym źródłem dochodu z eksportu na Sri Lankę (tabela 1.1) i że Sri Lanka jest największym eksporterem cynamonu na świecie (tabela 1.2), logiczne jest założenie, że ci właściciele gospodarstw rolnych wykazują więcej obaw co do swojej pozycji konkurencyjnej w porównaniu z właścicielami gospodarstw rolnych zajmujących się uprawą pieprzu i goździków. Argument ten został poparty tabelą 4.1, w której większość właścicieli gospodarstw uprawiających cynamon zależy od rentowności upraw w porównaniu z właścicielami gospodarstw uprawiających goździki i paprykę. W związku z tym, wyniki podkreślają znaczenie intencji biznesowych dla przewagi konkurencyjnej gospodarstw i stanowią przewodnik benchmarkingowy dla właścicieli gospodarstw goździków i papryki w celu wzmocnienia ich pozycji konkurencyjnej w świetle ogromnych zmian w średnim udziale goździków (135%) i papryki (127%) w eksporcie ogółem (Tabela 1.1). Uzasadniało to dodatkowo włączenie do badania trzech niewielkich upraw eksportowych.

Ponadto badanie to zintegrowało również poglądy oparte na zasobach i możliwościach, tworząc jednolity model teoretyczny w celu wyjaśnienia przewagi konkurencyjnej na poziomie gospodarstwa. Wysoka wartość kwadratowa R wskazuje na kompleksowe pokrycie zasobów i możliwości dynamicznych w wyniku walidacji przez ekspertów. Kontrolując lokalizacje i rodzaje upraw, stwierdzono istotny związek pomiędzy zasobami, możliwościami i przewagą konkurencyjną. Ponadto stwierdzono, że zasoby stanowią bardzo istotną część wyjaśniającą konkurencyjność drobnych gospodarstw rolnych prowadzących uprawy eksportowe w oparciu o uzyskaną wysoką wartość R/m2. The heterogeneity nature of resources (Barney et al., 1991; Dlamini et al., 2014; Dziwornu, 2014; Gaytán and Benita, 2014; Lages et al., 2009; Martin-de-Castro et al., 2006; Powell, 2001; Ritthaisong et al, 2014; Wong i Wong, 2011) sugerują, że klucz do przewagi konkurencyjnej zależy od tego, jak podobne zasoby posiadane przez gospodarstwa są kontrolowane, kierowane i dystrybuowane (Amit i Schoemaker, 1993; Ismail i in., 2012; Makadok, 2001; Morgan i in., 2004; Oliver, 1997) w oparciu o ich możliwości (Eisenhardt i Martin, 2000; Jurksiene i Pundziene, 2016; Lin i Tsai, 2016; Ziggers i Henseler, 2009). Można zatem stwierdzić, że badane zasoby i możliwości stanowią istotne źródło przewagi konkurencyjnej mniejszych gospodarstw rolnych prowadzących uprawy eksportowe w Sri Lance. Ponadto wyniki potwierdziły ramy badawcze zastosowane w obecnym badaniu, a zatem przyjęte ramy badawcze zostały uznane za ważne i wiarygodne.

Drugi cel szczegółowy ma na celu określenie znaczących zasobów prowadzących do uzyskania przewagi konkurencyjnej przez niewielkie gospodarstwa rolne prowadzące uprawy eksportowe. Wyniki przedstawione w tabeli 4.9 wskazaáy, Īe zasoby ludzkie, majątek rzeczowy, aktywa finansowe, kapitaá instytucjonalny, dziaáanie zbiorowe i toĪsamoĞü przedsiębiorcza wáaĞcicieli gospodarstw rolnych to znaczące zasoby, które decydują o przewadze konkurencyjnej gospodarstw rolnych, co potwierdzają wcześniejsze badania zasobów jako Ĩródáa przewagi konkurencyjnej (Amit i Schoemaker, 1993; Dziwornu, 2014; Forsman, 2000; Ismail i in, 2010; Kata i Zajac, 2007; Kumar i Rai, 2007; Lamprinopoulou i in., 2006; Lu i in., 2010; Rao i Rogers, 2006; Ridha i in., 2017; Rosairo i Potts, 2016; Talbot, 2013; Vesala i in., 2007).

Trzecim celem badania była identyfikacja istotnych możliwości prowadzących do przewagi konkurencyjnej mniejszych gospodarstw rolnych prowadzących uprawy eksportowe. W związku z tym stwierdzono, że uczenie się organizacyjne, budowanie relacji, zarządzanie jakością i marketing stanowią istotne dynamiczne możliwości gospodarstw (tabela 4.9). Podobnie, ustalenia potwierdziły wcześniejsze prace nad możliwościami i były zgodne z RBV (Bhardwaj i in., 2011; DeSarbo i in., 2007; Elshaer i Augustyn, 2016; Franzak i Pitta, 2005; Lages i in, 2009; Lakhal, 2009; Lin i Tsai, 2016; Morgan i in., 2009; Nath i in., 2010; Ngugi i in., 2010; Ridha i in., 2017;

Ritala i Ellonen, 2010; Sirmon i in., 2007; Vorhies i Morgan, 2005; Ziggers i Henseler, 2009).

Wyniki analizy regresji wskazały jednak, że reputacja gospodarstwa nie jest znaczącym predyktorem przewagi konkurencyjnej, chociaż w analizie korelacji wykazano, że jest inaczej (tabela 4.4). Stwierdzenie to nie było zgodne z tym, za czym opowiada się wielu badaczy (Barney, 1995; Carmeli i Tishler, 2004; Ritthaisong i in., 2014; Itami, 1987; Habbershon i Williams, 1999; Perez-Cabanero i in., 2012; Talbot, 2013), że wartości niematerialne i prawne, takie jak reputacja firm, są bardzo trudne do naśladowania, a zatem stanowią prawdziwe źródło przewagi konkurencyjnej, którą można zachować w nadgodzinach.

Podobnie sprzeczne ustalenia odnotowano w odniesieniu do związku między zdolnością zarządzania procesami gospodarskimi a przewagą konkurencyjną (Agada, 2014; Borch i Forsman, 2001; Day, 1994; DeSarbo i in., 2007; Nath i in., 2010; Priem i Butler, 2001). Innymi słowy, właściciele gospodarstw nie postrzegali procesów takich jak kontrola nawożenia, terminowe zbiory, zbiorowe decyzje i praktyki przyjazne dla środowiska jako możliwości dynamiczne, ale jako zwykłe możliwości. Ogólnie rzecz biorąc, hipotezy badania były dobrze uzasadnione, z wyjątkiem reputacji i zdolności zarządzania procesami gospodarskimi.

Czwartym celem szczegółowym badania było zbadanie, czy zdolność odgrywa rolę pośredniczącą między zasobami a przewagą konkurencyjną. Poza bezpośrednimi relacjami z przewagą konkurencyjną, interesujący jest fakt, że zarówno zdolności dynamiczne, a mianowicie zdolność do zarządzania jakością, jak i zdolności marketingowe, wykazują również znaczące efekty mediacyjne. Widać to po znikomych wartościach współczynnika ścieżki (tabele 4.11, 4.12, 4.13 i 4.14) pomiędzy kapitałem instytucjonalnym, działaniem zbiorowym i przewagą konkurencyjną (Baron i Kenny, 1986). Uznając literaturę na temat kapitału instytucjonalnego, wyniki potwierdzają, że programy rządowe mogą mieć znaczący wpływ zarówno na zdolności dynamiczne, jak i przewagę konkurencyjną (Ismail i in., 2010; Kumar i Rai, 2007; Lu i in., 2010) małych gospodarstw rolnych prowadzących uprawy eksportowe. Jednak w odniesieniu do zdolności marketingowych, zdolność zarządzania jakością w większym stopniu korzysta z programów rządowych, co z kolei zwiększa przewagę konkurencyjną właścicieli gospodarstw rolnych, choć obie te zdolności dynamiczne są statystycznie istotne.

Wyniki analizy ścieżki opartej na regresji pokazują ponadto, że zbiorowe działania właścicieli gospodarstw mogą mieć znaczący wpływ zarówno na zdolności dynamiczne (zdolność do zarządzania jakością, jak i zdolności marketingowe), jak i na przewagę konkurencyjną (Lamprinopoulou i in., 2006; Lu i in., 2010; Tregear i Ness, 2006). Podobnie jak w przypadku programów rządowych, zdolność do zarządzania jakością w większym stopniu korzysta z działań zbiorowych, co z kolei zwiększa przewagę konkurencyjną gospodarstw rolnych, choć obie te zdolności dynamiczne są statystycznie istotne. Wyniki wspierały ramy badawcze w zakresie pośredniego wpływu zmiennych, a zatem stosowane ramy badawcze ponownie okazały się ważne i wiarygodne.

Piątym i ostatnim celem szczegółowym badania było określenie umiarkowanego wpływu płci, intencji biznesowych i religijności właścicieli gospodarstw rolnych na relacje pomiędzy zasobami, możliwościami i przewagą konkurencyjną. Wyniki ujawniły, że intencje biznesowe i religijność właścicieli gospodarstw rolnych mają znaczący wpływ moderujący na relacje między zasobami, możliwościami i przewagą konkurencyjną drobnych gospodarstw rolnych prowadzących uprawy eksportowe. Wyniki wskazywały ponadto, że najwyższa wartość współczynnika koncentrowała się na zamiarze biznesowym zorientowanym na zysk, a także na wysokim poziomie religijności. Interesujące będzie dalsze badanie tego aspektu w celu dokładnego określenia, w jaki sposób te cechy przyczyniają się do zwiększenia przewagi konkurencyjnej tych gospodarstw.

Wyniki wykazały jednak, że nie ma znaczącego efektu moderującego pomiędzy płcią właścicieli gospodarstw a zasobami, możliwościami i przewagą konkurencyjną małoletnich gospodarstw prowadzących uprawy eksportowe, co oznacza, że płeć nie jest czynnikiem wpływającym na wybór, ukierunkowanie i integrację zasobów o dynamicznych możliwościach zwiększania konkurencyjności małoletnich gospodarstw prowadzących uprawy eksportowe. Wymaga to dalszych badań w zakresie łagodzenia skutków związanych z płcią.

Ponadto w badaniu stwierdzono, Īe doĞwiadczenie w zakresie upraw komercyjnych wáaĞcicieli gospodarstw rolnych stanowi istotny prognostyk przewagi konkurencyjnej maáych gospodarstw rolnych upraw eksportowych (tabela 4.23). Doświadczenia właścicieli gospodarstw stanowiły znaczne 30,2% wariancji przewagi konkurencyjnej gospodarstw, co wskazuje na poparcie wcześniejszych ustaleń i literatury (Borch i Forsman, 2001; Carmeli i Tishler, 2004; Lu i in., 2010; Morris i Snell, 2011; Newbert, 2008; Ojeda-Gomez i in., 2007).

Istnieje kilka ograniczeń, które należy uznać z korzyścią dla przyszłych badań. Ponieważ badanie to jest prowadzone w kontekście trzech upraw, możliwość uogólnienia zgłoszonych wyników na inne rodzaje upraw małoobszarowych pozostaje ograniczona. Badanie koncentrowało się na konkretnych zasobach i możliwościach, które zostały zidentyfikowane we wcześniejszych badaniach oraz w opiniach ekspertów, co jest zgodne z jego celami. Mogą istnieć inne ważne konstrukcje ukryte, które są związane z przewagą konkurencyjną, na które przyszłe badania powinny zwracać uwagę. Ponadto w badaniu zbadano funkcje dwóch zasobów (kapitał instytucjonalny i działanie zbiorowe) i zdolności (zarządzanie jakością i marketing), które są identyfikowane na podstawie literatury agrobiznesu i opinii ekspertów.

W kolejnych rozdziałach omówiono szczegółowo relacje między zmiennymi niezależnymi, zależnymi, pośredniczącymi i moderującymi oraz wynikające z nich implikacje badawcze i praktyczne.

5.3 Dyskusja

Newbert (2008) twierdzi, że badanie na poziomie koncepcyjnym dotyczące podstawowych cech zasobów i możliwości byłoby konieczne przede wszystkim ze względu na brak badań, głównie tych ukierunkowanych na sektor agrobiznesu. W tym kontekście niniejsze opracowanie przedstawia ważne implikacje teoretyczne i praktyczne na poparcie argumentu Newberta (2008), że firma może dysponować zasobami, które mogłyby wygenerować przewagę konkurencyjną, ale zasoby te mogą nie być wystarczające do wygenerowania trwałej przewagi konkurencyjnej, chyba że są one wspierane przez szczególne zdolności dynamiczne. Badania te przyczyniły się do lepszego zrozumienia zakresu możliwości zastosowania DWB oraz integracji zasobów z dynamicznymi możliwościami poszczególnych gospodarstw rolnych, co zostało zilustrowane w ramach badań, w celu uzyskania przewagi konkurencyjnej. Ponadto badanie dostarcza dowodów na to, że intencje biznesowe i stopień religijności właścicieli gospodarstw rolnych dostarczają krytycznych spostrzeżeń na temat przewagi konkurencyjnej małych gospodarstw rolnych prowadzących uprawy eksportowe w zakresie interakcji pomiędzy zasobami i możliwościami. Konkretne relacje pomiędzy tymi siedmioma zasobami, pięcioma możliwościami i przewagą konkurencyjną zostały omówione w kolejnych podsekcjach.

5.3.1 Zasoby

Znaczący związek pomiędzy zasobami ludzkimi a przewagą konkurencyjną znajduje odzwierciedlenie w wynikach statystycznych, które stanowią wsparcie dla H1a. Zasoby ludzkie nie mogą być odizolowane od agrobiznesu (Lamprinopoulou i in., 2006) ze względu na ich silne powiązanie z sektorem, co wynika z uzyskanej wartości beta (tabela 4.8). W związku z tym pracownicy, którzy są doświadczeni i oddani swojej pracy oraz ci, którzy wymagają mniejszego nadzoru, są cennymi aktywami dla właścicieli gospodarstw rolnych ze względu na konieczność generowania wysokiej jakości plonów (Talbot, 2013). Ponadto, poziom wydajności i innowacyjności może zostać zwiększony dzięki zaufanym pracownikom (Genc, 2013, Ismail et al., 2012).

Według wywiadów przeprowadzonych z 30 właścicielami gospodarstw rolnych, niska rozpoznawalność społeczna jest głównym czynnikiem prowadzącym do niedoboru siły roboczej. Młodsze pokolenie, zwłaszcza kobiety, poszukują zazwyczaj zatrudnienia poza granicami kraju z zamiarem uzyskania wyższych zarobków. Jednakże, według przewodniczącego Rady Przypraw, rolnicy mogą zarobić ponad 300 dolarów miesięcznie, czyli więcej niż ci, którzy zarabiają 150 dolarów miesięcznie, pracując jako pokojówka za granicą. Przyjrzawszy się bliżej, 62,8% właścicielek gospodarstw rolnych zostało sklasyfikowanych w kategorii brak innych źródeł dochodu (19 gospodarstw cynamonowych, 26 gospodarstw goździków i 29 gospodarstw pieprzowych). Ta grupa właścicieli gospodarstw rolnych może jednak nie brać pod uwagę działalności gospodarczej po uzyskaniu innych źródeł dochodów. W związku z tym zapewnienie stałego dochodu i uznania społecznego musi być przekazywane właścicielom gospodarstw rolnych, w szczególności tym, którzy nie należą do żadnej innej kategorii źródeł dochodu, przy jednoczesnym wzmocnieniu tych, którzy należą do kategorii działalności dochodowej i dziedziczą przedsiębiorstwo z okręgu.

Innym interesującym odkryciem wynikającym z wywiadów było to, że właściciele gospodarstw nie wydają się kłaść nacisku na relacje oparte na zaufaniu ze względu na groźbę oszustwa i innych niepożądanych praktyk. Sachitra et al. (2016) zgłosiła incydenty, w których pracownicy ukradli nawozy, surowce i sprzęt rolniczy, a także zaangażowali się w furię umów z dilerami zewnętrznymi w celu sprzedaży plonów. Mogło to doprowadzić do powstania wśród właścicieli gospodarstw dylematu między utrzymaniem doświadczonych i wykwalifikowanych pracowników, a jednocześnie zachowaniem wobec nich ostrożności. Ponadto właściciele gospodarstw wolą scentralizowany organ decyzyjny, ponieważ uważają, że łatwiej jest kontrolować swoich pracowników. W związku z tym, aby przezwyciężyć wszelkie problemy związane z etyczną praktyką i autonomią, konieczne są systematyczne strategie zmniejszania przepaści między pracodawcą a pracownikiem. Sugeruje to, że należy opracować plan motywacyjny oparty na wydajności i zapewnić możliwości szkoleniowe w celu zaszczepienia takiej relacji. Powinno to być również stosowane w gospodarstwach rolnych w celu budowania zaufania i pracy zespołowej wśród pracowników, co ostatecznie doprowadzi do lepszej wydajności pracy i jakości plonów. Z uwagi na to, że kształcenie organizacyjne ma kluczowe znaczenie dla sukcesu gospodarstw rolnych, właściciele gospodarstw powinni zapewnić swoim pracownikom pomieszczenia do podejmowania decyzji i stosowania nowych pomysłów w działalności rolniczej.

Wykazano znaczenie rzeczowych aktywów trwałych dla przewagi konkurencyjnej gospodarstw rolnych w przypadku H1b. Prowadząc działalność gospodarczą przez okres nie krótszy niż 10 lat, właściciele gospodarstw rozumieją, że posiadanie odpowiednich surowców, sprzętu rolniczego i żniwnego, a także korzystne położenie geograficzne i posiadanie nawozów opracowanych przez gospodarstwa rolne są koniecznymi warunkami wstępnymi sukcesu. Jednak średni wynik dla aktywów rzeczowych (tabela 4.4) można wyjaśnić istniejącą metodą uprawy stosowaną od wielu lat. W celu zwiększenia produkcji konieczne jest, aby właściciele gospodarstw rolnych zapoznali się z najnowszymi surowcami i sprzętem, a także zaplanowali ich pozyskanie tak, aby możliwe było uzyskanie wyższej jakości plonów, które wymagają krótszego okresu uprawy. Umożliwi to właścicielom gospodarstw rolnych wspieranie rządu w osiągnięciu pożądanego celu eksportu przypraw do 2025 roku. Ponadto, wyniki wywiadu podkreślają, że słaby system irygacyjny stał się powszechnym problemem, z którym borykają się właściciele gospodarstw rolnych. Zły system nawadniania może mieć wpływ na odpowiednie położenie geograficzne dla rolnictwa. Sugeruje to zatem, że władze muszą odgrywać rolę w zapewnieniu prawidłowego funkcjonowania systemów nawadniania.

Podobnie, znaczenie aktywów finansowych dla przewagi konkurencyjnej małych gospodarstw rolnych prowadzących uprawy eksportowe znajduje również odzwierciedlenie w wysokich wartościach beta i wsparciu dla H1c. Jednak średni wynik w tabeli 4.4 sugeruje, że ograniczenie finansowe jest naglącą kwestią, z którą borykają się drobni rolnicy (Simpson i in., 2004; Zaridis i Mousiolis, 2014). Kwestia ta budzi coraz większy niepokój, zwłaszcza gdy właściciele gospodarstw rolnych są pod presją zwiększania swoich plonów w celu spełnienia stawianych im wymagań. Jednak wiele zamówień eksportowych nie może zostać zrealizowanych ze względu na niewystarczającą wielkość produkcji, co stwarza błędne koło ograniczeń finansowych (Sachitra i Chong, 2015 r.). Podkreśla to konieczność zapewnienia odpowiednich środków finansowych na działalność rolniczą i zakup odpowiedniego wyposażenia kapitałowego (Agada, 2014; Lamprinopoulou i in., 2006).
Ustalenia z wywiadów odzwierciedlały również źródło finansowania uzyskane przez właścicieli gospodarstw. Zgłaszano, że spośród wszystkich wypłat pożyczek między źródłami formalnymi i nieformalnymi sektor nieinstytucjonalny lub nieformalny pozostaje stosunkowo wysoki i wynosi 34 % wszystkich pożyczek dla sektora rolnego (sprawozdanie banku centralnego, 2015 r.). Pokazuje to, że właściciele gospodarstw rolnych, którzy nie są świadomi istnienia nieoprocentowanych i/lub niskooprocentowanych instrumentów kredytowych i/lub dotacji oferowanych przez rząd, banki komercyjne i instytucje mikrofinansowe, mogą mieć zabezpieczone pożyczki z nieformalnych kanałów, takich jak indywidualni pożyczkodawcy pieniędzy. Mogą one popaść w trudności finansowe z powodu wysokich stóp procentowych, co jeszcze bardziej pogorszy ich sytuację finansową. Aby rozwiązać ten problem, rząd współpracował z bankiem państwowym i prywatnym w celu opracowania większej liczby niskooprocentowanych instrumentów kredytowych dla

drobnych rolników (Sachitra i Chong, 2015 r.), a mianowicie programu pożyczek Saubhagya i programu rozwoju przedsiębiorczości drobnych posiadaczy. Ponadto instytucje mikrofinansowe, takie jak Agro Finance, LB Finance, Bimputh Finance, HNB Grameen Finance i Vallibel Finance, zapewniają również kredyty dla rolników prowadzących działalność na małą skalę. Niezbędny jest udział większej liczby instytucji finansowych w tego rodzaju programach, takich jak kredyty bez zabezpieczeń, najniższa rata, kredyt z ubezpieczeniem zapewniony właścicielom gospodarstw. Aby dotrzeć do jak największej liczby rolników, konieczne jest większe nagłośnienie tych programów. Właściciele gospodarstw rolnych powinni nie tylko wykorzystywać możliwości wsparcia rządowego, ale także wywierać nacisk na działania zbiorowe. Zaletą jest uzyskanie możliwości uzyskania nieoprocentowanych, niskooprocentowanych kredytów, a nawet wspólnych pożyczek.

Badanie to potwierdziło również H1d na temat ważnej roli, jaką odgrywa rząd jako jeden z kluczowych elementów w zwiększaniu konkurencyjności małych gospodarstw rolnych (Ismail i in., 2010). Nie było to niespodziewane, ponieważ charakter małych firm agrobiznesu wymaga od nich poszukiwania zasobów w środowisku instytucjonalnym (Kata i Zajac, 2007; Kumar i Rai, 2007), w tym w programach rządowych (Lu i in., 2010). Środki zapewniane przez rząd, takie jak szkolenia i warsztaty, subsydia, porady i wskazówki urzędników Departamentu Rolnictwa, a także wsparcie w identyfikacji klientów, są ważne dla małych gospodarstw uprawiających rośliny eksportowe. Jednak, mimo że Departament Rolnictwa Eksportowego organizuje spotkania i prowadzi programy szkoleniowe oraz warsztaty obejmujące proces sadzenia ze szkółek do zbiorów, a także wprowadzania do obrotu i produkcji standardowych produktów certyfikowanych, Sachitra i in. (2016) stwierdziła, że odnotowano niski poziom uczestnictwa, a także niski poziom wykorzystania dotacji rządowych. Niski wskaźnik wykorzystania dotacji wzmacnia wcześniejszy argument dotyczący stopnia świadomości właścicieli gospodarstw rolnych na temat dostarczanych im zachęt finansowych.

Oczywiste jest, że potrzebne są programy szkoleniowe na temat innowacji, wydajności, zarządzania i przedsiębiorczości. Wywiady z właścicielami gospodarstw podkreślają również znaczenie szkolenia pracowników Działu Rolnictwa oraz wyposażenia ich w wiedzę techniczną, a także umiejętności marketingowe i doradcze w celu zapewnienia skutecznego przekazywania informacji. Jest to pogląd, że uprawy te są wykorzystywane w przemyśle spożywczym, medycznym i kosmetycznym, a zatem utrzymanie lub poprawa jakości upraw ma kluczowe znaczenie. Jednocześnie, w związku z koniecznością sprostania wymogom i celom eksportowym określonym przez rząd, istnieje potrzeba profesjonalizacji sektora w zakresie zarządzania jego zasobami ludzkimi. Oznacza to, że właścicielom gospodarstw i ich pracownikom należy zapewnić "miękkie" programy szkoleniowe w różnych obszarach, dotyczące standardów jakości, zarządzania finansowego, praktyk przyjaznych dla środowiska, budowania sieci, rozwoju pracowników, zarządzania dostawcami, klientów i logistyki, innowacji w zakresie produktów i procesów, cen i analizy konkurencji, a także czasu wprowadzenia na rynek. Ponadto, ustalenia wzywają również odpowiednie agencje rządowe, takie jak Ministerstwo Rolnictwa Eksportowego, Ministerstwo Przemysłu i Handlu, Rada Rozwoju Eksportu, Departament Rolnictwa Eksportowego oraz Rada Przypraw do wzajemnej współpracy w celu rozszerzenia zakresu wsparcia instytucjonalnego, które obejmuje ulgi podatkowe dla małych gospodarstw rolnych, udostępnianie najnowocześniejszego sprzętu zakupionego przez rząd lub poprzez inicjatywy partnerstwa publiczno-prywatnego.

Znaczenie działań zbiorowych znajduje odzwierciedlenie w ustaleniach, stąd również poparcie dla H1e. Ustalenie to jest zgodne z tym, za czym opowiadają się Gyau et al. (2014), Johannisson i Rezpasillas (2002), Lamprinopoulou et al. (2006), Meutia i Ismail (2012), Ritter i Gemunder (2003) oraz Tregear i Ness (2006). Do pewnego stopnia średni wynik w tabeli 4.4 sugeruje, że właściciele gospodarstw rolnych współpracowali ze swoimi partnerami handlowymi w celu dzielenia się informacjami rynkowymi i omawiania kwestii związanych z produkcją, a także szukania pomocy w znalezieniu nowych klientów. Ponadto dzielą się oni wiedzą biznesową i kredytami z innymi właścicielami gospodarstw rolnych (Lamprinopoulou i in., 2006). Wyniki wywiadu dodatkowo potwierdzają odpowiedzi właścicieli gospodarstw, co tłumaczy najwyższą uzyskaną wartość bety. Oznacza to, że właściciele gospodarstw rolnych powinni wykorzystać swoją kulturę dzielenia się i opieki, którą odziedziczyli po nich wszyscy mieszkańcy Sri Lanki.

Wyniki wywiadów sugerują również, że rola inicjatora jest czynnikiem najbardziej wpływającym na powodzenie działań zbiorowych wśród właścicieli małych gospodarstw rolnych prowadzących uprawy eksportowe. Doświadczony rolnik w uprawie komercyjnej zawsze odgrywał wiodącą rolę wśród innych rolników w zakresie dzielenia się wiedzą na temat standardów i metod uprawy, celu jakości upraw, wyboru dostawców, którzy mogą dostarczyć wysokiej jakości materiały, identyfikacji klientów i konkurencji oraz opracowania strategii cenowych. Oprócz roli inicjatora, należy również wzmocnić ducha współpracy wśród właścicieli gospodarstw rolnych (Tregear i Ness, 2006). Jest to zgodne z poglądem, że konkurencja nie oznacza zabijania konkurentów, ale raczej sposób postępowania z nimi (Covey i Merrill, 2006). Wszystko to oznacza, że właściciele gospodarstw rolnych muszą docenić znaczenie pracy zespołowej, relacji opartych na zaufaniu oraz wspólnych instrumentów kredytowych oferowanych przez banki komercyjne i instytucje mikrofinansowe, z których wszystkie można rozwiązać poprzez wspólne działania. Wyniki sugerują również potrzebę zapewnienia szkoleń w zakresie podejścia do budowania zespołu, umiejętności koordynacji i umiejętności negocjacyjnych. Można to osiągnąć dzięki szkoleniom organizowanym wspólnie przez Radę Spice'a, Biura Sekretariatu Wydziałowego i uczelnie państwowe.

Aby zachęcić właścicieli gospodarstw rolnych do większej konkurencyjności, ustalenia te sugerują również, że ważne jest wzmocnienie ich roli w zakresie przedsiębiorczości. Istotny związek pomiędzy tożsamością przedsiębiorczą a przewagą konkurencyjną znajduje odzwierciedlenie we wsparciu dla H1f. Wyniki badań przeprowadzonych przez Rosairo i Potts (2016 r.), Ridha i in. (2017 r.), Vesala i in. (2007 r.) sugerują, że właściciele gospodarstw rolnych postrzegali siebie jako przedsiębiorców, których cechuje podejmowanie ryzyka, ukierunkowanie na wzrost i innowacyjność. Cechy te mogą odegrać znaczącą rolę w uzyskaniu przewagi konkurencyjnej przez niewielkie gospodarstwa rolne prowadzące uprawy eksportowe. Około 12 właścicieli gospodarstw rolnych, z którymi przeprowadzono wywiad, wspomniało, że presja społeczności lokalnej, spowodowana w szczególności przez członków rodziny i przyjaciół, wzmocniła ich przedsiębiorczą rolę. Potwierdzają to również Ridha et al. (2017), gdzie presja społeczna ze strony partnerów, przyjaciół, rodziny i konsultantów może zwiększyć intencje przedsiębiorców. Jednak z ustaleń z wywiadów wynika, że taki przedsiębiorczy sposób myślenia musi być dalej rozwijany w zakresie opracowywania i wypróbowywania nowych produktów, rynków lub metod uprawy. Właściciele gospodarstw muszą być świadomi przydatności podejmowania ryzyka, metod postępowania z ryzykiem, podejścia ukierunkowanego na wzrost, rodzajów innowacji i stylów zarządzania. Czynniki te powinny być dzielone z właścicielami gospodarstw rolnych poprzez regularne warsztaty organizowane wspólnie przez Biura Sekretariatu Dywizji i uczelnie państwowe, aby wzmocnić przedsiębiorczą rolę małych i średnich przedsiębiorstw.

W przeciwieństwie do aktywów finansowych, kapitału instytucjonalnego i tożsamości przedsiębiorcy, reputacja uzyskała nieco wyższą średnią (tabela 4.4). Reputacja jest związana z zaufaniem. Gdy produkty sprzedającego cieszą się pozytywną opinią, klienci kupują więcej, co daje sprzedającemu korzyść w postaci wątpliwości. Ponadto pracownicy będą cenić sobie reputację farmy i pozostać na jej terenie. Analiza regresji wskazuje jednak, że reputacja nie jest znaczącym predyktorem przewagi konkurencyjnej, chociaż udowodniono, że jest inaczej w analizie korelacji, zatem H1f nie zostało poparte. Stwierdzenie to nie było zgodne z literaturą (Barney, 1995; Carmeli i Tishler, 2004; Itami, 1987; Habbershon i Williams, 1999; Perez-Cabanero i in., 2012; Ritthaisong i in., 2014; Talbot, 2013), gdzie wartości niematerialne i prawne, takie jak reputacja gospodarstw rolnych, są bardzo trudne do naśladowania i tym samym stanowią prawdziwe źródło przewagi konkurencyjnej, którą można zachować w czasie.

Wywiady przeprowadzone z 30 właścicielami gospodarstw ułatwiły odkrycie przyczyn. Interesujące jest to, że właściciele gospodarstw, z którymi przeprowadzono wywiady, nie starali się utrzymać dobrej reputacji swoich upraw i klientów, ani nie dostrzegali znaczenia tego faktu. Wydawało się, że kładą oni większy nacisk na swoje atuty finansowe, jeśli chodzi o płacenie za surowce i wynagrodzenia. Oznacza to, że właściciele gospodarstw rolnych postrzegają sytuację finansową jako ważny element reputacji. W związku z tym właściciele gospodarstw rolnych powinni uświadomić sobie znaczenie reputacji poprzez rozwijanie i utrzymywanie pozytywnej reputacji na rynku w oczach swoich klientów i pracowników. Muszą oni być świadomi znaczenia reputacji gospodarstwa w zakresie jakości, dostępności i ceny produktu, ponieważ reputacja jest jednym z kluczowych czynników utrzymania lojalnych klientów (Ritthaisong i in., 2014). Czynniki te powinny być dzielone z właścicielami gospodarstw poprzez regularne warsztaty i sesje konsultacyjne. Wspomniani wyżej właściciele gospodarstw rolnych powinni nie tylko wykorzystywać możliwości wsparcia rządowego, ale także wywierać wpływ na działania zbiorowe. Korzyści są daleko idące, w tym możliwość zwiększenia ich reputacji na rynku w oczach interesariuszy, w tym pracowników w zakresie jakości produktów, ich dostępności i ceny.

5.3.2 Możliwości

Znaczenie zasobów w wyjaśnianiu konkurencyjności drobnych gospodarstw rolnych prowadzących uprawy eksportowe oznacza, że klucz do przewagi konkurencyjnej zależy od tego, jak podobne zasoby posiadane przez gospodarstwa rolne są posiadane, kontrolowane, konfigurowane i kierowane (Amit i Schoemaker, 1993; Barney i in, 1991; Ismail i in., 2012; Lages i in., 2009; Makadok, 2001; Martin-de-Castro i in., 2006; Morgan i in., 2004; Oliver, 1997; Powell, 2001; Wong i Wong, 2011) na podstawie ich dynamicznych możliwości (Eisenhardt i Martin, 2000). Innymi słowy, o ile zasoby są namacalne, a co za tym idzie, mają znaczący wpływ na wyjaśnienie przewagi konkurencyjnej, to właśnie wartości niematerialne związane z dynamicznymi zdolnościami wywierają silny wpływ na sposób, w jaki zasoby są konfigurowane (od charakteru jednorodności do niejednorodności) w celu osiągnięcia przewagi konkurencyjnej.

W tym przypadku małe gospodarstwa rolne prowadzące uprawy eksportowe mogą posiadać i kontrolować podobne zasoby, ale sposób, w jaki zasoby te są konfigurowane i wykorzystywane na podstawie posiadanych przez nie możliwości dynamicznych, może decydować o osiągnięciu przewagi konkurencyjnej. Jest to możliwe tylko dzięki lepszemu zrozumieniu związku między zasobami a zdolnościami konkurencyjnymi a przewagą konkurencyjną badanego kontekstu, który dostarcza bogatego wglądu w to, jak można rozwijać, ukierunkowywać i wykorzystywać posiadane zasoby i zdolności. Dzieje się tak, ponieważ możliwości te są głęboko zakorzenione w zasobach i procesach firm, które są trudne do zaobserwowania i naśladowania (Makadok, 2001). W tym punkcie tabela 4.4 stanowi przydatny przewodnik w zakresie interakcji pomiędzy zasobami i możliwościami małych gospodarstw rolnych prowadzących uprawy eksportowe.

Znaczący związek między możliwościami organizacyjnego uczenia się a przewagą konkurencyjną potwierdza wsparcie dla H2a. Konkurencyjność przedsiębiorstw opiera się na wiedzy, która powinna być rozwijana za pomocą organizacyjnych mechanizmów uczenia się (Wong i Wong, 2011), ponieważ uczenie się ma kluczowe znaczenie dla sukcesu przedsiębiorstw w tym dynamicznym środowisku w ich dążeniu do adaptacji i przetrwania (Sirmon i in., 2007). Wyniki tego badania odzwierciedlają idee Amarakoon i in. (2016), Gaytána i Benity (2014), Lages i in. (2009), Nieuwenhuisa (2002), Sirmona i in. (2007) oraz Wonga i Wonga (2011), gdzie zdolność do organizacyjnego uczenia się jest istotnym czynnikiem prowadzącym do konkurencyjności drobnych gospodarstw zajmujących się uprawą roślin eksportowych. Wyniki wywiadu wskazały, że właściciele gospodarstw rolnych w większym stopniu polegają na doświadczonych rolnikach w celu rozpowszechniania wiedzy poprzez organizacyjne mechanizmy uczenia się. Jednakże, w zależności od jednego źródła informacji, opracowanie działań edukacyjnych opartych na zasadach rynkowych nie jest uważane za dobrą praktykę.

Ponieważ zasoby ludzkie są w dużym stopniu związane z organizacyjną zdolnością uczenia się (tabela 4.4), sugeruje to, że właściciele gospodarstw rolnych powinni również wykorzystać swoje zasoby ludzkie, zachęcając swoich pracowników do uczenia się poprzez szkolenia i rozwój, zapewniając im uprawnienia decyzyjne i umożliwiając im stosowanie nowych pomysłów w zakresie rutynowej działalności gospodarstwa, które obejmują decyzje o zakupie i metody uprawy. Wokół tych wysiłków należy opracować plan motywacyjny, aby zbudować zaufanie i pracę zespołową, co ostatecznie doprowadzi do lepszej wydajności pracy i jakości plonów, wygeneruje innowacje, zaangażowanie, a także będzie promować praktyki etyczne wśród pracowników gospodarstw.

W ciągu ostatnich dwóch dekad stale zwracano uwagę na relacje międzybranżowe i przewagę konkurencyjną firm (Ngugi i in., 2010). Istotny związek pomiędzy umiejętnościami budowania relacji a przewagą konkurencyjną, odzwierciedlony w H2b, wymagał od właścicieli gospodarstw zwiększenia ich zdolności do kształtowania relacji ze swoimi pracownikami, innymi gospodarstwami, partnerami handlowymi, klientami, a także instytucjami rządowymi i rolniczymi (Agada, 2014; Ngugi i in., 2010). Dzieje się tak, ponieważ zdolność do budowania efektywnej struktury sieciowej stymuluje przewagę konkurencyjną poprzez generowanie czynszu (Ziggers i Henseler, 2009). Podobnie, wnioski z tabeli 4.4 sugerują, że właściciele gospodarstw rolnych powinni rozważyć budowanie relacji między-organizacyjnych poprzez działania zbiorowe. W rzeczywistości ustalenia dotyczące współpracy między gospodarstwami rolnymi i/lub pomiędzy nimi w zakresie rozwoju produktów i dzielenia się wiedzą są obecnie powszechnym zjawiskiem w biznesie (Chen i Chang, 2016 r.).

W związku z tym drobni rolnicy uprawiający uprawy eksportowe mogą dzielić się istotnymi informacjami, uzyskiwać porady i dzielić się dostępnymi kredytami poprzez budowanie relacji między organizacjami, co w zamian zwiększa przewagę konkurencyjną ich gospodarstw. Jednak średni średni wynik w tabeli 4.4 sugeruje, że właściciele gospodarstw rolnych mogliby jeszcze bardziej zwiększyć tę zdolność. Właściciele gospodarstw rolnych muszą zostać poinformowani i przeszkoleni w zakresie sposobów inicjowania ustaleń dotyczących współpracy i budowania opartych na zaufaniu długoterminowych relacji z różnymi zainteresowanymi stronami. Podobnie, ponieważ tożsamość przedsiębiorcza właścicieli gospodarstw rolnych jest w dużym stopniu powiązana z umiejętnością budowania relacji (tabela 4.4), oznacza to również, że właściciele gospodarstw rolnych powinni być zachęcani do wzmacniania swoich ról przedsiębiorczych. Można to osiągnąć dzięki programom szkoleniowym prowadzonym przez Radę Spice'a i Biura Sekretariatu Wydziałowego przy współpracy uczelni państwowych. Ponadto właściwe organy mogą rozważyć zainicjowanie tworzenia odpowiednich sieci w imieniu właścicieli gospodarstw i zachęcić ich do udziału w nich.

Rosnące zapotrzebowanie na przyprawy zarówno w przemyśle spożywczym, jak i medycznym, stworzyło presję na właścicieli małych gospodarstw rolnych prowadzących uprawy eksportowe, aby zwiększyli swoją produkcję i zapewnili, że produkowane rośliny spełniają określone normy jakości. Wyjaśniło to wynik beta i wsparcie dla H2c, gdzie zdolność zarządzania jakością znacząco wpływa na przewagę konkurencyjną małych gospodarstw rolnych uprawiających rośliny eksportowe. Stwierdzenie to sugeruje, że posiadanie takich zdolności, jak wyznaczenie jasnego celu jakościowego dla produkowanych plonów, przyjęcie standardów upraw narzuconych przez rząd, stosowanie podejścia przyjaznego dla środowiska, posiadanie odpowiedniej świadomości jakości produktów wśród pracowników oraz posiadanie dostawców dostarczających wysokiej jakości materiały, są istotne dla konkurencyjności małych gospodarstw (Franzak i Pitta, 2005; Simpson i in., 2004; Spice Council of Sri Lanka, 2014). Jednak średni wynik średni (tabela 4.4) sugeruje, że można zrobić więcej, aby zmienić sposób myślenia właścicieli gospodarstw o ich dotychczasowych praktykach, które są stosowane od dłuższego czasu.

Wywiady z właścicielami gospodarstw wykazały, że wielu z nich woli polegać na własnym doświadczeniu, niż przyjmować wymagane standardy. Spośród 30 przeprowadzonych wywiadów 14 właścicieli gospodarstw nadal uważa, że tradycyjne metody uprawy i zbioru są lepsze niż jakiekolwiek inne podejście. Ponieważ jednak przyprawy te są stosowane w przemyśle spożywczym i medycznym, należy tworzyć świadomość, szczególnie w zakresie bezpieczeństwa produktów.

Patrząc bliżej w tabeli 4.4, zasoby materialne są w dużym stopniu związane z możliwościami zarządzania jakością. Dlatego konieczne jest, aby właściciele gospodarstw rolnych zapoznali się z najnowszymi surowcami i urządzeniami, nawozami przyjaznymi dla środowiska i planowali ich nabycie w celu uzyskania wysokiej jakości plonów. To właśnie tutaj Departament Rolnictwa i Rada ds. Przypraw mogą odegrać rolę w pomaganiu właścicielom gospodarstw rolnych w przestrzeganiu najnowszych surowców i specyficznych standardów upraw poprzez kampanie uświadamiające i specjalne programy szkoleniowe. Oprócz udzielonego wsparcia, zdolność zarządzania jakością może być również zwiększona poprzez działania zbiorowe, jak wynika z ustaleń analizy mediacyjnej w tabelach 4.11 i 4.13. Ponieważ rolnicy woleli polegać na własnych doświadczeniach, zbiorowe działania w ramach roli inicjatora mogłyby służyć jako potencjalny sposób poprawy tej zdolności.

Istotny związek pomiędzy zdolnością do wprowadzania do obrotu a przewagą konkurencyjną mniejszych gospodarstw rolnych prowadzących uprawy eksportowe znalazł odzwierciedlenie we wsparciu dla H2e. Ustalenie to zostało również poparte wcześniejszymi badaniami (Agada, 2014; Benedetto i piosenka, 2003; Forsman, 2000; Grande, 2011; Talbot, 2013). W związku z tym posiadanie odpowiednich zdolności w zakresie marketingu pozwala gospodarstwom rolnym na wykorzystanie działań z zakresu rozpoznawania rynku w celu uzyskania informacji o swoich klientach i konkurencji, a także umiejętności w zakresie opracowywania strategii cenowych i monitorowania taktyki cenowej konkurencji. Wyniki wywiadu wskazały, że wśród właścicieli gospodarstw brak jest konkretnych umiejętności w zakresie ukierunkowania i analizy trendów rynkowych. Wyniki przedstawione w tabeli 4.4 wskazują, że można to osiągnąć również poprzez działania zbiorowe. Ponadto, aby poszerzyć zakres możliwości marketingowych, właściciele gospodarstw rolnych powinni postrzegać siebie jako przedsiębiorców i korzystać ze szkoleń związanych z identyfikacją klientów i logistyką, innowacyjnością produktów, a także z doradztwa czasowego w zakresie wprowadzania produktów na rynek, oferowanych przez Departament Rolnictwa Eksportowego i Radę Przypraw. Jest to związane z ustaleniami zawartymi w tabeli 4.12, zgodnie z którymi wsparcie rządowe jest ważnym zasobem dla małych gospodarstw rolnych prowadzących uprawy eksportowe w celu rozwijania ich zdolności marketingowych.

Odnotowano jednak sprzeczne ustalenia dotyczące związku między zdolnością zarządzania procesami gospodarskimi a przewagą konkurencyjną (Agada, 2014; Borch i Forsman, 2001; Day, 1994; DeSarbo i in., 2007; Nath i in., 2010), a zatem H2d nie uzyskało poparcia. Można wywnioskować, że właściciele gospodarstw nie traktują procesów takich jak kontrola nawożenia, terminowe zbiory i wspólne decyzje jako zdolność dynamiczną, ale jako zwykłą zdolność opartą na przekonaniu, że procesy te powinny być podobne w różnych gospodarstwach. Zidentyfikowano dwie możliwe przyczyny: po pierwsze, przekonanie, że procesy powinny być podobne w różnych gospodarstwach, a po drugie, większość właścicieli gospodarstw posiadała wykształcenie poniżej zwykłego poziomu. W związku z tym wydawało się, że brak jest umiejętności i wiedzy w zakresie zarządzania.

Wywiady z właścicielami gospodarstw ujawniły jednak inne ciekawe odkrycia. Wielu z nich wspomniało, że nie są chętni do prowadzenia dokumentacji finansowej, ponieważ marnuje to ich czas i wysiłek. Gdy badacze zgłębiali je dalej, jako główną przyczynę wskazano analfabetyzm finansowy. Niezdolność do prowadzenia dokumentacji finansowej miała wpływ na kontrolę kosztów nawozów. Zamiast tego obciążają one winą czynniki zewnętrzne, takie jak opady deszczu, powodzie, susze i osunięcia ziemi. Mimo, Īe odnotowano nieznaczny wynik, wyniki analizy korelacji w tabeli 4.4 sugerowały, Īe moĪna poprawiü zdolnoĞü zarządzania procesami w gospodarstwach rolnych, jeĪeli rozwinie siĊ relacje miĊdzyorganizacyjne i skupi siĊ na organizacyjnym uczeniu siĊ. Niezależnie od tego, wyniki wskazują na potrzebę skoncentrowania się na czterech pozostałych zdolnościach, które pośrednio prowadzą do skutecznego wykorzystania zasobów w celu lepszego zarządzania procesami w gospodarstwie.

5.3.3 Mediowanie wpływu zdolności na relacje między zasobami a przewagą konkurencyjną

Makadok (2001) podkreśla, że przedsiębiorstwo może stworzyć przewagę konkurencyjną nie poprzez dobór odpowiednich zasobów niż jego konkurenci, ale poprzez zintegrowanie ich z odpowiednimi możliwościami. Ten argument staje się cenny w sytuacji, gdy zasoby są szeroko dostępne i nie są rzadkie. Na tej podstawie w badaniu przeanalizowano interaktywne role zasobów i możliwości w celu lepszego zrozumienia, w jaki sposób można uzyskać przewagę konkurencyjną.

Literatura sugeruje, że nie było jasnych dowodów empirycznych dotyczących roli pośredniczącej zdolności zarządzania jakością i zdolności marketingowych w relacjach pomiędzy kapitałem instytucjonalnym, działaniem zbiorowym i przewagą konkurencyjną (Sachitra i Chong, 2017). Jednak wyniki analizy ścieżki regresji uzyskane w ramach tego badania pokazują, że programy rządowe stanowią kluczowy wymiar kapitału instytucjonalnego. Wraz z działaniami zbiorowymi mogą one mieć znaczący wpływ na zdolność do zarządzania jakością i zdolność do wprowadzania na rynek, a następnie na przewagę konkurencyjną mniejszych gospodarstw rolnych prowadzących uprawy eksportowe.

Szczególne relacje pomiędzy kapitałem instytucjonalnym, działaniem zbiorowym, zdolnością do zarządzania jakością, zdolnością marketingową i przewagą konkurencyjną zostały omówione w kolejnych podrozdziałach.

5.3.3(a) Kapitał instytucjonalny oraz zdolności w zakresie zarządzania jakością i marketingu

Badanie przyczyniło się do lepszego zrozumienia roli programów rządowych jako kluczowego wymiaru kapitału instytucjonalnego w rozwoju przewagi konkurencyjnej i zdolności dynamicznych na poziomie przedsiębiorstwa, wykorzystując teorię RBV jako podstawę. Jest to istotny wkład tego badania, ponieważ konkurencyjność sektora agrobiznesu, szczególnie wśród małych gospodarstw rodzinnych w krajach wschodzących, jest istotnym zagadnieniem, które zasługuje na dalszą i zasłużoną uwagę.

Ustalenia zawarte w tabelach 4.11 i 4.12 wskazują, że wszystkie środki zapewnione przez rząd, takie jak szkolenia i warsztaty, dotacje, doradztwo i wskazówki, spotkania z urzędnikami Departamentu Rolnictwa oraz wsparcie w identyfikacji klientów, są dla właścicieli małych gospodarstw rolnych prowadzących uprawy eksportowe ważnymi środkami rozwoju ich możliwości w celu poprawy i/lub wzmocnienia ich pozycji konkurencyjnej.

Obecnie Departament Rolnictwa Eksportowego organizuje i prowadzi programy szkoleniowe i warsztaty od szkółek po zbiory, marketing i produkcję standardowych certyfikowanych produktów. Sachitra i Chong (2017 r.) poinformowały, że w 2016 r. zorganizowano aż dwa programy szkoleniowe i trzy warsztaty dla właścicieli małych gospodarstw rolnych prowadzących uprawy eksportowe. Jednakże, o ile odnotowano i zgłoszono niski wskaźnik uczestnictwa. Z drugiej strony, właściciele gospodarstw, którzy uczestniczyli w programach, nie byli zadowoleni z ich treści, natomiast ci, którzy w nich nie uczestniczyli, obwiniali za to przesłane im późno powiadomienia. Wiąże się to z koniecznością dokonania przeglądu treści programów szkoleniowych i warsztatów w celu zastanowienia się nad walutą, jak również nad różnymi aspektami uwzględnionymi w tych badaniach. Przed zorganizowaniem jakichkolwiek programów szkoleniowych lub warsztatów należy wyznaczyć jasny cel. Ponadto wymagany jest bardziej efektywny kanał komunikacji, tak aby właściciele gospodarstw otrzymali wystarczające powiadomienie. Dzięki wprowadzeniu tych środków, departament może rozważyć wprowadzenie obowiązku uczestnictwa w programach szkoleniowych lub warsztatach. Można tego dokonać poprzez wysłanie swoich funkcjonariuszy do różnych okręgów w celu przeprowadzenia programów szkoleniowych i warsztatów zarówno dla właścicieli gospodarstw, jak i ich pracowników. Taki udział może być powiązany z alokacją finansową zapewnioną przez rząd, a także z priorytetem i czasem przeznaczonym na spotkanie z urzędnikami departamentu w celu uzyskania wskazówek i porad.

Inne ważne wsparcie instytucjonalne obejmuje zachęty finansowe i niefinansowe. W przypadku zachęt finansowych, obecnie rząd pomaga właścicielom gospodarstw rolnych poprzez nieoprocentowane lub niskooprocentowane pożyczki i dotacje dla drobnych rolników (Sachitra i Chong, 2015). Należy zachęcać więcej instytucji finansowych do zapewnienia rolnikom takiego systemu. Istnieje również potrzeba większego nagłośnienia tych zachęt, aby dotrzeć do jak największej liczby właścicieli gospodarstw rolnych, patrząc na ich populację, która rozsiana jest po całym kraju.

Jeśli chodzi o zachęty pozafinansowe, wśród istotnych czynników, które mogłyby zwiększyć konkurencyjność właścicieli małych gospodarstw rolnych prowadzących uprawy eksportowe, znajdują się konsultacje, doradztwo lub wskazówki dotyczące kwestii związanych z produkcją, jak również wspólne korzystanie z najnowocześniejszego sprzętu w celu zwiększenia wydajności i jakości produkowanych plonów. Urzędnicy mogliby również udzielać porad z zakresu marketingu, które obejmują identyfikację klientów i logistyki, innowacje produktowe i czas wprowadzenia na rynek. Aby osiągnąć pożądane wyniki, należy opracować odpowiedni program i standardową odpowiedź, w tym arkusz pytań i odpowiedzi dotyczący obszarów związanych z zachętami finansowymi, szkoleniami i możliwościami rozwoju, standardami jakości, praktykami przyjaznymi dla środowiska, rozwojem i zarządzaniem pracownikami, zarządzaniem dostawcami, analizą cen i konkurencji, określaniem możliwości rynkowych, by wymienić tylko niektóre z nich, tak aby ułatwić urzędnikom udzielanie dokładnych informacji i porad właścicielom gospodarstw, którzy ich szukali. Niezwykle ważne jest, aby funkcjonariusze byli odpowiednio przeszkoleni w zakresie wiedzy technicznej i umiejętności konsultacji, aby zapewnić skuteczne dostarczanie informacji (Sachitra i Chong, 2017 r.).

Priorytetem jest uświadomienie właścicielom gospodarstw rolnych, jak ważne jest wzmacnianie ich pozycji konkurencyjnej poprzez rozwijanie ich zdolności w zakresie zarządzania jakością i zdolności marketingowych poprzez angażowanie się w różne programy rządowe opracowane dla nich (Ismail i in., 2010; Kumar i Rai, 2007). Taka interwencja polityczna powinna być postrzegana jako krytyczna, ponieważ mogłaby wyrównać postrzeganą przewagę konkurencyjną pomiędzy nowymi i bardziej rozwiniętymi gospodarstwami (Bhardwaj i in., 2011). Bez aktywnego uczestnictwa właściciele gospodarstw będą kontynuować swoje stuletnie praktyki, w których żadna inicjatywa transformacyjna nie przyniesie owoców. Uzasadniony jest zatem bardziej agresywny i szeroko zakrojony program reklamowy.

Aby poszerzyć zakres wsparcia instytucjonalnego, konieczna jest współpraca odpowiednich agencji rządowych, takich jak Ministerstwo Rolnictwa Eksportowego, Ministerstwo Przemysłu i Handlu, Rada Rozwoju Eksportu, Departament Rolnictwa Eksportowego i Rada Przypraw (Sachitra i Chong, 2017). Aby zapewnić właściwe funkcjonowanie udzielanego wsparcia, konieczne są bliskie stosunki między właścicielami gospodarstw rolnych, władzami i instytucjami prywatnymi, w zakresie, w jakim możliwe jest podejście oparte na partnerstwie publiczno-prywatnym. Jako punkt wyjścia ważne jest, aby istniała aktualna inicjatywa z prywatnym bankiem, mająca na celu zapewnienie pomocy finansowej właścicielom gospodarstw rolnych. Inicjatywę taką można by rozszerzyć na inne obszary, na przykład poprzez współpracę z dużymi prywatnymi przedsiębiorstwami rolnymi w celu wspierania właścicieli małych gospodarstw rolnych w zakresie hybrydowych metod uprawy, naukowego postępowania po zbiorze, magazynowania, logistyki, zapewnienia jakości i analizy tendencji rynkowych, by wymienić tylko niektóre. Zachęty w postaci ulg podatkowych mogłyby być udzielane dużym gospodarstwom rolnym w celu pomocy mniejszym. Takie podejście nie tylko wzmocni pozycję konkurencyjną całego sektora agrobiznesu, ale także doprowadzi do wykształcenia bardziej komercyjnego nastawienia wśród właścicieli małych gospodarstw rolnych prowadzących uprawy eksportowe.

5.3.3(b) Działania zbiorowe oraz zarządzanie jakością i zdolności w zakresie marketingu

Oprócz kapitału instytucjonalnego, działanie zbiorowe jest kolejnym kluczowym zasobem dla małych gospodarstw rolnych ze względu na ich relacje społeczne i sieci powiązań między podmiotami społecznymi. Wyniki badania (tabela 4.13 i 4.14) podkreĞlają waĪną rolČ wspólnego dziaáania wáaĞcicieli gospodarstw rolnych w rozwoju przewagi konkurencyjnej i zdolnoĞci dynamicznych. Wyniki sugerują, że budowanie działań grupowych wśród właścicieli gospodarstw i ich partnerów handlowych w zakresie dzielenia się wiedzą, wspólnej sprzedaży i uzyskiwania wspólnych pożyczek umożliwiłoby rolnikom poprawę zarządzania jakością i zdolności marketingowych.

W szczególności wspólne działania ułatwiają dzielenie się informacjami niezbędnymi dla jakości upraw i praktyk związanych z jakością (Tregear i Ness, 2006). Dzięki temu gospodarstwa rolne mogą koordynować swoje działania i zarządzać stałym poziomem jakości upraw. Ponieważ ograniczenia finansowe zostały udokumentowane jako główna bariera dla małych przedsiębiorstw, uzyskanie wspólnych instrumentów kredytowych można uznać za jedno z działań naprawczych. Dzięki wspólnym kredytom właściciele gospodarstw rolnych mogą korzystać z wysokiej jakości surowców, odpowiedniego sprzętu i nowych metod uprawy, co z kolei zwiększa możliwości zarządzania jakością w gospodarstwach.

Wyniki empiryczne przedstawione w tabeli 4.14 wskazują również, że istnieją możliwości poprawy zdolności marketingowych właścicieli gospodarstw rolnych w zakresie budowania bliższych relacji z innymi. Wspólne działanie umożliwia właścicielom gospodarstw rolnych zbieranie informacji i pomysłów na temat klientów, konkurencji, trendów rynkowych, strategii cenowych i dostawców. Dlatego też szczególne umiejętności w zakresie ukierunkowywania i analizowania tendencji rynkowych mogłyby zostać wzmocnione wśród właścicieli gospodarstw rolnych poprzez działania zbiorowe. Dlatego tak ważne jest, aby uświadomić właścicielom gospodarstw rolnych, jak ważne jest wzmacnianie ich pozycji konkurencyjnej poprzez rozwijanie ich zdolności do zarządzania jakością i zdolności marketingowych poprzez budowanie działań grupowych z ich partnerami handlowymi. Ze względu na dziedzictwo kulturowe Sri Lanki, które charakteryzuje się dzieleniem się i troską, należy wykorzystać je do budowania działań grupowych wśród właścicieli gospodarstw rolnych.

5.3.4 Czynniki moderujące relacje między zasobami, możliwościami i przewagą konkurencyjną

Wyniki analizy moderującej wykazały, że intencje biznesowe właścicieli gospodarstw znacznie łagodzą związki pomiędzy zasobami, możliwościami i przewagą konkurencyjną drobnych gospodarstw rolnych prowadzących uprawy eksportowe. Jest to zgodne z badaniami Apasingha et al. (2014), Beaver et al. (1998) i Gray (2000), które podkreślają, że przewaga konkurencyjna małych przedsiębiorstw jest wzmacniana przez główne intencje właścicieli lub menedżerów. Ponadto ustalenie to obala argument Maki i Pukkinena (2000), którzy podkreślają, że przedsiębiorstwa powinny koncentrować się na ważnych czynnikach, a nie na psychice właściciela.

Intencja biznesowa jest sposobem na wyrażenie tego, jak intencje właścicieli będą istnieć w biznesie (Gray, 2000) i motywuje do podejmowania interaktywnych działań. Tym samym psychika właścicieli gospodarstw może znacząco wpłynąć na przewagę konkurencyjną drobnych gospodarstw rolnych prowadzących uprawy eksportowe w postaci zarządzania zasobami i możliwościami. Tabele 4.23 i 4.24 pokazują, że największa wartość współczynnika koncentrowała się na zamiarze biznesowym zorientowanym na zysk. Oznacza to, że relacje pomiędzy zasobami, możliwościami i przewagą konkurencyjną są silniejsze, gdy intencje biznesowe właścicieli gospodarstw są zorientowane na zysk.

Nie jest to trudne do zrozumienia, ponieważ pozycja konkurencyjna małych upraw eksportowych zależy od ich kosztów produkcji i jakości. Zorientowanie na zysk prowadzi do kontroli kosztów procesów produkcyjnych i poprawy jakości produktów. Oczywiste jest, że wyższa jakość plonów zawsze przynosi wyższą cenę na rynku. W związku z tym wyższa cena przy niższych kosztach generuje znaczną marżę zysku, a także siłę konkurencyjną dla właścicieli gospodarstw. Wyniki pokazują, że zorientowanie na zysk jest znacznie silniejszą siłą niż dwa pozostałe zamiary dziedziczenia biznesu z powiatu, jak również brak innych źródeł dochodu.

Jednakże, jeśli chodzi o właścicieli gospodarstw rolnych, którzy angażują się w ten sektor z powodu ich niezdolności do znalezienia innych źródeł dochodu (25,9%), konsekwencje są poważne. W trakcie wywiadów rolnicy wskazywali na możliwość pominięcia działalności rolniczej po uzyskaniu innych źródeł dochodów. W rzeczywistości podobna tendencja występuje we wszystkich trzech rodzajach upraw. Jeśli zlekceważą oni tę działalność, doprowadzi to do marnotrawienia zasobów i wpłynie na dostawy przypraw. W związku z tym urzędnik ds. rolnictwa, który jest w bezpośrednim kontakcie z właścicielami gospodarstw, odgrywa kluczową rolę, aby podkreślić znaczenie zarządzania kosztami operacyjnymi, poprawy jakości produktów, ustalania atrakcyjnej ceny i osiągania konkurencyjnej pozycji. Ponadto, zapewnienie ulg podatkowych na importowany sprzęt i nawozy może pomóc w reorientacji intencji biznesowych właścicieli. Warto jednak zauważyć, że niepotrzebna presja na osiąganie zysków będzie sprzyjać niezdrowej konkurencji, a także nieetycznym działaniom. Dlatego tak ważne jest, aby uświadomić właścicielom gospodarstw rolnych, jak zarządzać kosztami, kontrolować jakość i ustalać ceny w oparciu o odpowiednie standardy i wytyczne, jednocześnie wzmacniając ich orientację na przedsiębiorczość. Niemniej jednak konieczne jest przeprowadzenie dalszych badań w celu zbadania, w jaki sposób intencje biznesowe właścicieli gospodarstw rolnych wpływają na zarządzanie zasobami i ich kontrolę oraz proces podejmowania decyzji w gospodarstwie.

Wyniki wskazują również na statystycznie istotny umiarkowany wpływ religijności właścicieli gospodarstw rolnych na relacje między zasobami, możliwościami i przewagą konkurencyjną. Potwierdziła ona argument, że stopień religijności właścicieli gospodarstw rolnych wpływa na ich gospodarstwa w pozytywny sposób (Bellu i Fume, 2004; Ibrahim i Angelidis, 2005; Jia i in., 2017; Nkamleu, 2007; Tu i in., 2011), podkreślając jego znaczący wpływ na krytyczne myślenie i proces decyzyjny właścicieli gospodarstw w zakresie doboru odpowiednich zasobów i zintegrowania ich z odpowiednimi możliwościami.

Mimo, że ogólna średnia ocena religii (tabela 4.4) była bliska 3,50, co wskazywało na umiarkowany poziom religijności, wyniki z tabel 4.25 i 4.26 wskazywały, że najwyższe wartości współczynnika pojawiły się przy wysokim poziomie religijności. Ustalenie to nie jest niespodziewane, ponieważ mieszkańcy Sri Lanki mają różne przekonania i praktyki religijne. Podczas gdy badanie położyło solidne podwaliny pod religijność i przewagę konkurencyjną tam, gdzie działalność rolnicza i religia wydają się być ze sobą powiązane, nie ma wystarczających dowodów w analizie wpływu przekonań religijnych na przewagę konkurencyjną małych gospodarstw rolnych prowadzących uprawy eksportowe. Dalsze badania wyjaśniające są niezbędne w celu

zbadania, w jaki sposób religijność właścicieli gospodarstw rolnych wpływa na krytyczne myślenie i proces podejmowania decyzji w gospodarstwach.
Jednak wynik analizy moderacyjnej wskazał również, że nie ma statystycznie istotnego umiarkowanego wpływu płci właścicieli gospodarstw rolnych na relacje między zasobami, możliwościami i przewagą konkurencyjną. Rezultat nie jest zgodny z tym, za czym opowiadają się Duńczycy i in. (2007), Frink i in. (2003), Inmyxai i Takahashi (2012) oraz Swinney i in. (2006), że płeć może wpływać na przewagę konkurencyjną w zakresie rozwiązywania problemów, poszukiwania możliwości biznesowych, przetwarzania kreatywnych pomysłów i kierowania przedsiębiorstwem. Konieczne są zatem dalsze badania w celu potwierdzenia umiarkowanego wpływu płci na przewagę konkurencyjną małych gospodarstw rolnych prowadzących uprawy eksportowe.

Ostatecznie, w wyniku statystycznego testu kontrolnego stwierdzono, że doświadczenie w uprawie właścicieli gospodarstw kontrolowanych w ramach modelu stanowi statystycznie istotną część wariancji przewagi konkurencyjnej mniejszych gospodarstw z uprawami eksportowymi. Ustalenie to jest zgodne z badaniami Carmeli i Tishlera (2004), Dziwornu (2014), Lu et al. (2010), Morrisa i Snell'a (2011) i Newberta (2008), które sugerują, że firmy mogą uzyskać szczególną korzyść, jeśli mają menedżera i/lub właściciela z doświadczeniem w komercyjnej uprawie. Jak stwierdziła Ojeda-Gomez i in. (2007), niewielkie gospodarstwa rolne zajmujące się wywozem roślin, prowadzone przez doświadczonych właścicieli, są w stanie dostosować się do zmian w środowisku biznesowym, podejmować strategiczne decyzje i stosować proaktywne zachowania oraz profesjonalne techniki uprawy. Ponownie podkreśla to znaczenie roli inicjatora odgrywanej przez doświadczonych rolników w uprawach komercyjnych, która jest uważana za czynnik mający największy wpływ na powodzenie działań zbiorowych. W związku z tym ustalenie to wzmacnia argument, że doświadczenie właścicieli gospodarstw może mieć wpływ na ich sposoby zarządzania zasobami i możliwościami w ich gospodarstwach, co znajduje odzwierciedlenie w liczbie lat, w których prowadzili oni uprawy komercyjne.

Warto jednak zauwaĪyü, Īe znaczny wpáyw doĞwiadczeĔ uprawowych na przewagĊ konkurencyjną mniejszych gospodarstw z uprawami eksportowymi jest stosunkowo niĪszy (B = 0,029, tabela 4.23). Ponieważ większość właścicieli gospodarstw rolnych ma ponad 10-letnie doświadczenie w uprawie komercyjnej (tabela 2), słusznie takie doświadczenie powinno mieć relatywnie większy wpływ na przewagę konkurencyjną. Niemniej jednak, takie doświadczenie w zakresie uprawy powinno odzwierciedlać sposób, w jaki właściciele gospodarstw rolnych prowadzą swoją działalność w tym konkurencyjnym środowisku poprzez odpowiednie zarządzanie swoimi zasobami i możliwościami. Doświadczenie może mieć niewielkie znaczenie, jeśli właściciele gospodarstw nie są w stanie dostosować się do aktualnego środowiska. W połączeniu z innymi ustaleniami, sensowne jest uznanie zasobów i możliwości za podstawowe źródła przewagi konkurencyjnej. Ogólne podsumowanie dyskusji zostało przedstawione w tabeli 5.1.

Tabela 5.1: Podsumowanie dyskusji

Cel	Uwagi	Ustalenia	Tabela referencyjna nr.
1. Określenie źródeł przewagi konkurencyjnej mniejszych gospodarstw rolnych prowadzących uprawy eksportowe	H1 i H2	Obsługiwane	4.8
2. Ocena przewagi konkurencyjnej małych gospodarstw rolnych prowadzących uprawy eksportowe	Uzasadnienie analityczne	Zasięg CAd małych gospodarstw rolnych prowadzących uprawy eksportowe był zróżnicowany	
3. Określenie znaczących zasobów, które prowadzą do przewagi konkurencyjnej mniejszych gospodarstw rolnych prowadzących uprawy eksportowe	H1a do H1g	H1a do H1f obsługiwane H1g nie jest obsługiwany	4.9
4. Określenie znaczących możliwości, które prowadzą do przewagi konkurencyjnej mniejszych gospodarstw rolnych prowadzących uprawy eksportowe	H2a do H2e	Obsługiwane H2a, 2b, 2c i H2e H2d nie jest obsługiwany	4.9
5. Zbadanie, czy zdolność odgrywa rolę pośredniczącą między zasobami a przewagą konkurencyjną mniejszych gospodarstw rolnych prowadzących uprawy eksportowe	H3a do H3d oraz H4a do H4d	Obsługiwane	4.11, 4.12, 4.13 i 4.14

6. Określenie czynników moderujących, które wpływają na relacje między zasobami, możliwościami i przewagą konkurencyjną małych gospodarstw rolnych prowadzących uprawy eksportowe	H5a do H5d oraz H6a do H6d	H5a i H5b obsługiwane H6a i H6b obsługiwane H5c i H6c nie są obsługiwane H5d i H6d zmienione na H7, H7 poparte	4.16, 4.17, 4.18, 4.19, 4.20 i 4.21 4.6 4.23

5.4 Wkład badania

Studium to ma znaczenie zarówno akademickie, jak i praktyczne. W kolejnych podsekcjach omówiono wkład naukowy i praktyczny, jaki wniosło studium.

5.4.1 Wkład naukowy

Wielu naukowców zgodziło się, że identyfikacja źródeł przewagi konkurencyjnej stała się głównym obszarem badań w zakresie strategii i zarządzania biznesem (Alonso i Bressan, 2016; Barney i in., 2001; Barney, 1991; Camisón i in., 2016; Powell, 2001; Sikora i in., 2016; Wang, 2014). Sektor rolniczy nie jest wyjątkiem, gdy rosnące zapotrzebowanie na produkty rolne na całym świecie wymaga, aby sektor ten był stale konkurencyjny (Akudugu, 2016; Guglielmini i in., 2017; Wilk i Fensterseifer, 2012). W niniejszym opracowaniu omówiono, przetestowano i przeanalizowano koncepcje teoretyczne, koncepcje i pomysły dotyczące zarządzania w kontekście małych gospodarstw rolnych prowadzących uprawy eksportowe w Sri Lance. W ramach badania opracowano solidne narzędzie do empirycznego badania istotnych źródeł przewagi konkurencyjnej poprzez zastosowanie standardowego kwestionariusza, któremu towarzyszyły wywiady półstrukturalne. Dane uzyskane z badań ankietowych na poziomie poszczególnych gospodarstw rolnych zostały przeanalizowane za pomocą kilku testów statystycznych w celu uzyskania odpowiedzi na postawione hipotezy.

Badanie to poszerzyło zatem istniejącą wiedzę, łącząc poglądy oparte na zasobach i możliwościach, które zostały określone jako jednolity teoretyczny model przewagi konkurencyjnej na poziomie przedsiębiorstwa. W szczególności rozszerza ona literaturę na temat RBV, podkreślając koncepcyjny rozwój interakcji pomiędzy zasobami a zdolnościami produkcyjnymi w celu zwiększenia przewagi konkurencyjnej. Ponieważ w ramach podejścia dynamicznego RBV nie można było konkretnie określić, jakie zasoby są związane z dynamicznymi zdolnościami przedsiębiorstw (Lu i in., 2010; Wang, 2014), badając interaktywne role zdolności między zasobami a przewagą konkurencyjną, w niniejszym badaniu zajęto się tą teoretyczną luką, badając rolę pośredniczącą zdolności zarządzania jakością i zdolności marketingowych w odniesieniu do relacji między kapitałem instytucjonalnym, działaniem zbiorowym i przewagą konkurencyjną. Badanie to jest prawdopodobnie jednym z pierwszych badań empirycznych mających na celu zintegrowanie poglądów opartych na zasobach i możliwościach w sektorze upraw małoobszarowych przeznaczonych na eksport. Bhardwaj i in., 2011; Dziwornu, 2014; Forsman, 2000; Kata i Zajac, 2007; Kumar i Rai, 2007; Lamprinopoulou i in, 2006; Nath i in., 2010; Rao i Rogers, 2006; Ridha i in., 2017; Rosairo i Potts, 2016; Talbot, 2013; Vesala i in., 2007), czynniki te zostały zbadane niezależnie i brak jest ujednolicającej teorii dotyczącej źródeł przewagi konkurencyjnej. Innymi słowy, naukowcy nie podjęli żadnej znaczącej lub zauważalnej próby zintegrowania wszystkich ważnych czynników, które wpływają na przewagę konkurencyjną sektora upraw małoobszarowych, szczególnie w kontekście Sri Lanki. Chociaż w kilku badaniach badano czynniki sukcesu (Apasingha i in., 2014; Thamiem i in., 2011), miały one ograniczony zakres. Innym ważnym wkładem tych badań jest to, że zajęły się one znacznym brakiem badań analizujących takie relacje w sposób kompleksowy.

Badanie to stworzyło solidne podstawy do określenia zasobów, które odnoszą się do dynamicznych możliwości mniejszych gospodarstw rolnych zajmujących się wywozem roślin uprawnych w celu uzyskania większej przewagi konkurencyjnej. Stosowane w tym badaniu ważne i wiarygodne mierniki przewagi konkurencyjnej pozwalają przezwyciężyć problem dostępności i wiarygodności danych finansowych na poziomie gospodarstw rolnych, szczególnie w małych i średnich przedsiębiorstwach. Dlatego też skala pomiarowa i elementy wykorzystywane w niniejszym opracowaniu mogą służyć jako narzędzia pomocnicze do dalszych badań nad pomiarem przewagi konkurencyjnej.

Badania wykazały również dobroć środków, popartą dużą liczebnością próby. Środek ten jest uważany za istotny, ponieważ istnieje znaczny brak opublikowanych badań dotyczących źródła przewagi konkurencyjnej wśród przedsiębiorstw rodzinnych (Perez-Cabanero i in., 2012), które charakteryzują drobnych właścicieli gospodarstw rolnych prowadzących uprawy eksportowe. Uzyskane wysokie wartości współczynnika R oznaczają, że ramy badawcze zostały wszechstronnie uzupełnione o zasoby i możliwości, które zostały dodane po konsultacji z odpowiednimi ekspertami w sektorze agrobiznesu i w dziedzinie przewagi konkurencyjnej. Wyniki dają ponadto pewność, że przeprowadzono rzetelną analizę statystyczną zmiennych będących przedmiotem zainteresowania.

Ponadto badanie dostarcza empirycznych dowodów na to, że zamiar prowadzenia działalności gospodarczej stanowi krytyczne wsparcie dla przewagi konkurencyjnej małych gospodarstw rolnych prowadzących uprawy eksportowe w postaci zarządzania zasobami i możliwościami. W związku z tym badanie potwierdziło znaczenie psychiki właścicieli gospodarstw rolnych w odniesieniu do ich intencji biznesowych, które mogą prowadzić do zwiększenia przewagi konkurencyjnej. Z perspektywy badawczej badanie to stanowi bodziec do przeprowadzenia dalszych badań w celu określenia wpływu intencji biznesowych na przewagę konkurencyjną.

Badanie to wniosło również kolejny empiryczny wkład do istniejącej literatury agrobiznesu, badając wpływ przekonań religijnych właścicieli gospodarstw rolnych na relacje między zasobami, możliwościami i przewagą konkurencyjną małych gospodarstw rolnych prowadzących uprawy eksportowe. Wyniki dostarczyły empirycznych dowodów na to, że działalność rolnicza i religijność są ze sobą powiązane. Jest to kolejny wkład wniesiony w niniejsze opracowanie ze względu na znaczny brak opublikowanych badań dotyczących wpływu przekonań religijnych na przewagę konkurencyjną gospodarstw agrobiznesu w ogóle, a w szczególności drobnych gospodarstw prowadzących uprawy eksportowe, mimo że przyszłe badania są niezbędne.

Wreszcie, w badaniu uznano również literaturę RBV, dostarczając dowodów na to, że doświadczenia właścicieli gospodarstw rolnych w zakresie uprawy stanowiły znaczną różnicę w przewadze konkurencyjnej gospodarstw. Badanie potwierdziło literaturę, w której gospodarstwa prowadzone przez doświadczonych menedżerów i/lub właścicieli są w stanie dostosować się do zmian otoczenia biznesowego poprzez swoje podejście do ryzyka, wizję strategiczną, proaktywne zachowanie i profesjonalne techniki zarządzania (Ojeda-Gomez i in., 2007). Podczas gdy doświadczenie właścicieli gospodarstw rolnych w zakresie uprawy wpływa na ich sposoby zarządzania zasobami i możliwościami w ich gospodarstwach, to właśnie sposób zarządzania zasobami i możliwościami ma największe znaczenie dla osiągnięcia przewagi konkurencyjnej.

5.4.2 Wkład praktyczny

Badanie to ma bardzo duże znaczenie dla Sri Lanki, jeśli chodzi o trzy niewielkie uprawy eksportowe, ponieważ są one głównymi produktami rolnymi stanowiącymi przyprawy, a co ważniejsze, ich znaczący wkład w dochody z wymiany walutowej i generowane możliwości zatrudnienia. W związku z tym lepsze zrozumienie źródeł przewagi konkurencyjnej pozwala na sformułowanie odpowiednich praktycznych zaleceń co do sposobu, w jaki można rozwijać, ukierunkowywać i wykorzystywać zasoby i możliwości posiadane przez niewielkie gospodarstwa rolne zajmujące się wywozem roślin.

Ogólnie rzecz biorąc, zapewnienie stałego dochodu i uznania społecznego musi być przekazane właścicielom gospodarstw rolnych, w szczególności tym, którzy nie należą do kategorii żadnych innych źródeł dochodu, przy jednoczesnym wzmocnieniu tych, którzy należą do kategorii działalności dochodowej i dziedziczą przedsiębiorstwo z okręgu. Można tego dokonać poprzez wzmocnienie orientacji przedsiębiorczej właścicieli gospodarstw rolnych na poszukiwanie zysku, przy jednoczesnym zachowaniu zasad etycznych w prowadzeniu działalności gospodarczej. Właściciele gospodarstw muszą wyposażyć się w wiedzę na temat skłonności do podejmowania ryzyka, metod radzenia sobie z ryzykiem, podejścia zorientowanego na wzrost oraz innowacyjnych rodzajów i stylów zarządzania.

Należy zaplanować specjalne programy szkoleniowe i sesje doradcze dla właścicieli gospodarstw rolnych w zakresie najnowszych metod uprawy, surowców, wykorzystania nawozów, technik zbioru i przechowywania. Jest to pogląd, że uprawy te są wykorzystywane w przemyśle spożywczym, medycznym i kosmetycznym, a zatem utrzymanie lub poprawa jakości upraw ma kluczowe znaczenie. Jednocześnie, w związku z koniecznością sprostania wymogom i celom eksportowym określonym przez rząd, istnieje potrzeba profesjonalizacji sektora w zakresie zarządzania jego zasobami ludzkimi. Oznacza to "miękkie" programy szkoleniowe, które mają być prowadzone w różnych obszarach dla właścicieli gospodarstw i ich pracowników w zakresie standardów jakości, zarządzania finansowego, praktyk przyjaznych dla środowiska, budowania sieci, rozwoju pracowników, zarządzania dostawcami, klientów i logistyki, innowacji produktów i procesów, cen i analizy konkurencji, a także czasu wprowadzania na rynek. Właściciele gospodarstw muszą koniecznie wyposażyć się w wiedzę na temat rejestrowania danych finansowych, która umożliwi im zarządzanie kosztami, kontrolę jakości i ustalanie cen za swoje uprawy w oparciu o odpowiednie standardy i wytyczne, a jednocześnie wzmocni ich orientację na przedsiębiorczość.

Poza surowcami, nawozami i sprzętem, położenie geograficzne jest kolejnym ważnym atutem fizycznym dla mniejszych gospodarstw rolnych prowadzących uprawy eksportowe. Wyniki sugerują, że konieczne jest zapewnienie prawidłowego funkcjonowania systemów irygacyjnych w dzielnicach uprawianych komercyjnie.

Właściciele gospodarstw rolnych powinni nie tylko wykorzystywać możliwości wsparcia rządowego, ale także wywierać nacisk na działania zbiorowe. Korzyści są daleko idące, w tym możliwość uzyskania nieoprocentowanych, niskooprocentowanych pożyczek lub nawet wspólnych pożyczek, wykorzystanie najnowszych metod uprawy i sprzętu, a także zwiększenie ich reputacji na rynku w oczach interesariuszy, w tym pracowników w zakresie jakości produktów, dostępności i ceny.

Jednocześnie należy stworzyć świadomość istnienia nieoprocentowanej i/lub niskooprocentowanej pożyczki lub wspólnych instrumentów pożyczkowych i/lub dotacji oferowanych przez rząd, banki komercyjne i instytucje mikrofinansowe dla rolników prowadzących drobną sprzedaż. Należy również zachęcać większą liczbę instytucji finansowych do zapewniania różnych systemów kredytowych, takich jak kredyty bez zabezpieczeń, najniższa rata, kredyt z ubezpieczeniem.

Wyniki sugerują również, że konieczne jest wprowadzenie systemu zachęt dla właścicieli gospodarstw rolnych w celu zwiększenia ich produkcji i konkurencyjności. Powinno to być również stosowane w gospodarstwach rolnych w celu budowania zaufania i pracy zespołowej wśród pracowników, co ostatecznie doprowadzi do lepszej wydajności pracy i jakości plonów. Z uwagi na to, że kształcenie organizacyjne ma kluczowe znaczenie dla sukcesu gospodarstw rolnych, właściciele gospodarstw powinni zapewnić swoim pracownikom pomieszczenia do podejmowania decyzji i stosowania nowych pomysłów w działalności rolniczej.

Wyniki tego badania sugerują, że właściciele gospodarstw rolnych, pracownicy, jednostki rządowe, takie jak Departament Rolnictwa, Biura Sekretariatu Wydziałów, Departament Rolnictwa Eksportowego, Rada Przypraw, Departament Nawadniania oraz instytucje finansowe mają do odegrania ważną rolę w zwiększaniu konkurencyjności drobnych gospodarstw rolnych uprawiających rośliny eksportowe poprzez lepsze zarządzanie ich zasobami i możliwościami. Aby zapewnić właściwe funkcjonowanie udzielanego wsparcia, konieczne są bliskie stosunki między właścicielami gospodarstw rolnych, władzami i instytucjami prywatnymi, w zakresie, w jakim możliwe jest podejście oparte na partnerstwie publiczno-prywatnym.

5.5 Przyszłe kierunki badań

Badanie to osiągnęło swoje cele ogólne i szczegółowe. Oczekuje się, że badanie to może stać się bodźcem do przeprowadzenia większej ilości badań w przyszłości. Ważne i wiarygodne konstrukcje użyte przy projektowaniu tego badania mogą być wykorzystane przez innych badaczy do określenia konkurencyjności na poziomie gospodarstwa. Ponieważ jednak badanie to jest prowadzone w kontekście trzech upraw, możliwość uogólnienia zgłoszonych wyników na inne rodzaje upraw małoobszarowych pozostaje ograniczona. Konieczne są dalsze badania w celu przetestowania proponowanych ram badawczych dotyczących innych drobnych upraw eksportowych. Ponadto model przedstawiający powiązanie przewagi konkurencyjnej w odniesieniu do zasobów powinien być również stosowany do gospodarstw rolnych w krajach wschodzących, takich jak Indonezja, Wietnam, Madagaskar, Tanzania i Indie, które eksportują głównie cynamon, goździki i pieprz.

Wzajemne oddziaływanie przyczynowo-skutkowe pomiędzy zasobami i możliwościami dynamicznymi można również ustalić poprzez zastosowanie bardziej wydajnego narzędzia statystycznego, takiego jak modelowanie równań strukturalnych, w celu uzyskania bardziej rozstrzygających wniosków i ukierunkowanych konsekwencji praktycznych.

Ustalenia te pokazują, że małe gospodarstwa rolne zajmujące się wywozem zbóż mogą posiadać i kontrolować podobne zasoby, ale sposób, w jaki zasoby te są konfigurowane i wykorzystywane na podstawie posiadanych przez nie dynamicznych możliwości, może decydować o osiągnięciu przewagi konkurencyjnej. Jest to możliwe tylko dzięki lepszemu zrozumieniu związku między zasobami a zdolnościami konkurencyjnymi a przewagą konkurencyjną badanego kontekstu, który dostarcza bogatego wglądu w to, jak można rozwijać, ukierunkowywać i wykorzystywać posiadane zasoby i zdolności. W związku z tym, Ie badanie ma na celu skonstruowanie modelu koncepcyjnego odnoszącego zasoby gospodarstwa do przewagi konkurencyjnej, w którym pośredniczą jego moIliwoĞci; nie stara siĊ ono zapewniü wszystkich moIliwych funkcji pośredniczących moIliwoĞci, jakie gospodarstwa mogą posiadaü w celu uzyskania przewagi konkurencyjnej poprzez zasoby. Mogą istnieć inne ważne ukryte konstrukcje, takie jak wydajność, oczekiwania klientów, internacjonalizacja przedsiębiorstw i krajowe strategie konkurencji, które są związane z przewagą konkurencyjną, na której powinny skupić się przyszłe badania. Dlatego też w przyszłych badaniach należy uwzględnić inne zasoby i powiązać je z dynamicznymi możliwościami gospodarstw rolnych. W związku z tym istnieje potrzeba dalszego badania intencji biznesowych i religijności właścicieli gospodarstw rolnych pod kątem ich wpływu na zarządzanie zasobami i ich kontrolę, a także krytycznego myślenia i procesów decyzyjnych właścicieli gospodarstw.

Wreszcie, badanie to ma charakter przekrojowy, w którym zbadano źródła przewagi konkurencyjnej tylko w jednym momencie. Ponieważ źródła przewagi konkurencyjnej zmieniają się w czasie, istnieje możliwość ujawnienia nieco innych wyników, jeśli to samo badanie zostanie przeprowadzone ponownie. W związku z tym konieczne jest przeprowadzenie badań dotyczących zasobów, możliwości i przewagi konkurencyjnej w celu uchwycenia najdrobniejszych szczegółów.

5.6 Wniosek

Rosnące zapotrzebowanie na produkty rolne na całym świecie wymaga, aby sektor ten był stale konkurencyjny. W tym celu w ramach badania systematycznie budowano model badawczy odnoszący siĊ do zasobów (zasoby ludzkie, majątek rzeczowy, aktywa finansowe, kapitaá instytucjonalny, dziaáanie zbiorowe i toIsamoĞü przedsiębiorcza wáaĞciciela gospodarstwa) i dynamicznych moĪliwoĞci (uczenie siĊ organizacji, budowanie relacji, zarządzanie jakoĞcią i zdolnoĞcią marketingową) drobnych gospodarstw rolnych zajmujących siĊ uprawami eksportowymi w celu uzyskania przewagi konkurencyjnej, a takĪe zbadania ich efektów mediacyjnych i moderujących w celu osiągniĊcia wyznaczonych celów badawczych. Dzięki dużej liczebności próby, przy jednoczesnym uwzględnieniu zasadności ustalonych środków, badanie poszerzyło wiedzę na temat zastosowania teorii kołowych pojazdów silnikowych w sektorze rolniczym w ogóle, a w szczególności w sektorze upraw małoobszarowych na wywóz.

Przewiduje się, że źródła przewagi konkurencyjnej określone w niniejszym opracowaniu będą stanowić pomoc dla odpowiednich zainteresowanych stron w zwiększeniu przewagi konkurencyjnej sektora upraw małoobszarowych, tak aby zwiększyć dochody Sri Lanki z wywozu. Ponadto oczekuje się, że badania te zachęcą do dalszych badań nad innymi zmiennymi, rodzajami drobnych upraw eksportowych, jak również krajami wschodzącymi, które eksportują głównie cynamon, goździki i pieprz.

REFERENCJE

Adeyemo, D.A., & Adeleye, A.T. (2008). Inteligencja emocjonalna, religijność i poczucie własnej skuteczności jako predyktory dobrego samopoczucia psychicznego wśród młodzieży szkół średnich w Ogbomoso Nigerii, *Europejski Dziennik Psychologii*, 4(1), 22-31.

Agada, M.O. (2014). Technologiczne możliwości producentów soi w Benue State, Nigeria, *Journal of Biology, Agriculture and Healthcare*, 4(10), 104-112.

Aiken, L.S., & West, S.G. (1991). *Wielokrotna regresja: Testowanie i tłumaczenie tłumaczeń ustnych*, Newbury Park, Sage

Akpinar, M., Can, Ö., & Mermercioglu, M. (2017). Assessing the sources of competitiveness of the US states, *Competitiveness Review: An International Business Journal*, 27(2), 161-178

Akudugu, M.A. (2016). Wydajność produkcji rolnej, kredyty i powiązanie wielkości gospodarstw rolnych w Afryce: studium przypadku Ghany, *Agricultural Finance Review*, 76(2), 288 - 308

Al-Goaib, S. (2003). Religijność i zgodność społeczna studentów uniwersytetu: studium analityczne stosowane na Uniwersytecie Króla Sauda, *Dziennik Sztuki Uniwersytetu Króla Sauda*, 16(1), 51-99

Alonso, A.D., & Bressan, A. (2016). A resource-based view of the company and micro and small Italian wine firms, *International Journal of Wine Business Research*, 28(4), 349-368.

Alonso, A.D., Bressan, A., & Sakellarios, N. (2016). A resource based approach in the context of the emerging craft brewing industry, *European Business Review*, 28(5), 560- 582

Alwis, A.C. (2014). Post Succession Performance of Medium Size Family Owned Business in Sri Lanka, *Kelaniya Journal of Management*, 3(2), 28-67

Amarakoon, U., Weerawardena, J., & Verreynne, M. L. (2016). *The International Journal of Human Resource Management,* 1-31, Źródło: DOI:10.1080/09585192.2016.1209228 (Access 21.05.2017).

Amarathunga, D., Baldry, D., Sarshar, M., & Newton, R. (2002). Badania ilościowe i jakościowe w środowisku zbudowanym: zastosowanie mieszanego podejścia badawczego, *Work Study* [online], 51(1), 17-31. Odebrane z: http://dx.doi.org/10.1108/00438020210415488. (Dostęp 15/09/2014)

Ambastha, A., & Momaya, K. (2004). Konkurencyjność Firm: Przegląd teorii, ram i modeli, *Singapur Management Review*, 26(1), 45-61.

Amit, R., & Schoemaker, P. J. H. (1993). Aktywa strategiczne i czynsze organizacyjne, *Dziennik Zarządzania Strategicznego*, 14(1), 33-46.

Anca, H. D. B. (2012). Przegląd literatury na temat ewolucji koncepcji konkurencyjności, *Seria Nauk Ekonomicznych, Annale Uniwersytetu w Oradei*, 21(1), 41-45.

Anic, I. D., Rajh, E., & Teodorovic. I. (2009). Charakterystyka firm, czynniki strategiczne i wyniki firm w chorwackim przemyśle wytwórczym, *EKONOMSKI PREGLED*, 60(9-10), 413-431

Apasingha, S., Weerakkoddi, P. R., & Luurdu, M.D.S. (2014) (tłumaczenie). Present states and development trends in Cinnamon leaf in Sri Lanka, *Working Paper No. 58, Hector Kobbekaduwa Agrarian Research and Training Institute*, ISBN: 978-955-612-175-9.

Arasa, R., & Kioko, M. (2014). An examination of the NGO sector competitive environment in Kenya, *International Journal of Science and Research*, 3(6), 219-224

Ariyawardana, A. (2003). Źródła przewagi konkurencyjnej i wyników firmy: The Case of Sri Lankan Value-Added Tea Producers, *Asia Pacific Journal of Management*, 20, 73-90.

Arslan, N., & Tatlidil, H. (2012). Definiowanie i mierzenie konkurencyjności: A comparative analysis of Turkey with 11 potential rivals, *International Journal of Basic & Applied Sciences, 12*(2), 31-43.

Asenso-Okyere, K., & Davis, K. (2009). Knowledge and innovation for agricultural development, *International Food Policy Research Institution Policy Brief*, 11 [online]. Źródło: https://core.ac.uk/download/pdf/6388636.pdf (Dostęp 23/03/2015)

Awwad, A. S. (2011). Wpływ elastyczności taktycznej na przewagę konkurencyjną firmy: An Empirical Study on Jordanian Industrial Companies, *International Journal of Business and Management*, 6(1), 45-60

Ayaz, S., & Hussain, Z. (2011). Impact of institutional credit on production efficiency of agriculture sector: a case study of district Faisalabad, *Pakistan Economic and Social Review*, 49(2), 149-162

Baker, P. (1995). Małe firmy, okręgi przemysłowe i asymetrie władzy, *International Journal of Entrepreneurial Behaviour and Research*, 1(3), 8-23

Baleewskikh, A. S., & Galejew, M. M. (2012). Strategy and tactics for improving competitiveness of the products of agro-industrial complex, *World Applied Sciences Journal*, 18 (Special Issue of Economics), 150-153.

Barclay, D., Thompson, R., & Higgins, C. (1995). Częściowe podejście najmniejszych kwadratów (PLS) do modelowania przyczynowego: Przyjęcie i wykorzystanie komputera osobistego jako ilustracji, *Studia Technologiczne*, 2(2), 285-239.

Barney, J. (1991). Zasoby firmy i trwała przewaga konkurencyjna, *Dziennik Urzędowy*, 17(1), 99-120.

Barney, J., Wright, M., & Ketchen, D. J. (2001). Oparty na zasobach widok na firmę: Dziesięć lat po 1991 r., *Journal of Management*, 27(6), 625-641.

Barney, J. B. (1995). Szukając wewnątrz przewagi konkurencyjnej, *Academic of Management Executive*, 9(4), 49-60.

Baron, R. M., & Kenny, D. A. (1986). Moderator mediator zmienne rozróżnienie w społecznych badaniach psychologicznych: Uwagi koncepcyjne, strategiczne i statystyczne, *Journal of Personality and Social Psychology*, 51(6), 1173-1182.

Baruch, Y., & Holtom, B. C. (2008). Poziomy procentowe odpowiedzi i trendy w badaniach organizacyjnych, *Human Relations*, 61(8), 1139-1160

Beaudreau, B. C. (2016). Przewaga konkurencyjna i porównawcza: Towards a Unified Theory of International Trade, *International Economic Journal*, 30(1), 1-18

Beaver, G., Lashley, C., & Stewart, J. (1998). *Rozwój zarządzania w zarządzaniu małymi firmami turystycznymi i hotelarskimi. (ed)*. R. Thomas. Londyn: Cassell

Becker, G. S. (1967). *Kapitał ludzki i osobisty podział dochodów*, Ann Arbor, MI: Uniwersytet Michigan Press

Becvarova V. (2008). Kwestie konkurencyjności obecnego rolnictwa. *Ekonomika Rolnictwa - Czechy*, 5, 399-405

Bellu, R. R., & Fiume, P. 2004. Religiosity and entrepreneurial behaviour: an exploratory study, *Entrepreneurship and Innovation*, 5(3), 191-201

Benedetto, C. A. D., & Song, M. (2003). The relationship between strategic type and firm capacity in Chinese firms, *International Marketing Review*, 20(5), 514-533.

Bhardwaj R. K., Rohatash K., Sikka B. K., Singh A., Sharma M. L., & Singh N. K. (2011). Wyzwania i ograniczenia marketingu i eksportu przypraw indyjskich w Indiach. *Kontynuacja Międzynarodowej Konferencji na temat Technologii i Zarządzania Biznesem*, Indie, marzec, 739-749.

Bhuiyan, M. S. H. (2011). Tacit sources of competitive advantages of the leading Chinese companies extracted from the longitudinal analysis of Chinese internationalization, *Procedia Social and Behavioural Sciences*, 24(1), 727-736.

Bisbe, J., & Otley, D. (2004). The effects of the interactive use of management control systems on product innovation, *Accounting, Organizations and Society*, 29, 709-737.

Bogdan, R., & Biklen, S. K. (1998). *Badania jakościowe w dziedzinie edukacji: Wprowadzenie do teorii i metod,* (wyd. [3]). Allyn and Bacon Publisher

Bontis, N. (1998). Kapitał intelektualny: An exploratory study that develops measures and models, *Management Decision*, 36(2), 63-76.

Borch, O. J., & Forsman, S. (2001). The Competitive Tools and Capabilities of Micro Firms in the Nordic Food Sector - a Comparative Study, *The Food Sector in Transition - Nordic Research - Proceedings of NJF*, Seminarium nr 313, 33-50.

Propozycja budżetu Sri Lanki. (2015). Ministerstwo Finansów i Planowania. Źródło: http://www.treasury.gov.lk/images/depts/fpd/docs/budgetspeech/2015/Budget2015e.pdf (data uzyskania: 18/11/2014)

Bulankulama, S. W. G. K., & Khatibi, A. (2014). A Theoretical Approach to the Competitive Advantage Moderating Effects of Strategies; Innovation and IT, *International Journal of Science and Research*, 3(6), 1817-1820.

Burrell, D. N., Safi, A., Rahim, E., Justice, P., & Walker, R. (2010). Studium przypadku z badań stosowanych, analiza zdolności przywódczych menedżerów do pozytywnego wpływania na tolerancję religijnej i międzynarodowej różnorodności kulturowej w środowisku zawodowym Stanów Zjednoczonych, *John Ben Shepperd Journal of Practical Leadership*, 5(Spring), 91-111.

CamiSón, C., Puig-Denia, A., & Forés, B. (2016). The Importance of Internal Resources and Capabilities and Destination Resources to Explain Firm Competitive Position in the Spanish Tourism Industry, *International Journal of Tourism Research*, 18, 341-356.

Carmeli A., & Tishler, A. (2004). Zasoby, możliwości i wydajność przedsiębiorstw przemysłowych: A multivivariate analysis, *Managerial and Decision Economics,* 25(6/7), 299-315

Carter, S. (1998). Przedsiębiorczość portfelowa w sektorze gospodarstw rolnych: Rdzenny wzrost na obszarach wiejskich? *Przedsiębiorczość i rozwój regionalny*, 10(1), 17-32

Cater, T., & Cater, B. (2009). (In)tangible resources as antecedents of a company's competitive advantage and performance, *Journal of East European Management Studies*, 14(2), 186-209.

Wydział Spisu Powszechnego i Statystyki. (2014). Okręgowy Podręcznik Statystyczny Pobrany z: http://www.statistics.gov.lk/DistrictStatHBook.asp (Dostęp 10/01/2015)

Central Bank of Sri Lanka. (2017). Sprawozdanie roczne, Bank Centralny Sri Lanki, Kolombo

Cernikova, R. (2002). Czynniki wpływające na intensywność konkurencji w czeskim przemyśle mleczarskim, *Journal of Agricultural Economic,* 48(7), 315-320

Chen, I.F., & Chang, S.C. (2016). Skutki rozszerzenia sieci sojuszu wewnątrz grupy kapitałowej, *decyzja zarządu*, 54(6), 1420-1442

Chikan, A. (2008). Konkurencyjność krajowa i przedsiębiorstw: ogólny model badawczy, *Przegląd konkurencyjności: An International Business Journal*, 18(1/2), 20-28

Chittithaworn, C., Islam, M. A., Keawchana, T., & Yusuf, D. H. M. (2011). Czynniki wpływające na sukces biznesowy małych i średnich przedsiębiorstw (MŚP) w Tajlandii, *Asian Social Science, 7(*5), 180-190.

Cho, D. S., Moon, H. C, & Yin., W. (2016). Zwiększanie krajowej konkurencyjności poprzez współpracę krajową: Sprawa Korei Południowej i Dubaju, *Competitiveness Review*, 26(5), 482-499.

Clulow, V., Gerstman, J., & Barry, C. (2003). The resource-based view and sustainable competitive advantage: the case of a financial services firm, *Journal of European Industrial Training*, 27(5), 220-232

Covey, S. M. R., & Merrill, R. R. (2006). *Tempo zaufania: Jedyna rzecz, która wszystko zmienia*, Simon i Schuster UK Ltd, Sydney

Croucher, S. (2011). Muzułmańskie i chrześcijańskie style konfliktów w Europie Zachodniej, *International Journal of Conflict Management*, 22(1), 60-74

Cuc, S., Tripa, S. (2018). Redesign and upcycling - a solution for the competitiveness of small and medium-sized enterprises in the clothing industry, *Industria Textila*, 69(1), 31-36.

Danes, S. M., Staffordd, K., & Teik-Cheok Loy, J. (2007). Wydajność firmy rodzinnej: The effects of gender and management, *Journal of Business Research*, 60(10), 1058-1069.

Dzień, G. S. (1994). The capabilities of market-driven organizations, *Journal of Marketing*, 58(4), 37-52.

Day, N. E. , & Hudson, D. (2011). Motywacja religijna liderów małych firm amerykańskich oraz inne wartości organizacyjne, *International Journal of Entrepreneurial Behavior and Research*, 17(4), 361-379.

Depperu, D., & Cerrato, D. (2005). Analiza międzynarodowej konkurencyjności na poziomie przedsiębiorstwa: Concepts and Measures, *Quaderni del Dipartimento di Scienze* [online], 2934-49 Źródło: http://dipartimenti.unicatt.it/dises-wp_azzurra_05_32.pdf (Dostęp 14/01/2015).

DeSarbo, W. S., Di Benedetto, C. A., & Song, M. (2007). Niejednorodny, oparty na zasobach widok do badania zależności między wynikami i możliwościami firmy, *Journal of Modeling in Management*, 2(2), 103-130.

Dlamini, B. P., Kirsten, J. F., & Masuku, M. B. (2014). Factors affecting the competitiveness of the agribusiness sector in Swaziland, *Journal of Agricultural Studies,* 2(1), 61-72.

Dodd, S. D., & Seaman, P. T. (1998). Religia i przedsiębiorczość: badanie wstępne, *Teoria i praktyka przedsiębiorczości*, 23(1), 71-86

Barwiarz, J. H., & Singh, H. (1998). Pogląd relacyjny: strategia współpracy i źródła między-organizacyjnej przewagi konkurencyjnej, *Academic of Management Review*, 23(4), 660-679.

Dziwornu, R. K. (2014). Econometric analysis of factors affecting competitive advantage of broiler agribusinesses in Ghana, *Journal of Development and Agricultural Economics*, 6(2), 87-93.

Eisenhardt, K. M., & Martin, J. A. (2000). Dynamiczne możliwości: czym one są? *Dziennik zarządzania strategicznego*, 21(10/11), 1105-1121.

Elliott A. C, & Woodward W. A. (2007). *Przewodnik szybkiej analizy statystycznej z przykładami SPSS.* (1. wydanie). Londyn: Sage Publications

Elmore, P. E., & Beggs, D. L. (1975). Salience of concepts and commitment to extreme judgements in response pattern of teachers, *Education*, 95(4), 325-334.

Elshaer, I. A., & Augustyn, M. M. (2016). Direct effects of quality management on competitive advantage, *International Journal of Quality & Reliability Management, 33*(9), 1286-1310.

Esen, S., & Uyar, H. (2012). Badanie struktury konkurencyjnej tureckiej branży turystycznej w porównaniu z modelem diamentowym, *Journal of Procedia - Social and Behavioral Sciences*, 62, 620-627.

Esterhuizen, D., & van Rooyen, J. (2006). Uwarunkowania konkurencyjności południowoafrykańskich rolniczych przedsiębiorstw eksportowych, *Przegląd konkurencyjności: An International Business Journal*, 16(3/4), 223-232.

Ethugala, C. V. (2011). Oczekiwania co do zdolności sektora prywatnego i cywilnego do reagowania ze strony sektora państwowego: Przemysł herbaciany Sri Lanki. *Dziennik APBITM*, 1(1), 13-19

Export Development Board, Spices & Allied Products. (2014). Odebrane z: http//www.srilankabusiness.com/spices/ (Dostęp 10/10/2014)

Falvey, L. (2005). *Religia i rolnictwo: Trwałość w chrześcijaństwie i buddyzmie*. Institute for International Development (IID), Adelaide, Australia.

Fernando, M., & Jackson, B. (2006). Wpływ duchowości religijnej w miejscu pracy na decyzje liderów biznesu: badanie międzyreligijne, *Journal of Management and Organization*, 12(1), 23-39.

Pole A. (2009). *Odkrywanie statystyk przy użyciu SPSS*. (3. wydanie). Londyn: SAGE publications Ltd, s. 822.

Fonseka, D. C. (2009). Visionary leadership and the case of Dilmah, *Sri Lankan Journal of Management*, 14(2), 1-16.

Forsman, S. (2000). Analiza strategii opartej na zasobach: A Case of Local Food Processing Firms in Finland, *The Food Sector in Transition - Nordic Research - Proceedings of NJF Seminar* No. 313, 51-62

Franzak, F., & Pitta, D. (2005). Rozwój nowych produktów w firmie Eastern Spice & Flavorings, *Journal of Product & Brand Management, 14(7)*, 462-467.

Frink, D. D., Robinson, R. K., Reithel, B., & Group. (2003). Demografia płci i wydajność organizacji: A Two-Study Investigation with Convergence, *Group & Organization Management, 28*(1), 127-147

Furrer, O, Thomas, H., & Goussevskaia, A. (2008). Struktura i ewolucja dziedziny zarządzania strategicznego: analiza treści 26 lat badań nad zarządzaniem strategicznym, *International Journal of Management Reviews*, 10(1), 1-23.

Galbraith, C. S., & Galbraith, D. M. (2007). Notatka empiryczna na temat działalności gospodarczej, wewnętrznej religijności i wzrostu gospodarczego, *Dziennik Urzędowy Wspólnot Przedsiębiorczych: Ludzie i miejsca w gospodarce światowej*, 1(2), 188-201

Garson, D. G. (2012). *Testowanie założeń statystycznych*. (12. edycja). David Garson & Statistical Associates Publishing, Asheboro, USA

Gary, C. (2000). Formalność, intencjonalność i planowanie: Cechy MŚP odnoszących sukcesy w zakresie przedsiębiorczości w przyszłości, *dokument przedstawiony na światowej konferencji ICSB*, Brisbane, Australia, czerwiec.

Gaytán, D., & Benita, F. (2014). On the competitiveness of Mexico's dry chilli production, *Economics of Agriculture*, 61(2), 307-317.

Genc, K. Y. (2013). Culture as a strategic resource for organizations and an assessment on cultures of Turkish large firms, *Procedia - Social and Behavioral Sciences*, 75, 525-531.

Gill, A. & Mathur, N. (2018). Przekonania religijne i promowanie społecznie odpowiedzialnej przedsiębiorczości w indyjskim przemyśle agrobiznesu, *Journal of Management Development in Developing and Emerging Economies,* 8(1), 201-218.

Golonka, M. (2009). Czynniki warunkujące międzynarodową konkurencyjność. Zachód kontra Wschód, *Polityka na rzecz zwiększenia potencjału wzrostu gospodarki: Perspektywa międzynarodowa*, 3, 255-271. Uzyskane z: https://mpra.ub.uni-muenchen.de/id/eprint/35513

Gonçalves, V. C., Mendes, F. R., Sardinha, I. D. , & Rodrigues, R. (2015). Dwadzieścia lat po sprawozdaniu Portera dla Portugalii, *Przegląd konkurencyjności*, 25(5), 540-554

Gorton, M., & Davidova, S. (2001). The international competitiveness of CEEC agriculture, *British Association of Slavonic and East European Studies (BASESS) Conference*, Cambridge [online], Dostępne na stronie: http://onlinelibrary.wiley.com/doi/10.1111/1467-9701.00351/abstract (Dostęp 12/06/2015).

Grande, J. (2011). Tworzenie nowych przedsięwzięć w sektorze gospodarstw rolnych: Krytyczne zasoby i możliwości, *Journal of Rural Studies,* 27(2), 220-233

Grant, R. M. (1996). Toward a knowledge-based theory of the firm, *Strategic Management Journal,* 17(2), 109-122.

Grant, R. M. (1991). The resource-based theory of competitive advantage: Implications for strategy formulation, *California Management Review,* 33(3), 114-135.

Gray, C. (2002). Entrepreneurship, resistance to change and growth in small firms, *Journal of Small Business and Enterprise Development*, 9(1), 61-72.

Grupe, C., Rose, A. (2010). China, India, and the Socioeconomic Determinants of Their Competitiveness, *Journal of Economics Research International* [online], Article ID 860425, pp. 1-15, Retrieved from: http://dx.doi.org/10.1155/2010/860425 (Accessed 09/06/2014).

Guglielmini, A. C., Verdú, A. M. C. & Satorre, E. H. (2017). Zdolność konkurencyjna pięciu gatunków chwastów zwyczajnych w konkurencji z soją, *International Journal of Pest Management*, 63(1), 30-36

Guo, Q., Wang, H. H., & Chen, Y. (2016). Czy chińskie firmy mleczarskie mają siłę rynkową? An estimation of market power with price heterogeneity, *China Agricultural Economic Review*, 8(2), 206-214

Gyau, A., Franzel, S., Chiatoh, M., Nimino, G., & Owusu, K. (2014). Zbiorowe działania na rzecz poprawy dostępu do rynku dla drobnych producentów produktów rolnoleśnych: Key lessons learned with insights from Cameroon's experience, *Current Opinion in Environmental Sustainability*, 6(February), 68-72.

Habbershon, T. G., & Williams, M. L. (1999). A resource-based framework for assessing the strategic advantages of family firms, *Family Business Review*, 12(1), 1-25.

Hage, J., & Posner, B. Z. (2015). Religia, religijność i praktyki przywódcze, *Leadership & Organization Development Journal, 36*(4), 396-412

Hair, J. F., Anderson, R. E., Babin, B. J., & Black, W. C. (2010). *Wieloczynnikowa analiza danych,* (7. edycja). Prentice-Hall, New Jersey.

Hair, J. F., Sarstedt, M., Ringle, C. M., & Mena, J. A. (2012). Ocena wykorzystania częściowego modelowania równań strukturalnych z najmniejszymi kwadratami w badaniach marketingowych, *Journal of the Academic Marketing Science*, 40, 414-433.

Hanafi, M., Wibisono, D., Mangkusubroto, K., Siallagan, M., & Badriyah, M. J. K. (2017). Modelowanie przewagi konkurencyjnej narodu: przegląd literatury, *Przegląd konkurencyjności: An International Business Journal,* 27(4), 335-365

Hati, S. R, & Idris, A. (2014). Antecedents of customers' intention to support Islamic social enterprises in Indonesia, *Asia Pacific Journal of Marketing and Logistics*, 26(5), 707-737

Hayes, A. F. (2012). PROCES: Wszechstronne narzędzie obliczeniowe do obserwowania zmiennej mediacji, moderacji i warunkowego modelowania procesów [White paper]. Dostępny na stronie: http://www.afhayes.com/public/process2012.pdf (Dostęp 20/04/2016).

Hayes, A. F. (2009). Beyond Baron and Kenny: Statistical mediation analysis in the new millennium, *Communication Monographs*, 76(4), 408-420.

Hayes, A. F. (2013). *Wprowadzenie do Mediation, Moderation i Conditional Process Analysis: A Regression-Based Approach*, Gailford Publications, Nowy Jork.

Hchaichi, R., & Ghodbane, S. (2014). Analiza empiryczna czynników warunkujących międzynarodową konkurencyjność, *International Journal of Business and Social Science,* 5(5), 203-209.

Herath, H. M. U. N., & De Silva, S. (2011). Strategie przewagi konkurencyjnej w zakresie wprowadzania do obrotu herbaty o wartości dodanej, *Badania w dziedzinie rolnictwa tropikalnego* 22(3), 251-262

Hinterhuber, A. (2013). Czy można przewidzieć przewagę konkurencyjną?, *Decyzja Zarządu*, 51(4), 795-812.

Hoefter, A. F. (2001). The competitiveness of Ghana's Industry, *Msc thesis*, Chinese Culture University, Taipei [online], Źródło: http://verdi.unisg.ch/www/edis.nsf/SysLkpByIdentifier/2494/$FILE/dis2494.pdf (Accessed 05/02/2015).

Holdcroft, B. B. (2006). Czym jest religijność? Katolicka edukacja: *A Journal of Inquiry & Practice, 10*(1), 89-103

Hossein, M., Khoshkhoo, I., & Nadalipour, Z. (2016). Turystyka MŚP i kształcenie organizacyjne w środowisku konkurencyjnym Badania wzdłużne dotyczące kształcenia organizacyjnego w biurach podróży i turystyki zlokalizowanych w mieście Ahvaz, Iran, *The Learning Organization*, 23(2/3), 184-200

Hughes, P. (2001). Paradygmaty, metody i wiedza", w: G. MacNaughton, S. Rolfe, I. Siraj Blatchford (red.), *Doing Early Childhood Research: Międzynarodowe Perspektywy Teorii i Praktyki. Maidenhead*: Open University Press.

Ibeh, K. I. N. (2003). W kierunku większego poziomu międzynarodowej przedsiębiorczości wśród mniejszych firm agrobiznesu: Resource levers and strategic options, *University of Strathclyde, Strathclyde International Business Unit Working Paper 2003/02*. Odebrane z: http://www.doc88.com/p-989966036739.html (Dostęp 10/05/2016).

Ibrahim, N. A., & Angelidis, J. P. (2005). The long-term performance of small businesses: are there differences between 'Christian-based' companies and their secular counterparts?, *Journal of Business Ethics*, 58, 193-205.

Inmyxai, S., & Takahashi, Y. (2012). Factors Mediating Gender and Firm Performance in Lao Micro, Small and Medium Sized Enterprises, *Asia Pacific Management Review,* 17(2), 145-175.

International Trade Centre (ITC). Baza danych statystyki handlu towarami. (2017). Dostępny na stronie http://www.intracen.org/itc/market-info-tools/trade-statistics/ (Dostęp 19.07.2018)

Ismail, A. I., Rose, R. C., Abdullah, H., & Uli, J. (2010). Związek pomiędzy przewagą konkurencyjną organizacji a wynikami pracy moderowanymi przez wiek i wielkość firm, *Asian Academy of Management Journal*, 15(2), 157-173.

Ismail, A. I., Rose, R. C., Uli, J., & Abdullah, H. (2012). The relationship between organisational resources, capabilities, systems and competitive advantage, *Asian Academy of Management Journal,* 17(1), 151-173.

Ismail, M. D. (2013). Orientacja na uczenie się i zaufanie do małych i średnich przedsiębiorstw (MŚP) w eksporcie przewagi konkurencyjnej", *Asian Academy of Management Journal*, 18(2), 153-179.

Itami, H. (1987). *Mobilizowanie Niewidzialnych Aktywów*. Harvard University Press, Cambridge, MA

Iuliana, C., Sorin, M. D., & Razvan, D. (2008). Przewaga konkurencyjna małych i średnich przedsiębiorstw [online], Źródło: http://steconomice.uoradea.ro/anale/volume/2008/v4-management-marketing/147.pdf (Dostęp 26/06/2014).

Jia, F., Zhang, Y., Chan, K.C., i Xie, S. (2017). The impact of religiosity on corporate loans and maturity structure: evidence from China, *Pacific Accounting Review*, 29(3), 307-329.

Jie, F., Parton, K. A., & Cox, R. J. (2013). Linking supply chain practices to competitive advantage, *British Food Journal*, 115(7), 1003-1024.

Johannisson, B., & Rezpasillas, M. (2002). The institutional embeddedness of local inter-networks: a leverage for business creation, *Journal of Entrepreneurship and Regional Development*, 14, 297-315.

Jurksiene, L., & Pundziene, A. (2016). Związek pomiędzy dynamicznymi możliwościami a silną przewagą konkurencyjną: The mediating role of organisational ambidexterity, European Business Review, 28(4), 431-448

Jusup, I., Hruska, D., & Primorac, D. (2013). Uwarunkowania przewagi konkurencyjnej w branży hodowli tuńczyka w Chorwacji, *Dziennik Urzędowy Wspólnot Gospodarczych: Ludzie i miejsca w gospodarce światowej*, 7(1), 95-102

Kalali, N. S., & Heidari, A. (2016). W jaki sposób utrzymała się przewaga konkurencyjna w firmach doradczych ds. zarządzania podczas zmiany: Rola zdolności dynamicznych, *Journal of Organizational Change Management*, 29(5), 661 - 685

Karanu, S. M., & Njeru, A. (2014). Factors Affecting Procurement Performance in the Milk Processing Firms in Kiambu County, *International Journal of Science and Research*,3(1), 104-109

Kata, R., & Zajac, D. (2007). Rola samorządu terytorialnego w rozwoju rolnictwa i pozarolniczej przedsiębiorczości na obszarach wiejskich, 23-31, Źródło: http://ageconsearch.umn.edu/bitstream/138329/2/vol.%208 2.pdf (Dostęp 11/07/2014).

Kaur, J., & Kaur, B. (2016). The Influence of e-CRM Competitive Advantage on e-CRM Performance in the Indian Banking Industry, *Strategic Change*, 25, 537-550.

Kennedy, P. L., Harrison, R. W., Kalaitzandonakes, N. G., Peterson, H. C., & Rindfuss, R. P. (1997). Perspektywy oceny konkurencyjności w przemyśle agrobiznesu, *Agrobiznes*, 13(4), 385-392.

Kharub, M., & Sharma, R. (2017). Analizy porównawcze przewagi konkurencyjnej z wykorzystaniem modelu diamentowego Portera (przypadek MSME w Himachal Pradesh), *Competitiveness Review: An International Business Journal*, 27(2), 132-160

Król, A. W. (2007). Rozdzielenie dwuznaczności przyczynowo-skutkowej między płciami i między płciami: Konceptualny model niejednoznaczności przyczynowo-skutkowej i trwałej przewagi konkurencyjnej. *Academy of Management Review, 32*(1), 156-178.

Kortelainen, S., & Karkkainen H. (2011). Model dynamiczny w rozumieniu dynamiki konkurencyjności: Podejście do dynamiki systemu w biznesie dostawców telefonów komórkowych, In *Proceedings of Strategic Management Society SMS Annual International Conference*, 383-397.

Kothari, R. (2004). *Metodologia badawcza: Metody i techniki* (wyd. 2.). New Delhi: New Age International Publishers

Kraja, Y., & Osmani, E. (2013). Przewaga konkurencyjna i jej wpływ na małe i średnie przedsiębiorstwa (MŚP) (przypadek Albanii), *European Scientific Journal,* 9(16), 76-85.

Krejcie, R. V. , & Morgan, D. W. (1970). Określanie liczebności próby do działań badawczych, *Pomiar edukacyjny i psychologiczny*, 30, 607-610.

Kumar, N. R., & Rai, M. (2007). Performance, Competitiveness and Determinants of Tomato Export from India, *Agricultural Economics Research Review*, 20, 551-562

Kutcher, E., Bragger, J., Rodriguez-Srednicki, O. , & Masco, J. (2010). The role of religiosity in stress, job attitudes, and organisational citizenship behaviour, *Journal of Business Ethics*, 95(2), 319-337.

Lages, L. F., Silva, G., & Styles, C. (2009). Zdolności w zakresie relacji, jakość i innowacyjność jako determinanty wyników eksportowych, *Journal of International Marketing*, 17(4), 47-70.

Lakhal, L. (2009). Impact of quality on competitive advantage and organizational performance, *The Journal of the Operational Research Society*, 60(5), 637-664.

Lall, S. (2001). Wskaźniki konkurencyjności i kraje rozwijające się: ocena ekonomiczna sprawozdania na temat globalnej konkurencyjności, *Journal of World Development*, 29(9), 1510-1511.

Lambourdière, E., Rebolledo, C. , & Corbin, E. (2017). Poszukiwanie źródeł przewagi konkurencyjnej wśród dostawców usług logistycznych w obu Amerykach, *Supply Chain Forum: Dziennik Międzynarodowy*, 1(10), 36-45

Lamprinopoulou, C., Tregear, C. L. A., & Ness, M. (2006). MŚP z sektora rolno-spożywczego w Grecji: The role of collective action, *British Food Journal*, 108(8), 663-676.

Leech, N. L., Barrett, K. C., & Morgan, G. A. (2005). *SPSS dla Statystyki Pośredniej (Intermediate Statistics): Użycie i interpretacja,* (wydanie 2.). Lawrence Erlbaum Associates Publishers, New Jersey, Londyn.

Leventis, S., Dedoulis, E. & Abdelsalam, O. (2018). The impact of religiosity on audit pricing, *Journal of Business Ethics*, 148(1), 53-78.

Lewis, M.A. (2000). Odchudzona produkcja i zrównoważona przewaga konkurencyjna. *International Journal of Operations & Production Management, 20*(8), 959-978

Li, S., Nathan, B. R., Nathan, T. S. R., & Rao, S. S. (2006). *The* impact of supply chain management practices on competitive advantage and organizational performance, *The International Journal of Management Science*, 36(1), 107-124.

Lie, S., Ragu-Nathan, B., Ragu-Nathan, T. S., & Rao, S. S. (2006). Wpływ praktyk zarządzania łańcuchem dostaw na przewagę konkurencyjną i wyniki organizacyjne. *Omega*, 34, 107-124

Lin, C., & Tsai, H. L. (2016). Osiągnięcie przewagi konkurencyjnej firmy dzięki dynamicznym możliwościom, *Baltic Journal of Management*, 11(3), 260 - 285

Liu, C. H. S., & Fang, Y. P. (2016). Rynki nocne: przedsiębiorczość i osiąganie przewagi konkurencyjnej, *International Journal of Contemporary Hospitality Management*, 28(11), 2374 - 2398

Lu, Y., Zhou, L., Bruton, G., & Li. W. (2010). Capabilities as a mediator linking resources and the international performance of entrepreneurial firms in an emerging economy, *Journal of International Business Studies*, 41(3), 419-436.

Makadok, R. (2001). Toward a synthesis of the resource based and dynamic-capability views of rent creation, *Strategic Management Journal*, 22(5), 387-401.

Maki, K., & Pukkinen, T. (2000). Bariery dla wzrostu i zatrudnienia w fińskich małych przedsiębiorstwach, *dokument przedstawiony na światowej konferencji ICSB*, Brisbane, Australia, czerwiec.

Malhotra, N., & Birks, D. F. (2006). *Badania marketingowe: An Applied Approach*, (3rd ed.). Prentice Hall, Anglia.

Martin-de-Castro, G., Navas-López, J. E., López-Sáez, P., & Alama-Salazar, E. (2006). Kapitał organizacyjny jako przewaga konkurencyjna firmy, *Journal of Intellectual Capital*, 7(3), 324-337.

Martinez, J.A., Bonales, J., Zamudio, A.G., & Gaytan. J. (2014). Competitiveness's determinants in the avocado export sector's value chain, *American Journal of Experimental Agriculture*, 4(3), 275-289.

McGregor, S. L. T., & Murnane, J. A. (2010). Paradygmat, metodologia i metoda: Uczciwość intelektualna w zakresie stypendiów konsumenckich. *International Journal of Consumer Studies, 34*(4), 419-427.

Meutia, A., & Ismail, T. (2012). Rozwój Przedsiębiorczych Kompetencji Społecznych i Sieci Biznesowej w celu zwiększenia przewagi konkurencyjnej i efektywności biznesowej małych i średnich przedsiębiorstw: A Case Study of Batik Industry in Indonesia, *Journal of Procedia - Social and Behavioral Sciences*, 65, 46-51.

Ministerstwo Rolnictwa. (2014). Krajowa polityka badań naukowych w dziedzinie rolnictwa na lata 2012-2016, Rada ds. Polityki Badań Naukowych w Sri Lance, Źródło: plik:///E:/PHd%20research/Micro%20Export%20crops/2.pdf (dostęp 17.11.2014).

Modaff, D. P., Butler, J. A., & DeWine, S. (2012). *Komunikacja organizacyjna: Fundacje, wyzwania i nieporozumienia*, (3. edycja). Pearson Education, Glenview, IL

Monecke, A., & Leisch, F. (2012). semPLS: Modelowanie równań strukturalnych przy użyciu częściowych najmniejszych kwadratów, *Journal of Statistical Software*, 48(3), 1-32

Mooney, C. Z. & Duval, R. D. (1993). *Zapinanie butów: A Nonparametric Approach to Statistical Inference*, Sage, Thousand Oaks, CA.

Morgan, N. A., Kaleka, A., & Katsikeas, C. S. (2004). Przedawnienie wyników przedsięwzięć eksportowych: A theoretical model and empirical assessment, *Journal of Marketing*, 68(1), 90-108.

Morgan, N. A., Vorhies, D. W., & Mason, C. H. (2009). Market orientation, marketing capability, and firm performance, *Strategic Management Journal*, 30(8), 909-920.

Morris, S. S., & Snell, S. A. (2011). Konfiguracje kapitału intelektualnego i możliwości organizacyjne: An empirical examination of human resource subunits in the multinational enterprise, *Journal of International Business Studies*, 42(6), 805-827.

Morrison, A., Breen, J., & Ali, S. (2003). Rozwój małego biznesu: Intencja, umiejętności i możliwości, *Dziennik Zarządzania Małym Przedsiębiorstwem*, 41(4), 417-425

Mugera, A. W. (2012). Trwała przewaga konkurencyjna w agrobiznesie: Zastosowanie teorii opartej na zasobach do zasobów ludzkich, *International Food and Agribusiness Management Review*, 15(4), 27-48.

Nair, K. R. G., & Pandey, A. (2006). Charakterystyka przedsiębiorców: analiza empiryczna, *The Journal of Entrepreneurship*, 15(1), 47-59.

Nath, P. Nachiappan, S., & Ramanathan, R. (2010). Wpływ zdolności marketingowych, zdolności operacyjnych i strategii dywersyfikacji na wyniki: A resource-based view, Industrial Marketing Management, 39, 317-329

Newbert, S. L. (2007). Badania empiryczne nad poglądem firmy opartym na zasobach: An assessment and suggestions for future research, *Strategic Management Journal*, 28(2), 121-46.

Newbert, S. L. (2008). Wartość, świadomość, przewaga konkurencyjna i wydajność: A conceptual level empirical investigation of the resource-based view of the firm, *Strategic Management Journal*, 29(7), 745-768.

Ngo, L. V., & O'Cass, A. (2012). W poszukiwaniu innowacji i wyższości wydajności związanej z klientem: The role of market orientation, marketing capability, and innovation capacity interactions, *Journal of Product Innovation Management*, 29(5), 861-877.

Ngugi, I. K., Rhona E. Johnsen, R. E., & Erde, P. (2010). Relacyjna zdolność do współtworzenia wartości i innowacji w MŚP, *Journal of Small Business and Enterprise Development,* 17(2), 260-278

Nieuwenhuis, L. F. M. (2002). Innowacje i uczenie się w rolnictwie, *Dziennik Europejskiego Szkolenia Przemysłowego*, 26(6), 283 - 291

Nivievskyl, O., & von Cramon, T. S. (2008). The Determinants of Dairy Farming Competitiveness in Ukraine, *Proceeding of 12th Congress of the European Association of Agricultural Economists - EAAE 2008* [online], Retrieved from: http://purl.umn.edu/44059 (Accessed 12/06/2014).

Nkamleu, G. B. (2007). Wiara religijna i rozwój rolnictwa: badanie niektórych korelacji w Afryce, *Centrum Badań nad Gospodarką Afrykańską - Konferencja Roczna*, Źródło: C\conference\csae\csae07_nkamleu.doc (05/10/2015)

Nonaka, I., & Takeuch, H. 1995. *The Knowledge Creating Company: How Japanese Companies Create the Dynamics of Innovation?,* Oxford University Press: Nowy Jork

Notta, O., & Vlachvei, A. (2011). Konkurencyjność w przemyśle spożywczym i produkcji napojów. *Kontynuacja Międzynarodowej Konferencji na temat Gospodarki Stosowanej* - ICOAE, 437-442.

Nwachukwu, I. N., Onyenweaku., C. E., Nwaru., J. C. Mbanasor, J. A., & Daramola, A. (2014). Competitiveness in the export demand for Nigerian rubber, *Journal of Agricultural Sciences,* 9(1), 1-11.

O'Connor, C. , & Kelly, S. (2017). Ułatwianie zarządzania wiedzą poprzez filtrowanie dużych danych: Konkurencyjność MŚP w sektorze rolno-spożywczym, *Journal of Knowledge Management*, 21(1), 1-15

Ojeda-Gomez. J., Simpson, M., Lenny Koh, S. C., & Padmore, J. (2007). Osiągnięcie przewagi konkurencyjnej w meksykańskim przemyśle obuwniczym, *Benchmarking: An International Journal*, 14(3), 289 - 305

Oliver, C. (1997). Trwała przewaga konkurencyjna: Połączenie spojrzenia instytucjonalnego i opartego na zasobach, *Strategic Management Journal*, 18(9), 697-713.

Omerzel, D. G., & Gulev, R. E. (2011). Zasoby wiedzy i przewaga konkurencyjna. *Zarządzanie Global Transitions*, 9, 335-354

Öz, Ö. (2002). Assessing Porter's framework for national advantage: a case of Turkey, *Journal of Business Research,* 55(6), 509-515

Panda, D., & Reddy, S. (2016). Resource based view of internationalization: evidence from Indian commercial banks, *Journal of Asia Business Studies*, 10(1), 41-60

Penrose, E. (1959). *Teoria rozwoju firmy*, Nowy Jork, Wiley

Perez-Cabanero, C., Gonzalez-Cruz, T., & Cruz-Ros, S. (2012). Czy kierownicy rodzinnych MŚP cenią sobie wkład zdolności marketingowych w wyniki firmy? *Marketing Intelligence & Planning, 30(*2), 116-142.

Petrovic, P., Antevski, M., & Vesic, D. (2008). The international competitiveness and economic integration, *Journal of Economics and Organization* [online], 5(1), 1-8, Retrieved from: http://facta.junis.ni.ac.rs/eao/eao200801/eao200801-01.pdf (Accessed 07/06/2014).

Platonova, E., Asutay, M., Dixon, R. i Mohammad, S. (2016). Wpływ ujawniania informacji dotyczących społecznej odpowiedzialności biznesu na wyniki finansowe: Dowody z islamskiego sektora bankowego GCC, *Journal of Business Ethics,* 1-21 lipca. Doi: 10.1007/s10551-016-3229-0 (dostęp 12.06.2018).

Poernomo, D., Nimran, U., Hamid, D., & Almusadieq, M. (2013). The effect of the resources and capabilities to competitive advantage and company's performance of Batik Micro, *European Journal of Business and Management*, 5(23), 152-159

Pollack, J. M., Vanepps, E. M., & Hayes, A. F. (2012). Moderująca rola więzi społecznych na depresyjne afekty i zamiary wycofania się przedsiębiorców w odpowiedzi na stres ekonomiczny, *Journal of Organizational Behavior*, 33, 789-810.

Porter, M. E. (1980). *Strategia konkurencyjności.* The Free Press, Nowy Jork.

Porter, M. E. (1990). *Advantage of Competitive Nations*, The Free Press, Nowy Jork.

Powell, T. C. (1995). Całkowite zarządzanie jakością jako przewaga konkurencyjna: A review and empirical study, *Journal of Strategic Management*, 16, 15-37.

Powell, T. C. (2001). Przewaga konkurencyjna: względy logiczne i filozoficzne, *Strategic Management Journal*, 22(9), 875-888.

Preacher, K. J., & Hayes, A. (2004). Procedura SPSS i SAS do szacowania skutków pośrednich w prostych modelach mediacyjnych, Metody badań behawioralnych, *Instrumenty i komputery, 36*(4), 717-731

Priem, R., & Butler, J. (2001). Tautologia w ujęciu zasobów i implikacje zewnętrznie ustalonej wartości zasobów: dalsze uwagi, *Academy of Management Review*, 26(1), 57-66.

Rao, N. H., & Rogers, P. P. (2006). Assessment of agricultural sustainability, *Current Science*, 91(4), 439-448.

Ray, G., Barney, J. B., & Muhanna, W. A. (2004). Możliwości, procesy biznesowe i przewaga konkurencyjna: Wybór zmiennej zależnej w testach empirycznych widoku opartego na zasobach, *Dziennik zarządzania strategicznego,* 25, 23-37.

Raykov, T. (1997a). Niezawodność skali, Cronbach's Coefficient Alpha, oraz naruszenia podstawowej równoważności tau ze stałymi komponentami kongenerowymi, *Wieloczynnościowe badania behawioralne*, 32(4), 329-353

Raykov, T. (1997b). Oszacowanie złożonej wiarygodności dla miar kongenerycznych, *Stosowany Pomiar Psychologiczny*, 21(2), 173-184

Rehman. A., & Shabbir, M. S. (2010). The relationship between religiosity and new product adoption, *Journal of Islamic Marketing*, 1(1), 63-69.

Ridha, R. N., & Wahyu, B. P. (2017). Entrepreneurship intention in agricultural sector of young generation in Indonesia, *Asia Pacific Journal of Innovation and Entrepreneurship*, 11(1), 76-89

Ritala, P., & Ellonen, H. K. (2010). Przewaga konkurencyjna we współpracy międzyzakładowej: Stare i nowe wyjaśnienia, *Przegląd konkurencyjności: An International Business Journal*, 20(5), 367-383.

Ritter, T., & Gemunder, G. (2003). Relacje i sieci między-organizacyjne: przegląd, *Journal of Business Research*, 56, 691-697

Ritthaisong, Y., Johri, L. M., & Speece, M. (2014). Źródła trwałej przewagi konkurencyjnej: przypadek przedsiębiorstw zajmujących się przetwarzaniem ryżu w Tajlandii, *British Food Journal*, 116(2), 272-291.

Rosairo, H. S. R., & Potts, D. J. (2016). A study on entrepreneurial attitudes of upcountry vegetable farmers in Sri Lanka, *Journal of Agribusiness in Developing and Emerging Economies*, 6(1), 39 - 58

Rumelt, R. P. (1991). Jak bardzo liczy się przemysł? *Dziennik zarządzania strategicznego*, 12(3), 167-185

Ruzzier, M. (ed.). (2007). Kapitał ludzki i umiędzynarodowienie MŚP: A structural equation modeling study, *Canadian Journal of Administrative Sciences*, 24(1), 15-29.

Sachitra V., & Chong, S. C. (2017). Relacje pomiędzy kapitałem instytucjonalnym, zdolnościami dynamicznymi i przewagą konkurencyjną: Empiryczne badanie sektora agrobiznesu, *Międzynarodowy przegląd zarządzania i marketingu*, 7(1), 389-397

Sachitra, K. M. V., & Kumarasinghe P. J. (2014). An Empirical Study on Tea Export Competitiveness in Sri Lanka: Na podstawie Partial Least Squares Structural Equation Model (PLS-SEM), *International Journal of Research in Commerce, Economics and Management*, 4(4), 51-58.

Sachitra, V. (2016). Przegląd pomiarów przewagi konkurencyjnej: Odniesienie do sektora agrobiznesu, *Journal of Scientific Research & Reports, 12(*6), s. 1-11.

Sachitra, V., & Chong, S. C. (2015). Enhancing competitive advantage of Sri Lankankean minor export crops, *Journal of Global Economics, Management and Business Research*, 4(4), 185-194.

Sachitra, V., & Chong, S. C. (2016). Przewaga konkurencyjna na poziomie firmy w sektorze rolnym: A research agenda, *British Journal of Economics, Management & Trade, 12(*3), 1-12.

Sachitra, V., Chong, S. C., & Khin, A. A. (2016). Źródła pomiaru przewagi konkurencyjnej w sektorze drobnych upraw eksportowych w Sri Lance: Wyniki badania pilotażowego, *Asian Journal of Agricultural Extension, Economics, and Sociology,* 12(2), 1-15.

Salazar, L. A. L. (2017). Widok oparty na zasobach i pojęcie wartości: The Role of Emergence in Value Creation, *Mercados y Negocios*, 1(35), 27-46

Sambasivam, T. (1996). Przyszłość herbaty: A Sri Lankan perspective, *Tea and coffee trade journal, the international voice of the tea and coffee industries,* 168(09), 38 - 44.

Satharasinghe, H. (1998). Konkurencyjność eksportowa wysuszonego przemysłu kokosowego Sri Lanki: formułowanie polityki/strategii, *Sri Lanki Journal of Management* [online], 3, Uzyskano z:
http://www.sljm.pim.lk/admin/uploads/export_competitiveness_of_the_desiccated_coconut_industry_of_sri_lanka-_formulation_of_policies_-strategies.pdf (data uzyskania dostępu: 07/02/2015)

Saunders, M., Lewis, P., & Thornhill, A. (2000). *Metody Badań dla Studentów Biznesu*, (2. edycja). Pearson Edukacja

Sauser, W. I. Jr. (2005). Etyka w biznesie: odbieranie połączeń, *Journal of Business Ethics*, 58(4), 345-357.

Schreiner, M., Kale, P., & Corsten, D. (2009). Czym naprawdę są możliwości zarządzania sojuszem i jak to wpływa na wyniki i sukces sojuszu? *Dziennik zarządzania strategicznego*, 30(13), 1395-1419

Sekaran, U. & Bougie, R. (2016). *Metody badawcze dla biznesu: podejście oparte na rozwijaniu umiejętności* (7. edycja). Haddington: John Wiley &Sons Inc. Nowy Jork.

Sekaran, U., & Bougie , R.(2010). *Metody badawcze dla biznesu: Podejście umiejętnego budowania*, (4. *edycja*). John Wiley & Sons Inc. Nowy Jork.

Shabaninejad, H., Mehralian, G. , Rashidian, A., Ahmad Baratimarnani, A. & Rasekh, H. R. (2014). Identyfikacja i priorytetyzacja czynników konkurencyjności na poziomie przemysłu: dowody z rynku farmaceutycznego, *Journal of Pharmaceutical Sciences*, 22(3), 2-7

Shafaei, R. (2009). An analysis approach to assessing the competitiveness in the textile industry, *Journal of Fashion Marketing and Management*, 13(1), 20-35.

Shah, S. K., & Corley, K. G. (2006). Budowanie lepszej teorii poprzez niwelowanie różnic ilościowo-jakościowych. *Journal of Management Studies, 43*(8), 1821-1835.

Sharma, S.M., & Martin, A. (2018). Przemyślenie i ponowne wykorzystanie zdolności innowacyjnych produktów: A review, critique and extension of dynamic capability view using theoretical triangulation, *European Business Review*, 30(4), 374-397.

Sigalas, C. (2015). Przewaga konkurencyjna: znane nieznane pojęcie, *decyzja zarządu*, 53 (9), 2004-2016

Sikora, D. M., Thompson, K. W., & Ferris, R. (2016). Reimagowanie na przekwalifikowane zasoby ludzkie w celu promowania efektywności organizacyjnej i przewagi konkurencyjnej, *Journal of Organizational Effectiveness: Ludzie i wydajność*, 3(1), 23-42

Simpson, M., Taylor, N., & Barker, K. (2004). Odpowiedzialność środowiskowa w MŚP: czy zapewnia przewagę konkurencyjną? *Business Strategy and the Environment*, 13, 156-171

Sing, Y. K. (2006). *Fundamental of Research Methodology and Statistics*, New Age International Publishers, New Delhi

Singh, N., Ma, J., & Yang, J. (2016). Optymalizacja wydatków na ochronę środowiska w celu maksymalizacji wyników ekonomicznych, *Decyzja Zarządzająca*, 54(10), 2544-2561

Sirivanh, T., Chaikeaw, A., & Sateeraroj, M. (2013). Wzrost małych i średnich przedsiębiorstw w Laotańskiej Republice Ludowo-Demokratycznej: A Structural Equation Modeling Study, *International Journal of Business and Social Science*, 4(2), 214-219.

Sirmon, D. G., Hitt, M. A., & Ireland, R. D. (2007). Zarządzanie zasobami firmy w dynamicznym środowisku w celu tworzenia wartości: Patrząc w czarną skrzynkę, *Przegląd Akademii Zarządzania*, 32(1), 273-292.

Sobel, M. E. (1982). Asymptotyczne przedziały ufności dla skutków pośrednich w modelach równań strukturalnych. W S. Leinhardt (red.), *Metodologia socjologiczna* 1982 (s. 290-312). Washington, DC: Amerykańskie Stowarzyszenie Socjologiczne.

Spice Council Sri Lanka. (2014). Główne wyzwania stojące przed eksportem przypraw na Sri Lankę, Źródło: http://www.srilankanspices.com/news_archieves.html (dostęp 14/10/2015).

Srivastava, D. K., Shah, H., & Talha, M. (2006). Determinants of competitiveness of South African agricultural export firms, *Competitiveness Review: An International Business Journal*, 16(3/4), 223-232

Sukati, I., Hamid, A. B. A., Baharun, R., Tat, H. H., & Said, F. (2011). An investigation of the relationship between supply chain management practices and competitive advantage of the firm, *Contemporary Marketing Review*, 1(4), 01-13.

Svarova, M., & Vrchota, J. (2014). Wpływ przewagi konkurencyjnej na kształtowanie strategii biznesowej, *Procedia Ekonomia i finanse*, 12, 687-694

Swinney, J. L., Runyan, R. C., & Huddleston, P. (2006). Różnice w wynikach raportowanych firm według płci: Czy przemysł ma znaczenie? *Journal of Developmental Entrepreneurship*, 11(2), 99-115

Szerb, L., & Ulbert, J. (2009). Badanie konkurencyjności w węgierskim sektorze MŚP Analiza poziomu przedsiębiorstw. *Acta Polytechnica Hungarica*, 6, 105-123

Tálas, D., & Rózsa, A. (2015). Analiza finansowej konkurencyjności węgierskiego przemysłu mleczarskiego, *Przegląd konkurencyjności*, 25(4), 426-447

Talbot, M. (2013). Turystyka rolnicza w Walii. Produkty i rynki, zasoby i możliwości. Doświadczenie sześciu operatorów agroturystycznych, *European Country Side*, 5(4), 275-294.

Teece, D. J. (2007). Objaśnienie możliwości dynamicznych: Charakter i mikro fundamenty (zrównoważonej) działalności gospodarczej. *Dziennik zarządzania strategicznego*, 28, 1319-1350

Teng, B. S., & Cummings, J. L. (2002). Trade-Offs in Managing Resources and Capabilities, *Academy of Management Executive*, 16(2), 81-91

Thamiem, S., Weerahewa, J., Pushpakumara, D. K. N. G., & Singh, V. P. (2011). Konkurencyjność handlowa sektora rolno-leśnego na Sri Lance. *Badania nad rolnictwem tropikalnym*, 22, 338-347

Thatte, A.A. (2007). *Competitive Advantage of a Firm Through Supply Chain Responsiveness and SCM Practices*, unpublished doctoral disertation, The University of Toledo, Retrieved from: http://utdr.utoledo.edu/cgi/viewcontent.cgi?article=2352ontext=theses-dissertations (accessed 30/06/2018).

Organizacja Narodów Zjednoczonych (ONZ). (2014) United Nation Commodity Trade Statistics Database (UNCOMTRADE), Źródło: http//unstats.un.org/unsd/servicetrade/ (dostęp: 10/06/2014).

Thomas, J. , & Harden, A. (2007). Methods for the thematic synthesis of qualitative research in systematic reviews, ESRC National Centre for Research Methods, *NCRM Working Paper Series Number* (10/07). Źródło: http://eprints.ncrm.ac.uk/468/1/1007_JTAHthematic_synthesis.pdf (26.06.2017)

Toppinen, A., Lahtinen, K., Leskinen, L.A., & Osterman, N. (2011). Współpraca sieciowa jako źródło konkurencyjności w średniej wielkości tartakach fińskich, *Silva Fennica - Fińskie Towarzystwo Nauk Leśnych - Fiński Instytut Badawczy Leśnictwa*, 45(4), 743-759.

Tregear, C. L. A., & Ness, M. (2006). MŚP z sektora rolno-spożywczego w Grecji: The role of collective action, *British Food Journal*, 108(8), 663-676.

Tu, Q., Bulte, E., & Tan, S. (2011). Religijność i wydajność ekonomiczna: Dowody mikroekonometryczne z obszaru Tybetu, *China Economic Review*, marzec, 1-23

Vaismoradi, M., Turunen, H. , & Bondas, T. (2013). Analiza treści i analiza tematyczna: Implikacje dla przeprowadzenia jakościowego badania opisowego, *Nauki o Pielęgniarstwie i Zdrowiu*, 15, 398-405

Vesala, K. M., Peura, J., & McElwee, G. (2007). The split entrepreneurial identity of the farmer, *Journal of Small Business and Enterprise Development*, 14(1), 48-63.

Villalonga, B. (2004). Zasoby niematerialne, Tobin's q, i trwałość różnic w wynikach, *Journal of Economic Behavior and Organization*, 54, 205-230.

Vinayan, G., Jayashree, S., & Marthandan, G. (2012). Krytyczne czynniki sukcesu zrównoważonej przewagi konkurencyjnej: A study in Malaysian manufacturing industries, *International Journal of Business and Management*, 7(22), 29-45.

Wizja 2025. (2017). V 2025 A Kraj wzbogacony, Źródło: http://www.pmoffice.gov.lk/download/press/D00000000061_EN.pdf (data uzyskania dostępu: 19.07.2018).

Vorhies, D. W., & Morgan, N. A. (2005). Benchmarking zdolności marketingowych dla trwałej przewagi konkurencyjnej, *Journal of Marketing*, 69(1), 80-94.

Wang, H. (2014). Teorie dla przewagi konkurencyjnej. W H. Hasan (Eds.), Being Practical with Theory: A Window into Business Research (s. 33-43). Wollongong, Australia: THEORI. Źródło: http://eurekaconnection.files.wordpress.com/2014/02/p-33-43-theories-of-competitive-advantage-theori-ebook_finaljan2014-v3.pdf (data uzyskania: 09/04/2015)

Wang, Y. (2016). Investigating dynamic capabilities of family businesses in China: a social capital perspective, *Journal of Small Business and Enterprise Development*, 23(4), 1057-1080

Wanninyake, W. M. C. B., & Dissanayake, D. M. R. (2006). Future prospects of value added tea sector of Sri Lanka, comparative study, *Proceedings of the annual research symposium 2006*, Faculty of Graduate Studies, University of Kelaniya, Sri Lanka.

Wei, W., Zhao, X., Li, M., & Warner, M. (2016). Integracja zasobów nierynkowych i rynkowych, strategia i wyniki w chińskich przedsiębiorstwach: przegląd dziedziny i badanie empiryczne oparte na zasobach, *Asia Pacific Business Review*, 22(2), 220-237

Wernerfelt, B. (1984). A resource-based view of the firm, *Strategic Management Journal*, 5, 171-180

Wilk E. O., & Fensterseifer, J. E. (2012). Towards a national agribusiness system: a conceptual framework, *Research Paper*. Dostępny na stronie: http://www.lume.ufrgs.br/bitstream/handle/ 10183/579/000435805.pdf?sequence=1 (Dostęp 01/09/2014).

Zima, S. G. (2000). The satisfying principle in capability learning, *Strategic Management Journal*, 21(10/11), 981-996.

Zima, S. G. (2003). Zrozumienie możliwości dynamicznych, *Strategic Management Journal*, 24(10), 991-995.

Won, D., & Chelladurai P. (2016). Przewaga konkurencyjna w lekkiej atletyce międzyuczelnianej: Rola wprowadzenia Zasoby niematerialne, *PLoS ONE*, 11(1): Odzyskane z: e0145782. doi:10.1371/journal.pone.0145782 (Dostęp 01/09/2017).

Wong, W. P., & Wong, K. Y. (2011). Supply chain management, knowledge management capability, and their linkages towards firm performance, *Business Process Management Journal*, 17(6), 940-964.

Wu, W. Y. (ed.). (2006). Ocena zarządzania kapitałem intelektualnym w tajwańskich firmach projektujących układy scalone: Przy użyciu DEA i wskaźnika wydajności Malmquist, *Research and Development Management*, 36(5), 531-545.

Yercan, M., & Isikli, E. (2007). Międzynarodowa konkurencyjność tureckiego rolnictwa: A case for horticultural products, *Acta Agriculturae Scandinavica, Section C-Food Economics*, 4(3), 181-191

Yin, R. K. (2003). *Studium przypadku: Design and Methods*, (3rd ed.). Sage Publikacja

Zaridis, A. D., & Mousiolis, D. T. (2014). Przedsiębiorczość i struktura organizacyjna MŚP. Elementy udanego biznesu, *Journal of Procedia - Social and Behavioral Sciences*, 148, 463-467.

Ziggers, G. W., & Henseler, J. (2009). Możliwości sieci międzyfirmowej: Jak wpływa to na wydajność kupującego-dostawcy, *British Food Journal*, 111(8), 794-810.

Zaman, R., Roudaki, J., & Nadeem, M. (2018). Religijność i praktyki społecznej odpowiedzialności biznesu: Dowody pochodzące z gospodarki wschodzącej, *Social Responsibility Journal*, 14(2), 368-395.

ZAŁĄCZNIK

Załącznik 1:

Tabela 1: Podsumowanie źródeł przewagi konkurencyjnej w ujęciu ogólnym

Author / Year	Scope	Sources
Lynch (2000)	General	Differentiation, low cost, niche market, technology, quality, vertical integration, service, synergy, culture and leadership styles
Chugan and Singh (2014)	General	Firm size, technology innovation, international competence and access to infrastructure and resources
Langemeiet and Yeager (2014)	General	Experience, commitment, attitude towards exporting, corporate social responsibility and perceived barriers
Kraja and Osmani (2013)	Small and medium enterprises in Albania	Financial, physical, technological, organisational factors, human, innovation and creativity, and reputation
Voulgaris et al. (2013)	Manufacturing firms in Greece	Firm size, age and leverage affect
Ismai et al. (2012)	Manufacturing firms in Malaysia	Tangible resources: Human, Physical, Organisational, Financial Intangible resources: Reputation, Regulatory, Social, Cultural Informational capabilities: Product development capability and relationship-building capability
Lages et al. (2009)	Export-oriented firms	Organisational learning capability for innovation, relationship capability and quality capability
Ismail et al. (2014)	SME exporters in Malaysia	Human capital, relationship capability, trust, commitment and satisfaction
Ojeda-Gomez and Simpson (2007)	Footwear firms in Mexican	Physical assets, intangible assets, institutional support, adaptation capability and strategy formulation capability
Desarbo et al. (2007)	US manufacturing firms	Market linking capability, technological capability, marketing capability, informational technology capability, management capability
Kadocsa (2006)	Small and medium scale firms in Hungary	Marketing, innovation, productivity, knowledge-based development, capital supply, management, structure and compliance, encompass employment, capital supply opportunities, business relations, alliances, and networks
Zaridis and Mousiolis (2014)	Small and medium scale firms in Greece	Characteristics of entrepreneurs, characteristics of enterprises, management strategies and external environment

Załącznik 2:

Tabela 2: Podsumowanie źródeł przewagi konkurencyjnej w agrobiznesie

Author / Year	**Scope**	**Sources**
Dlamini et al. (2014)	Agribusiness sector in Swaziland	Professional labours, cost of inputs and incompetent public-sector personnel
Dziwornu (2014)	Small-scale commercial agribusiness	Cost, experience and capacity utilisation
Baleevskikh and Galeev (2012)	Agriculture of Perm Region	People, price, non-price factors, internal factors, quality and external factors
Gaytán and Benita (2014)	Dry chili export in Mexico	Investment rates and government support
Ritthaisong et al. (2014)	Rice-milling firms in Thailand	Organisational reputation, human resource management practices, networks and vertical integration
Guo et al. (2016)	Dairy firms in China	Firm sizes and locations
O'Connor and Kelly (2017)	SMEs agri-food sector in Northern Ireland	Explicit and tacit knowledge
Lamprinopoulou et al. (2006), Rao and Rogers (2006)		Natural capital, human capital, financial capital, physical capital, social capital, technological, reputation and collective action
Talbot (2013)	Farm tourism in Wales	Physical, human, capital, technological and reputation
Jie et al. (2013)	Australian beef processing firms	Strategic supplier partnership, customer relationships, information sharing, trust and commitment
Agada (2014)	Small-scale soybean producers in Nigeria	Learning capability, investment capability, process and technical capability, linkage capability and strategic marketing capability
Forsman (2000)	Food processing firms in Finland	Marketing and distribution capabilities
Talbot (2013)	Farm tourism in Wales	Market sensing, knowledge integration, network building and market orientation
Kata and Zajac (2007)	Agricultural farms in Poland	Government activities, technical and social infrastructure, information, grants, training, tax break, natural disaster emerging help
Toppinen et al. (2011)	Finnish sawmills firms	Tangible resources: Machinery, raw materials Intangible resources: Human capital (managerial expertise, employee know-how) and social capital (reputation)
Borch and Forsman (2001)	Micro firms in the Nordic food sector	Co-operation capability, expansion strategy capability, product development capability, business management capability
Helfand and Levine (2004)	Agricultural farms in Center-West of Brazil	Farm size, land tenure, composition of output, access to institutions, technology and inputs
Karana and Njeru (2014)	Milk processing firms in Kiambu Country	Information technology, employee competence, organisational culture, packaging policy

Załącznik 3:

Tabela 3: Podsumowanie pomiaru przewagi konkurencyjnej

Wskaźnik	**Autor / Rok**
Udział w rynku	Frohberg i Hartmann, 1997; Kumar i Rai, 2007
Produktywność	Kozena i Chladek, 2012; Woodford i in., 2003; Yee przy al., 2004
Rentowność	Toit et al., 2010
Na jednostkowy koszt produkcji	Dziwornu, 2014
Wskaźnik RCA	Bojnec, 2003; Gaytán i Benita, 2014; Ferto i Hubbard, 2003; Kumar i Rai, 2007; Thamiem i in., 2011; Zhemoyda i Gerasymenko, 2009.
Pięć wymiarów (cena, jakość, dostawa, innowacyjność, czas wprowadzenia na rynek)	Awwad, 2011; Jie i in., 2013; Lakhal, 2009; Li i in., 2006; Newbert i in., 2008; Sukati i in., 2011; Thatte, 2007

Załącznik 4:

Tabela 4: Pilotażowy kwestionariusz sondażowy Pozycje pomiarowe kwestionariusza

Zmienne		**Pozycje**
Aktywa ludzkie (HA)	H1	Doświadczeni pracownicy
	H2	Wykształceni pracownicy
	H3	Pracownicy wpadają na nowe pomysły
	H4	Zaufani pracownicy
	H5	Pracownicy są nastawieni na pracę
	H6	Pracownicy są zdolni do wykonywania własnej pracy
Aktywa fizyczne (PA)	PA1	Nabycie odpowiednich surowców
	PA2	Odpowiedni sprzęt rolniczy
	PA3	Odpowiedni sprzęt do zbioru
	PA4	Odpowiedni sprzęt do ponownego sadzenia
	PA5	Korzystne położenie geograficzne
	PA6	Nawóz opracowany w gospodarstwie rolnym
	PA7	Właściwy system nawadniania
Aktywa finansowe (FA)	FA1	Odpowiednie środki finansowe na działalność rolniczą
	FA2	Odpowiednia ilość pieniędzy na zakup wyposażenia kapitałowego
	FA3	Pożyczki od banków
	FA4	Pożyczki z kanałów nieformalnych
	FA5	Niskie stopy procentowe dla kapitału kredytowego
	FA6	Odpowiednie pieniądze na ponowne zasadzenie
Kapitał instytucjonalny (IC)	IC1	Rząd oferuje dotacje na naszą produkcję
	IC2	Rząd prowadzi warsztaty mające na celu poprawę jakości naszych produktów

Zmienne		Pozycje
	IC3	Dywizjonista ds. rolnictwa udziela porad i wskazówek, gdy mamy problemy z produkcją
	IC4	Regularne spotkania z urzędnikiem Departamentu Rolnictwa
	IC5	Wsparcie rządowe w zakresie identyfikacji klientów
Działanie zbiorowe (CAc)	CAc1	Partnerzy handlowi dzielą się informacjami rynkowymi
	CAc2	Partnerzy handlowi omawiają kwestie związane z produkcją
	CAc3	Dostępne są wspólne instrumenty kredytowe z innymi rolnikami
	CAc4	Partnerzy handlowi pomagają w znalezieniu nowych klientów
	CAc5	Inni rolnicy dzielą się wiedzą biznesową
Reputacja (R)	R1	Opinia o produkcie(-ach)
	R2	Utrzymanie dobrej reputacji produktu(-ów)
	R3	Klienci cenią sobie reputację naszej farmy
	R4	Dostawcy doceniają reputację naszej farmy
	R5	Pracownicy cenią sobie reputację naszej farmy
Tożsamość przedsiębiorcza (Ent)	Pozycja 1	Nie unikaj podejmowania ryzyka
	Ent2	Większa ostrożność przy podejmowaniu ryzyka (odwrotnie)
	Ent3	Spróbuj rozszerzyć mój biznes
	Ent4	Wolę robić rzeczy w sposób, który znam.
	Pozycja 5	Nie wierzyć w sukces bez podejmowania ryzyka
Organizacyjne możliwości uczenia się (OLC)	OLC1	Pracownicy otwarcie dyskutują o błędach
	OLC2	Pracownicy pomagają sobie nawzajem w nauce
	OLC3	Pracownicy uczą się poprzez działania
	OLC4	Inwestowanie w nowe pomysły pracowników
	OLC5	Potrafi poświęcić zaangażowanie naszych pracowników na rzecz realizacji celów gospodarstwa.
Możliwości budowania relacji (RBC)	RBC1	Otwarta komunikacja z naszymi pracownikami
	RBC2	Otwarta komunikacja z naszymi klientami
	RBC3	Utrzymywanie ścisłych kontaktów z instytucjami wspierającymi rolnictwo (np. Instytutem Badań nad Rolnictwem, Departamentem Rolnictwa, Radą Przypraw)
	RBC4	Zdolność do dzielenia się pomocą finansową z innymi rolnikami (wspólne pożyczki)
	RBC5	Budowanie relacji w celu określenia możliwości rynkowych
Zdolność zarządzania jakością (QMC)	QMC1	Mieć jasny cel jakościowy naszego produktu(ów)
	QMC2	Przestrzeganie specyficznych norm uprawowych narzuconych przez Departament Rolnictwa
	QMC3	Praktyka działań przyjaznych dla środowiska w celu poprawy jakości produktów
	QMC4	Pracownicy są dobrze poinformowani o zachowaniu jakości produktów
	QMC5	Zarządzanie w celu utrzymania wysokiej jakości dostawców surowców
Zdolność zarządzania procesami w gospodarstwie rolnym (FPM)	FPM1	Zdolność do kontrolowania kosztów nawozu
	FPM2	Dostosowanie terminowego zbioru plonów
	FPM3	Prawidłowe prowadzenie ewidencji finansowej

Zmienne		Pozycje
		(kosztów i przychodów)
	FPM4	Zdolność do gromadzenia pomysłów pracowników przy podejmowaniu decyzji dotyczących gospodarstw rolnych
	FPM5	Zachęcanie do przyjaznych dla środowiska praktyk uprawowych
Zdolność do marketingu (MC)	MC1	Wiedza o naszych klientach
	MC2	Wiedza o naszych konkurentach
	MC3	Opracowanie programów cenowych
	MC4	Odkryj strategie innych rolników
	MC5	Określanie i rozumienie trendów rynkowych
	MC6	Monitorowanie zmian cen konkurentów
Przewaga konkurencyjna (CA)	CA1	Oferowanie konkurencyjnej ceny
	CA2	Jest w stanie zaoferować cenę tak niską jak inni rolnicy
	CA3	Zdolny do zaoferowania ceny niższej niż inni rolnicy
	CA4	Zdolny do konkurowania w oparciu o jakość naszych produktów
	CA5	Oferuj produkty, które są wysoce niezawodne
	CA6	Oferować produkty, które są bardzo trwałe
	CA7	Oferowanie wysokiej jakości produktów dla naszych klientów
	CA8	Dostarczanie zamówień klientów na czas
	CA9	Zapewnienie niezawodnej dostawy
	CA10	Dostarczanie rodzaju produktu potrzebnego naszym klientom
	CA11	Szybkie dostarczenie produktu na rynek
	CA12	Czas wprowadzania na rynek niższy od średniej dla branży
	CA13	Czas dostawy produktu jest krótszy niż w przypadku innych rolników
	CA14	Zdolność do poszerzania bazy klientów w porównaniu z innymi rolnikami
	CA15	Zdolność do poszerzenia naszej bazy dostawców w porównaniu z innymi rolnikami
	CA16	Zdolność dostępu do środków finansowych innych niż inni rolnicy
	CA17	Zdolność do pozyskania zasobów ludzkich innych niż inni rolnicy
	CA18	Zdolność dostępu do dóbr inwestycyjnych innych niż inni rolnicy
Religijność (Rel)	Rel1	Moja religia jest ważna w moim życiu
	Rel2	Regularnie wykonuję swoje religijne zachowania (uwielbienie, modlitwa)
	Rel3	Wolę regularnie chodzić do świątyni/moskiewki/kościelnej
	Rel4	Zawsze starałbym się podążać za moimi przekonaniami religijnymi
	Rel5	Staram się być uczciwy i sprawiedliwy wobec innych
	Rel6	Uważam się za osobę religijną

Załącznik 5: **Kwestionariusz**

Kwestionariusz

Poufne

Droga pani,

Celem niniejszego badania jest uzyskanie informacji dotyczących czynników wpływających na przewagę konkurencyjną niewielkich upraw eksportowych na Sri Lance. Zostałeś wybrany jako jeden z respondentów do badania. Prosimy o zapewnienie, że informacje uzyskane z tego badania zostaną wykorzystane wyłącznie do celów badawczych, a Państwa dane osobowe nie zostaną nikomu ujawnione.

Uprzejmie prosimy o poświęcenie cennego czasu na udzielenie odpowiedzi na poniższe pytania. Niniejszy kwestionariusz składa się z trzech części (część A, B i C). Nie ma dobrej ani złej odpowiedzi.

Część A: Informacje ogólne

Proszę zaznaczyć odpowiednią odpowiedź.

1. Płeć właściciela farmy:

Mężczyzna	
Kobieta	

2. Wiek właściciela farmy:

Mniej niż 20 lat	
20 - 30 lat	
31 - 40 lat	
41 - 50 lat	
Ponad 50 lat	

3. Religia właściciela farmy:

Buddyzm	
Hinduizm	
Islam	
Katolicyzm	
Inne (proszę określić)	

4. Poziom wykształcenia właściciela gospodarstwa:

Poniżej zwykłego poziomu (G.C.E. O/L)	
Poziom zwykły (G.C.E. O/L)	
Poziom zaawansowany (G.C.E. A/L)	

Pierwszy stopień	
Studia podyplomowe	
Kwalifikacje zawodowe (proszę określić)	

5. Doświadczenie właściciela gospodarstwa w zakresie uprawy:

Mniej niż 5 lat	
5 - 10 lat	
11 - 15 lat	
16 - 20 lat	
Ponad 21 lat	

6. Całkowity obszar uprawy ziemi:

Mniej niż 5 akrów	
5 - 10 akrów	
11 - 15 akrów	
16 - 20 akrów	
Ponad 21 akrów	

7. Całkowita produkcja na akr (w kilogramach): ……………

8. Koszt produkcji (na kilogram): ………....

9. Cena sprzedaży plonów (za kilogram): ………………

10. Liczba wykorzystanej siły roboczej:

Rodzaj pracy	Brak pracy.
Członkowie rodziny	
Pracownicy dzienni	
Pracownicy kontraktowi	

11. Główny zamiar zaangażowania się w ten biznes:

Działalność gospodarcza przynosząca zyski	
Odziedziczony biznes dla powiatu	

Brak innych źródeł dochodu	

Część B

Proszę zaznaczyć na skali od 1 "Zdecydowanie nie zgadzam się" do 5 "Zdecydowanie zgadzam się", z punktem "Nie dotyczy" (NA), liczbę, która najlepiej odzwierciedla stopień Państwa zgody lub braku zgody na poniższe stwierdzenia:

Nie	Oświadczenia	1	2	3	4	5	NA
Aktywa ludzkie							
1	Mamy doświadczonych pracowników						
2	Nasi pracownicy wychodzą z nowymi pomysłami						
3	Mamy zaufanych pracowników						
4	Nasi pracownicy są oddani swojej pracy						
5	Nasi pracownicy są zdolni do wykonywania własnej pracy bez nadzoru.						
Aktywa fizyczne							
1	Pozyskujemy odpowiednie surowce						
2	Mamy odpowiedni sprzęt rolniczy						
3	Mamy odpowiedni sprzęt do zbioru plonów						
4	Gospodarstwo znajduje się w korzystnym położeniu geograficznym						
5	Mamy własne gospodarstwo rolne, które opracowało nawóz						
Aktywa finansowe							
1	Mamy odpowiednie środki, które możemy przeznaczyć na działalność operacyjną gospodarstw rolnych						
2	Mamy wystarczająco dużo pieniędzy na zakup wyposażenia kapitałowego						
3	Możemy uzyskać pożyczki z banków						
4	Możemy uzyskać pożyczki z kanałów nieformalnych (np. pożyczkodawcy pieniędzy)						
5	Otrzymujemy niskie oprocentowanie dla kapitału kredytowego						
Kapitał instytucjonalny							
1	Rząd oferuje dotacje na naszą produkcję						
2	Rząd prowadzi warsztaty mające na celu poprawę jakości naszych produktów						
3	Dywizjonista ds. rolnictwa udziela porad i wskazówek, gdy mamy problemy z produkcją						
4	Regularnie spotykamy się z urzędnikiem Departamentu Rolnictwa.						
5	Rząd wspiera nas w identyfikacji klientów						
Działanie zbiorowe							
1	Nasi partnerzy handlowi dzielą się informacjami rynkowymi						
2	Nasi partnerzy handlowi omawiają kwestie związane z						

Nie	Oświadczenia	1	2	3	4	5	NA
	produkcją						
3	Dostępne są wspólne instrumenty kredytowe z innymi rolnikami						
4	Nasi partnerzy handlowi pomagają w znalezieniu nowych klientów						
5	Inni rolnicy dzielą się wiedzą biznesową						
Reputacja							
1	Mamy dobrą reputację na temat naszych produktów(ów)						
2	W ciągu ostatnich pięciu lat utrzymaliśmy dobrą reputację naszych produktów.						
3	Nasi klienci cenią sobie naszą reputację farmy						
4	Nasi pracownicy cenią sobie reputację farmy						
Tożsamość przedsiębiorcza właściciela gospodarstwa							
1	Nie unikam podejmowania ryzyka						
2	Jestem bardziej ostrożny z podejmowaniem ryzyka (R)						
3	Staram się rozszerzyć swój biznes						
4	Wolę robić rzeczy w sposób, który jest mi znany (R)						
5	Nie wierzę w sukces bez podejmowania ryzyka						
Organizacyjne możliwości uczenia się							
1	Nasi pracownicy otwarcie dyskutują o błędach						
2	Nasi pracownicy pomagają sobie nawzajem w nauce						
3	Nasi pracownicy uczą się poprzez działania						
4	Inwestujemy w nowe pomysły od pracowników						
5	Jesteśmy w stanie poświęcić zaangażowanie naszych pracowników na rzecz celu(ów) gospodarstwa rolnego						
Zdolność budowania relacji							
1	Otwarcie komunikujemy się z naszymi pracownikami						
2	Otwarcie komunikujemy się z naszymi klientami						
3	Utrzymujemy ścisłe kontakty z instytucjami wspierającymi rolnictwo (np. Instytutem Badań nad Rolnictwem, Departamentem Rolnictwa, Radą Przypraw).						
4	Jesteśmy w stanie dzielić się pomocami finansowymi z innymi rolnikami (wspólne pożyczki)						
5	Budujemy relacje w rozpoznawaniu możliwości rynkowych						
Zdolność zarządzania jakością							
1	Mamy jasny cel jakościowy naszego produktu (produktów)						
2	Stosujemy się do specyficznych norm uprawowych narzuconych przez Departament Rolnictwa						
3	Praktykujemy działania przyjazne dla środowiska w celu poprawy jakości produktów						
4	Nasi pracownicy są dobrze poinformowani o zachowaniu jakości produktów						
5	Udaje nam się utrzymać wysoką jakość dostawców surowców						

Nie	Oświadczenia	1	2	3	4	5	NA
Zdolność zarządzania procesami w gospodarstwie rolnym							
1	Jesteśmy w stanie kontrolować koszty nawozu						
2	Dostosowujemy terminowe zbiory						
3	Prawidłowo prowadzimy dokumentację finansową (koszty i przychody)						
4	Jesteśmy w stanie zebrać pomysły pracowników przy podejmowaniu decyzji dotyczących gospodarstw rolnych						
5	Zachęcamy do przyjaznych dla środowiska praktyk uprawowych						
Zdolności marketingowe							
1	Posiadamy wiedzę na temat naszych klientów						
2	Posiadamy wiedzę o naszych konkurentach						
3	Opracowujemy programy cenowe						
4	Odkrywamy strategie i taktykę innych rolników						
5	Monitorujemy ceny i zmiany cen konkurentów						
Przewaga konkurencyjna							
1	Oferujemy konkurencyjne ceny						
2	Jesteśmy w stanie zaoferować cenę tak niską jak inni rolnicy						
3	Jesteśmy w stanie zaoferować cenę niższą niż inni rolnicy						
4	Jesteśmy w stanie konkurować w oparciu o jakość naszych produktów						
5	Oferujemy produkty, które są wysoce niezawodne						
6	Oferujemy produkty, które są bardzo trwałe						
7	Naszym klientom oferujemy wysokiej jakości produkty						
8	Zamówienia klientów dostarczamy na czas						
9	Zapewniamy niezawodną dostawę						
10	Dostarczamy takie produkty, jakich potrzebują nasi klienci.						
11	Szybko dostarczamy produkt na rynek						
12	Mamy czas do wprowadzenia na rynek niższy od średniej branżowej						
13	Nasz czas dostawy produktów jest krótszy niż innych rolników						
14	Jesteśmy w stanie rozszerzyć naszą bazę klientów w porównaniu z innymi rolnikami						
15	Jesteśmy w stanie rozszerzyć naszą bazę dostawców w porównaniu z innymi rolnikami						
16	Jesteśmy w stanie uzyskać dostęp do środków finansowych innych niż inni rolnicy						
17	Jesteśmy w stanie pozyskać zasoby ludzkie niż inni rolnicy						
18	Jesteśmy w stanie uzyskać dostęp do dóbr inwestycyjnych niż inni rolnicy						
Religijność							

Nie	Oświadczenia	1	2	3	4	5	NA
1	Moja religia jest ważna w moim życiu						
2	Regularnie wykonuję swoje religijne zachowania (uwielbienie, modlitwa)						
3	Wolę regularnie chodzić do świątyni/moskiewki/kościelnej						
4	Zawsze starałbym się podążać za moimi przekonaniami religijnymi						
5	Staram się być uczciwy i sprawiedliwy wobec innych						
6	Uważam się za osobę religijną						

Dziękuję bardzo za współpracę.

Załącznik 6:

Tabela 5: Różnice ogółem Wyjaśnione

Składnik	Początkowe wartości własne			Wydobycie Sumy obciążeń kwadratowych		
	Razem	% wariancji	Łącznie %	Razem	% wariancji	Łącznie %
1	6.9375	8.068	8.068	6.9375	8.068	8.068
2	6.733	7.356	15.424	6.733	7.356	15.424
3	5.5665	6.83	22.254	5.5665	6.83	22.254
4	4.8895	5.725	27.979	4.8895	5.725	27.979
5	3.9495	4.7015	32.6805	3.9495	4.7015	32.6805
6	3.514	4.4645	37.145	3.514	4.4645	37.145
7	3.304	3.9955	41.1405	3.304	3.9955	41.1405
8	2.929	3.7875	44.928	2.929	3.7875	44.928
9	2.7145	3.4315	48.3595	2.7145	3.4315	48.3595
10	2.608	3.297	51.6565	2.608	3.297	51.6565
11	2.3695	2.897	54.5535	2.3695	2.897	54.5535
12	2.1885	2.7055	57.259	2.1885	2.7055	57.259
13	2.016	2.689	59.948	2.016	2.689	59.948
14	1.8905	2.2505	62.1985	1.8905	2.2505	62.1985
15	1.601	1.735	63.9335			
16	1.531	1.649	65.5825			
17	1.525	1.635	67.2175			
18	1.37	1.549	68.7665			
19	1.287	1.332	70.0985			
20	1.271	1.413	71.5115			
21	1.173	1.306	72.8175			
22	1.09	1.298	74.1155			
23	1.082	1.189	75.3045			
24	1.023	1.171	76.4755			
25	0.993	1.063	77.5385			
26	0.976	1.071	78.6095			
27	0.934	1.012	79.6215			
28	0.874	1.004	80.6255			
29	0.839	1.02	81.6455			
30	0.813	1.001	82.6465			
31	0.783	0.932	83.5785			
32	0.737	0.907	84.4855			

33	0.722	0.804	85.2895			
34	0.698	0.801	86.0905			
35	0.65	0.753	86.8435			
36	0.634	0.734	87.5775			
37	0.61	0.726	88.3035			
38	0.553	0.658	88.9615			
39	0.514	0.612	89.5735			
40	0.483	0.576	90.1495			
41	0.47	0.56	90.7095			
42	0.465	0.554	91.2635			
43	0.454	0.54	91.8035			
44	0.448	0.534	92.3375			
45	0.405	0.483	92.8205			
46	0.383	0.456	93.2765			
47	0.374	0.445	93.7215			
48	0.355	0.423	94.1445			
49	0.33	0.393	94.5375			
50	0.304	0.362	94.8995			
51	0.294	0.357	95.2565			
52	0.279	0.332	95.5885			
53	0.259	0.321	95.9095			
54	0.254	0.302	96.2115			
55	0.243	0.289	96.5005			
56	0.224	0.267	96.7675			
57	0.215	0.256	97.0235			
58	0.21	0.25	97.2735			
59	0.183	0.217	97.4905			
60	0.179	0.214	97.7045			
61	0.163	0.194	97.8985			
62	0.156	0.186	98.0845			
63	0.15	0.179	98.2635			
64	0.143	0.17	98.4335			
65	0.131	0.151	98.5845			
66	0.122	0.149	98.7335			
67	0.113	0.139	98.8725			
68	0.108	0.128	99.0005			
69	0.097	0.116	99.1165			
70	0.092	0.114	99.2305			
71	0.085	0.102	99.3325			
72	0.078	0.093	99.4255			
73	0.068	0.081	99.5065			
74	0.066	0.079	99.5855			
75	0.059	0.076	99.6615			
76	0.056	0.066	99.7275			
77	0.051	0.064	99.7915			
78	0.04	0.047	99.8385			
79	0.036	0.046	99.8845			
80	0.028	0.03	99.9145			
81	0.023	0.024	99.9385			
82	0.022	0.025	99.9635			
83	0.02	0.0221	99.9856			
84	0.013	0.0144	100			

Metoda ekstrakcji: Główna analiza składników.

Kolibri 360 GmbH
Ferdinand-Jühlke-Straße 7
99095 Erfurt, Deutschland
produktsicherheit@kolibri360.de

Druck:
CPI Druckdienstleistungen GmbH
im Auftrag der
Kolibri 360 GmbH
Ferdinand-Jühlke-Str. 7
99095 Erfurt